中职数学的教与学

刘丹华　著

上海交通大学出版社
SHANGHAI JIAO TONG UNIVERSITY PRESS

内容提要

本书主要研究中职数学的教与学。全书共分三篇八章:第一篇论述了中职数学学科的改革与发展,介绍了中职数学教学改革的理念、原则与实践,以及中职数学项目化教学理论与方法;第二篇论述了核心素养与数学课程教育,阐述了核心素养与数学核心素养的关系,以及中职生数学核心素养的培养和教育策略;第三篇论述了信息技术与数学课程教育,阐述了信息技术教育基础、实践以及教师的专业发展。以上内容均融入了丰富的典型案例。本书可以为当前中职数学的教学与学习相关理论及实践活动的深入研究提供有价值的借鉴。

图书在版编目(CIP)数据

中职数学的教与学 / 刘丹华著. -- 上海 : 上海交通大学出版社,2024.6

ISBN 978-7-313-30389-9

Ⅰ. ①中... Ⅱ. ①刘... Ⅲ. ①数学课—教学研究—中等专业学校 Ⅳ. ①G633.602

中国版本图书馆 CIP 数据核字(2024)第 050918 号

中职数学的教与学

ZHONGZHI SHUXUE DE JIAO YU XUE

著　　者:刘丹华

出版发行:上海交通大学出版社　　　　　　地　　址:上海市番禺路 951 号

邮政编码:200030　　　　　　　　　　　　电　　话:021-64071208

印　　制:苏州市古得堡数码印刷有限公司　　经　　销:全国新华书店

开　　本:710mm×1000mm　1/16　　　　　印　　张:18.75

字　　数:355 千字

版　　次:2024 年 6 月第 1 版　　　　　　　印　　次:2024 年 6 月第 1 次印刷

书　　号:ISBN 978-7-313-30389-9

定　　价:78.00 元

自　　序

当前,我国中职数学教育正逐渐从传统的理论性和计算机演示为主的教学模式向重视实践性、应用性和综合能力培养的教学模式转变;中职数学课程正不断更新,加入更多与实际问题相关的数学知识和应用技能。中职数学教师在教学实践中开始探索新的教学方法,如项目化教学、小组合作学习、问题解决等,以提升中职生的实践能力、综合素质和解决问题的能力。随着科技的进步,中职数学教育将更加重视信息技术在教学实践中的应用,研究如何更好地融合其他学科,培养学生的综合能力;注重实践应用导向,培养学生解决实际问题和适应工作环境的能力;倡导教师的专业发展和教学能力的提升。在上述中职数学教育发展与改革的背景下,笔者针对我国中职数学课程教育中的各种不良现象与问题,基于近三十年中职数学教学的一线教学实践经验,编写了这本《中职数学的教与学》,以期为我国从事中等职业教育数学教学的教师提供有益的理论与实践参考。

本书主要研究中职数学学科的教与学。全书共分三篇八章:首先,对中职数学学科的改革与发展进行简要概述,介绍了数学学科的基础理论,中职数学教学改革的理念、原则、实践与评价等;然后,在核心素养与数学课程教育的相关联系上做了一定的阐述,并通过数学教学核心素养的培养策略的典型案例来说明本书的观点;最后,对信息时代的中职数学教学进行了探讨,并引入了信息技术在数学教学中的应用与整合的典型案例。本书论述严谨、结构合理、条理清晰、实操性与推广性强,可以为当前中职数学的教学与学习相关理论以及实践活动的深入研究提供有价值的借鉴。

本书具有以下特点。

第一,实践导向。本书着重强调中职数学教育的实践性,将数学知识与实际应用相结合。通过案例分析、解决实际问题等方式,帮助中职数学教师理解如何在现实工作与生活中应用数学知识,如何培养中职生的实际操作能力。

第二,应用广泛性。本书不仅关注基本的数学概念和技能,还涵盖了与行业相关的数学知识和技术。比如,金融数学、数据分析、计算机编程等内容,助力读者实现中等职业教育培养应用型人才的目标。

第三,教学方法多样化。本书介绍了多种适合中职数学课程教育的教学方法,包括项目化学习、小组合作学习、实践活动和模拟情境等。了解并灵活运用这些教学方法,不仅有助于中职数学教师将教学方法的探索提高到研究策略性学习水平,而且可以帮助中职生学会学习数学,从而有效地提升中职生的实践能力和综合素质。

第四,理论与实践相结合。本书既关注中职数学教育的理论研究,探讨相关的教育原则和方法,也注重学科一线教学实践经验的分享。通过理论分析和教学实践案例,将理论与实践相结合,帮助中职教师更好地理解和应对中职数学教育的实际情况。

第五,注重中职数学教师的专业发展。本书关注中职数学教师的专业发展和教学能力提升。提供了一些教学策略、评估方法和教学设计的指导,帮助他们提高学科教学效果和创新能力。同时,为教师提供了一些继续教育和进一步研修的资源和建议。

《中职数学的教与学》一书通过深入研究中职数学教育的特点和需求,以实用性和应用性为导向,为中职数学教师和教育从业者提供了一些理论、案例和实践经验,并且具有很强的情景性和职业教育特点,旨在促进中职数学教育的改革与发展,提升学生的实践能力和职业竞争力。全书以中职数学的教与学的探索为主线,注重教学实践与理论分析的紧密结合,同时试图展现当前中职教育研究的最新研究成果。

总之,本书旨在培养中职生的实践能力、创新能力和综合素质,以适应社会发展的需求。通过不断探索创新教学模式和方法,使中职数学教育为学生提供更具有实用性和可持续性的数学学习体验。

本书虽然在出版前做了大量的修订和补充,但由于作者水平有限,书中难免有一些不尽如人意之处。例如,对于某些重要问题的理论研究不够系统深入,有些策略与方法还需进一步改进,恳请广大读者和教育工作者批评指正。

2024 年 3 月 1 日

目　　录

第一篇　中职数学教育的改革与发展

第二篇　核心素养与数学课程教育

第三篇　信息技术与数学课程教育

第一篇　中职数学教育的改革与发展

中职数学学科的改革与发展旨在适应时代的需求,培养具备实际应用数学知识和技能的专业人才。这就要求中职数学课程教育注重以下方面:注重学科理论知识与实践活动相结合,强调学生应用相关数学知识解决实际问题的基本能力;注重中职数学课程教育与其他相关学科、专业课程的密切整合,不仅提升中职学校学生(以下简称"中职生")的综合素养,而且为他们的专业学习提供更好的帮助;重视信息技术支持数学教学实践活动,从而提高中职生学科课堂教学的参与度;注重中职生的个体差异性,鼓励学科个性化学习,调动他们学习数学知识与技能的积极性。中职数学教育不仅需要注重传授学生的数学知识和技能,还要注重培养他们的职业素养,使之在实际工作岗位上能胜任职业角色。

总之,中职数学学科改革与发展应该致力于培养实践能力强、适应社会发展需要的技能人才。如图1所示,中职数学课程教育需要注重将数学知识应用于解决实际问题,注重综合素质的培养和跨学科整合,借助信息技术支持学科教学实践,强调个性化学习和职业素养的培养。推进中职数学学科教育的改革,有助于为社会培养更多具备实践能力和工匠精神的技能人才。

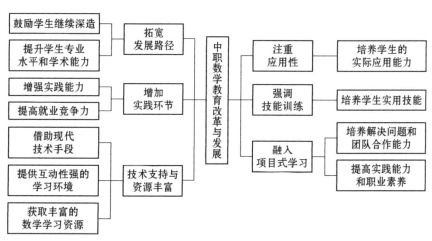

图1　中职数学教育培养的示意图

1

第一章　数学学科的改革与发展

近年来,数学学科改革致使学科课程内容、教学方法与手段和考核方式均发生了深刻变化。这些变化不仅有效地化解了以往数学教育过分依赖考试成绩评价学生的弊端,而且对我国数学课程教育的健康持续发展起到了极大的推动作用。这些变化主要表现为:重视学生数学素养的全面培养,注重基础知识、基本技能、基本数学思维和基础数学学习经验,满足不同学生群体个性化、多样化的学习需求;在继承传统数学教育强调"双基"的基础上,注重提升学生的数学思维能力、增强数学知识与实际情境的联系,并将对数学的学习情感和态度培育、对数学美的欣赏等作为学习目标。

数学学科改革使得数学课程内容的呈现方式更丰富,当前数学教育更加聚焦于学科知识理解、技能训练和经验积累,并强调数学和其他学科的联系,拓宽了学生在数学领域的眼界,同时要求学生采取探索与合作的多元化学习方式。这一趋势对数学教师的教学方法提出了更高的要求,要求教师合理利用信息技术资源,激发学生的学习欲望,使他们以探索的多元方式学习数学。而在学科评价机制上,改革后的数学学科评价机制更加重视评估学生对数学的历史文化了解程度,以及学生在实际场景和跨学科背景下的数学知识综合应用能力,从而更全面地评价学生的数学素养。

第一节　数学学科概述

数学学科新版标准注重倡导以学生核心素养为导向,设置课程内容、改变教学方法、改革教学评价方式,并注重跨学科融合。在教学过程中,更重视对信息技术以及学科教育资源的融合运用。此外,数学的教学与学习涉及各种理论和方法,需要重视数学学科有关教学与学习的相关理论的研究与探索。下面是数学学科教学与学习的主要理论。

一、基于认知理论的学习

该理论强调学生通过思考、解决问题和构建新知识来学习数学。基于认知理论的学习流程如图 1-1-1 所示,它关注学生的思维过程和学习策略,并提倡培养学生的数学思维能力和解决问题的能力。这种方法不仅提升了学生的数学理解能力,还激发了他们创新精神和批判思维,为他们的终身学习尊定了坚实的基础。

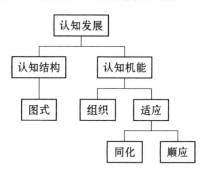

图 1-1-1 认知发展流程图

(一)基于认知理论的中职数学学习的关键点

1. 激发先前知识

在开始新的数学学习之前,教师可以通过提出问题、回顾相关知识和引发讨论等方式,激活学生的先前知识,并将其与新学习的内容进行衔接。

2. 设定学习目标

教师应明确传达学习目标和对学生的期望,使学生理解学习的重要性以及学习目标的意义,并提供针对性的指导。

3. 构建意义导入情境

通过引入真实且具体的情境或问题,教师能够帮助学生认识数学在实际生活中的应用和重要性。这样可以激发学生的兴趣,并促使他们主动学习数学知识。

4. 主动参与和合作学习

学生作为中职数学学习主体,应当积极参与课堂活动和合作学习。通过小组讨论、分享观点和相互协助等方式,学生能够交流想法并共同解决问题。

5. 反思和元认知

教师应该鼓励学生在学习过程中进行反思,审视他们的学习方法、策略、面临的困难和未来的改进方向。这有助于培养学生的元认知能力和自主学习能力。

6. 提供资源和策略支持

教师可以提供合适的学习资源和工具,如参考书籍、数学软件和在线学习平台等,指导学生掌握、运用学习策略和技巧,从而帮助他们更有效地学习和应用数学知识。

以上措施基于认知理论,旨在提升中职数学学习的有效性,培养学生的思维能力、问题解决能力和自主学习能力,为他们的未来学习和生活尊定坚实的基础。

(二)基于认知理论的中职数学学习案例示范

案例 1-1 利用启发式问题解决策略提高中职生解决数学问题的能力

1.案例描述

在中职数学课堂上,教师通过引入启发式问题解决策略提升学生解决数学问题的能力。教师选取一个与学生生活相关的实际问题,比如,如何测量校园内的花园面积? 教师不仅提供问题,还引导学生通过深入分析、逻辑推理和不断尝试等思维过程,自主探索问题的解决之道。教师鼓励学生提出不同的解决方案,并引导他们思考解决问题的策略和方法。

2.教学目标

通过启发式问题解决策略,学生能够培养解决数学问题的思维模式和策略,并能够运用数学知识解决实际问题。

3.教学过程

(1)主题导入。教师以贴近与学生生活的实际问题引发学生的思考和讨论,激发学生的思考与讨论热情。

(2)启发式问题解决。教师引导学生通过启发式思维策略(如逐步逼近、分析模式等)来解决问题,鼓励学生提出不同的解决方案。

(3)探究和讨论。学生分享和比较各自的解决方案,教师引导学生进行思维模式分析和讨论,总结有效的解决策略。

(4)拓展应用。教师设计其他类似的问题,并引导学生运用所学的启发式思维策略解决问题,以加深理解。

(5)总结反思。教师引导学生总结本次课程的收获和启发,并引导他们思考如何在实际生活中运用数学知识解决问题。

通过此案例中的启发式问题解决策略,在解决实际问题的过程中既培养了学生的观察、分析、推理和试错能力,同时也激发了他们的求知欲和创造力。这种教学方法符合认知理论中的"主动建构"原则,能够促进中职生主动学习和建构知识。

二、建构主义学习理论

建构主义学习理论认为学习是一个主动建构知识的过程,学生通过与环境的互动和社会交往来构建自己的数学知识。在数学教学中,教师可以提供具有挑战性的问题或情景,鼓励学生进行探索和发现,建构主义理论指导下的学习模式,如图 1-1-2 所示。

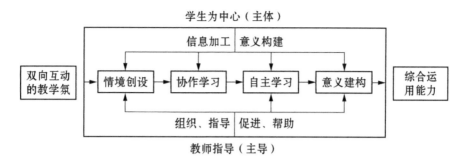

图 1-1-2　建构主义理论指导下的学习模式

（一）基于建构主义的中职数学学习的关键点

1. 建构主义学习环境

创造积极的学习环境，鼓励学生通过互动和合作来共同构建知识。教师可以设计小组项目、成果展示和开放式讨论等活动，以便学生能够与他人分享观点、交流思想并共同建构知识。

2. 探索性学习

鼓励学生通过探索、实验和解决问题来主动参与学习过程。教师可以提供多样化的学习资源和材料，如实验工具、模型、图表等，以激发学生的好奇心和探索欲望。

3. 学习导向评估

采用学习导向评估方法，关注学生学习过程中的思考和构建过程，而不仅仅关注结果和答案。教师可以通过观察、记录学生的思考路径和学习表现，以及开展学生自我评估和互评等方式来了解学生的学习进展。

4. 知识整合与应用

鼓励学生将数学知识与实际生活情境相结合，应用到解决实际问题中。教师可以设计情境化的学习任务，引导学生将数学知识应用于现实情景中，并促使他们思考数学知识的应用和意义。

5. 反思和元认知

鼓励学生在学习过程中进行反思，并思考自己的学习策略、面临的困难和改进方向。教师可以引导学生思考他们的学习方法、问题解决策略等，并提供支持和指导以提升其元认知意识和学习能力。

基于建构主义的中职数学学习强调学生的主动参与和知识的建构过程。教师应提供合适的学习环境和资源，引导学生进行探索性学习，并关注学生的学习过程和思维方式。

（二）基于建构主义的中职数学学习的案例示范

案例 1-2 利用项目学习加深中职生对几何学的理解

1. 案例描述

在中职数学课堂上，教师采用项目学习的方法加深学生对几何学的理解。教师引入一个几何项目，如设计一个城市公园的平面布置方案。学生需要运用几何学概念和原则，如平行线、垂直线、对称等，来规划公园的不同区域。在项目中，学生将通过实际操作、观察模型和分析图纸等方式，探索几何概念的应用，并进行团队合作，共同设计一个符合要求的公园布局。

2. 教学目标

通过项目学习，学生能够运用几何学概念和原则解决实际问题，并加深对几何学的理解。

3. 教学过程

（1）项目介绍。教师向学生介绍城市公园设计项目，说明项目的背景和具体要求。

（2）团队组建。学生自行组成小组，协作进行项目设计。

（3）探索与研究。学生运用几何学知识和原则，进行实地观察、测量、搭建模型，以及分析不同几何形状的特性等探索活动。

（4）讨论与合作。学生团队内部进行讨论、交流，并与其他小组分享和对比设计方案。教师引导学生思考并帮助解决遇到的问题。

（5）方案展示与总结。学生展示他们的设计方案，并主动讲解其中应用的几何知识和原则。教师引导学生对整个项目过程进行总结和反思，以促进数学知识和技能的内化。

通过此案例中的项目学习方法，学生在解决实际问题的过程中，通过自主探索、合作讨论和实际操作，将几何学知识应用于实际情境中，并加深了对几何学概念的理解和应用。这种教学方法符合建构主义学习理论，激发了中职生的主动参与和知识建构。

三、社会文化理论

该理论强调学习是社会和文化活动的产物，如图 1-1-3 所示。数学学习也受到学校和家庭等社会文化环境的影响。教师可以通过创设具有合作和交流氛围的学习环境，促进学生的数学学习。

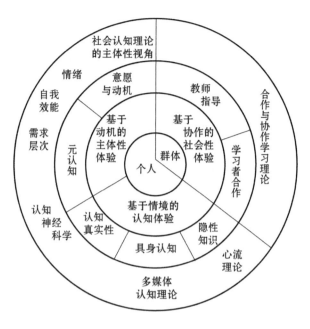

图 1-1-3　社会文化理论

（一）基于社会文化理论的中职数学学习的关键点

1. 社会互动与合作学习

教师鼓励学生通过小组讨论、合作学习和互助合作等方式与他人进行社会互动。这种互动促使学生共同构建知识，并从他人的经验和观点中获益。

2. 建立学习社区

教师建立一个积极的学习社区，其中学生可以相互支持、分享和合作。教师可以组织学习小组活动、分组合作项目，以及举办学习展示成果等活动，促进学生之间的合作和交流，从而加深了他们对数学知识的理解和掌握。

3. 文化工具的应用

教师鼓励学生使用各种数学工具、技术和资源，如计算器、电子表格、数学软件等。这些文化工具能够帮助学生更好地理解和应用数学知识，同时也体现了数学在社会文化中的应用和意义。

4. 专家参与和学生模仿

教师可以邀请数学领域的专家参与数学学习活动，如远程视频讲座、行业访谈等形式。这样的参与可以激发学生的学习积极性，促使他们模仿和学习专家的思考方式和解决问题的方法，从而提升自身的数学素养。

5．知识转化与情境应用

鼓励学生将学到的数学知识应用到实际情境中，解决实际问题。教师可以设计情境化的学习任务，引导学生将数学知识与现实生活相联系，培养学生的实践能力和解决问题的思维能力。

综上所述，基于社会文化理论的中职数学学习强调学生间的社会互动和合作学习，重视文化工具的应用和专家参与产生的模仿效应，并推崇知识在情景中的转化和实际应用。这些教学方法旨在提升中职生的合作、实践能力和社会意识。

（二）基于社会文化理论的中职数学学习案例示范

案例1-3　合作学习提升中职生的数学应用能力

1．案例描述

在中职数学课堂上，教师采用合作学习的方法来提升学生的数学应用能力。在具体案例中，教师将学生分成若干小组，每个小组共同完成一个解决数学问题的任务。任务可以是一个实际问题，如设计一个预算计划、规划一个活动场地等，需要运用数学知识和技巧进行分析和解决问题。在小组内，学生们共同讨论问题、制订解决策略，并协作完成任务。

2．教学目标

通过合作学习，学生能够运用数学知识解决实际问题，培养他们的合作能力和实践能力。

3．教学过程

（1）小组分配。教师将学生分成小组，确保每个小组的成员具有不同的学习背景和能力水平，以促进互相学习和合作。

（2）任务介绍。教师向学生介绍任务的背景、要求和目标，激发学生完成任务的兴趣，并明确任务的目标和期望。

（3）小组合作。学生在小组内共同讨论问题，分析情境，并制订解决策略和计划。教师作为指导者和促进者，鼓励学生间的合作和互相支持。

（4）整合和展示：学生完成任务后，小组进行结果整合并准备展示。每个小组向全班展示他们的解决方案，分享他们的思考过程和结果。

（5）反思和总结：教师引导学生对整个合作学习过程进行反思和总结，学生分享他们的体验、困难和收获，并提出改进建议。

通过此案例中的合作学习方法，学生在小组中共同思考和解决实际问题，运用数学知识和技巧应对具体情景下的挑战。这种教学方法符合社会文化理论，能够提升学生的合作能力、实践能力和社会意识，并为中职数学教育提供了一种全新的教学思路。

四、情感教育理论

该理论认为学习与情感密切相关,情感因素对学习成绩和动机起着重要作用,如图 1-1-4 所示。在数学教学中,教师可以关注学生的情感需求,激发其对数学的兴趣和积极投入。

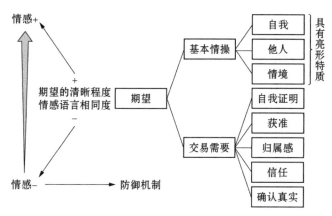

图 1-1-4　情感教育结构图

（一）基于情感教育理论的中职数学学习的关键点

1. 激发学生情感

通过引导学生谈论梦想,激发他们的情感需求,并将其与数学学习相结合,增强学生对数学学习的兴趣和动机。

2. 实践情感教育理念

在教学中强调学生的情感体验和互动,让学生感受到与他人分享梦想的快乐和获得支持的温暖,并增强彼此间的情感联系。

3. 培养团队合作精神

通过小组合作设计和讨论,培养学生的团队合作能力和互相帮助的意识。在展示环节中,可以增加学生的自信心和表达能力,同时也学会如何欣赏和支持他人。

4. 知识与实际应用结合

将数学知识与实际应用相结合,让学生亲身体验数学的应用价值,并促进他们将所学知识运用到解决实际问题中。

基于情感教育理论的中职数学学习可以通过改变情感态度增强学生的学习动机,培养他们的学科情感素质和学科学习能力。

（二）基于情感教育理论的中职数学学习案例示范

案例 1-4　应用数学与情感教育融合的储蓄计划

1. 案例描述

在社会实践活动中，学生们需要设计一个储蓄计划，为自己的梦想进行积累。通过这个案例，学生不仅能够学习和掌握一些基础的应用数学知识，还能够在这一过程中培养积极的情感态度和良好的学习动机。

2. 教学目标

通过了解个人储蓄的重要性以及如何合理规划自己的消费与储蓄，培养理财意识；通过设计储蓄计划的活动，培养主动储蓄的习惯，学会控制个人欲望和情绪，提高情感管理能力和自我控制能力。在储蓄计划设计中获得理财知识和技能的同时，能够认识到自己的储蓄行为与社会的相互关系，达到培养社会责任感的目的。

3. 教学过程

（1）引导学生讨论和思考。你们小时候都有什么梦想？现在有什么手段可以实现这些梦想？

（2）介绍储蓄计划。通过讲解储蓄的概念和方法，引导学生了解如何通过储蓄实现自己的梦想。

（3）设计储蓄计划。组织学生分组，每个小组选定一个梦想，并根据这个梦想设计一个储蓄计划。要求学生考虑到每个阶段的时间和金额等因素。

（4）进行数学计算。学生根据自己设计的储蓄计划，进行相关的数学计算，包括计算每个阶段需要储蓄的金额、储蓄的总金额等。

（5）分享和讨论。每个小组将自己的储蓄计划和计算结果进行分享，并与其他小组进行讨论。通过分享和讨论，学生可以互相借鉴和改进自己的计划。

（6）展示成果。每个小组把设计好的储蓄计划和计算结果制作成海报或PPT，并进行展示。在展示过程中，学生可以表达自己对梦想的渴望和实现梦想的信心。

这个案例通过情感教育理论，旨在激发学生对数学学习的兴趣和动机，培养他们的情感素质和数学能力。同时，通过小组合作和展示，还能够培养学生的团队合作精神和自信心。

五、模式化思维理论

该理论提倡将数学知识组织成模式，培养学生的模式识别和应用能力，模式化思维的形成如图 1-1-5 所示。通过引导学生寻找数学问题背后的模式和规律，培养其深层次理解和应用能力。

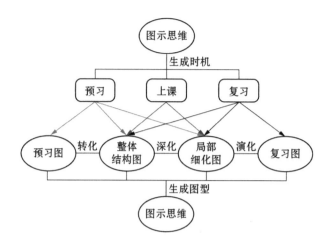

图 1-1-5 模式化思维流程图

（一）基于模式化思维理论的中职数学学习的关键点

1. 强调问题解决能力

通过案例实践,培养学生解决问题的能力和抽象思维能力。引导学生思考如何通过图形变换和模式识别解决具体的问题。

2. 提供多样化的案例

给予学生多样化的案例,涉及不同类型的图形和变换方式,鼓励学生灵活运用所学的知识和技巧。

3. 合作学习与分享

鼓励学生在小组内进行合作学习,通过相互讨论和分享,帮助他们理解和掌握图形变换和模式识别的方法和技巧,还能促进团队协作能力的提升。

4. 引导学生思考

教师在指导学生的过程中,适时提问,引导他们深入思考和发现图形变换和模式识别中的规律。

基于模式化思维理论的中职数学学习可以帮助学生培养问题解决能力和抽象思维能力,并提高他们在数学领域的学习成绩。

（二）基于模式化思维的中职数学学习案例示范

案例 1-5 图形变换与模式识别

1. 案例描述

通过学习图形变换与模式识别,帮助学生培养抽象思维能力和问题解决能力。

11

通过对不同类型的图形进行变换和识别,学生可以理解图形之间的联系,并掌握相应的数学知识和技巧。

2. 教学目标

在分析图形的属性、结构和关系中,能够运用图形思维进行推理和判断,培养对图形的观察能力和空间想象力;通过识别和应用模式,能够有效地解决各种与图形变换和模式相关的问题,提高问题解决能力;通过掌握图形变换和模式识别的技巧,培养创造性思维。

3. 教学过程

(1)引入概念。介绍图形变换的概念和常见的图形变换方式,如平移、旋转和翻转等。引入模式识别的概念,让学生了解如何识别和分类不同类型的图形,并感受到数学与生活的紧密联系。

(2)案例实践。给学生提供一系列图形并要求他们进行变换和识别。比如,给出一个初始图形,要求学生进行一定的变换(如平移、旋转、翻转),并识别最终的图形与初始图形之间的关系。

(3)讨论与总结。学生对自己的变换和识别过程进行讨论和总结。通过学生的讨论,引导他们发现和理解图形变换中的规律和模式,帮助他们形成系统认识。

(4)提供更复杂的案例:逐渐增加案例的难度,给学生提供更复杂的图形,并要求他们进行多种变换和识别。鼓励学生自主思考和尝试不同的方法,让他们逐步提升解决问题的能力。

(5)拓展应用。引导学生将学到的图形变换和模式识别的知识运用到其他数学问题中,如几何题、排列组合等,帮助他们理解数学中的模式化思维思考方式。

通过以上案例,学生可以通过图形变换和模式识别的实践,培养他们的抽象思维能力和问题解决能力。同时,通过合作学习和分享,还能够促进学生之间的交流与合作,提高他们的学习效果和兴趣。

六、教学策略研究

在数学教学中,教学方法和策略对学习效果具有显著影响。项目式学习、探究式学习、合作学习等策略都被广泛应用于数学教学中,以促进学生的主动参与和深度学习。如图 1-1-6 所示,是图像学习策略研究的结构图。

(一)基于教学策略研究的中职数学学习的关键点

1. 学生主体性

重视学生的主体地位,让学生成为学习的主角,通过自主探究和解决问题,提高他们的学习主动性和参与度。

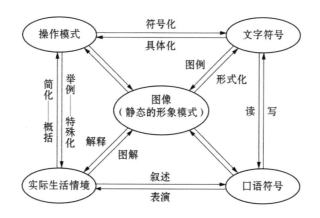

图 1-1-6　图像学习策略研究结构图

2．探究性学习

倡导学生通过实际操作和探究的方式来获得数学知识,培养他们的实践能力和解决问题的能力,促进深层次的学习。

3．合作学习

鼓励学生之间的合作学习和互助,通过小组合作和讨论,促进学生交流思想、分享经验并提升解决问题的能力。

4．激发学习兴趣

通过选取与实际生活密切关联的问题,激发学生的学习兴趣和动机,帮助他们更好地理解和应用数学知识。

基于教学策略研究的中职数学学习可以帮助学生更好地理解和应用数学知识,同时激发他们的学习动机,促进他们取得良好的学习效果。

（二）基于教学策略研究的中职数学学习案例示范

案例 1-6　实践探究与问题解决

1．案例描述

采用实践探究与问题解决的教学策略,引导学生主动参与、自主发现和解决数学问题。结合学生的实际需求进行教学设计,促进他们的数学思维和创新能力的发展。

2．教学目标

通过主动实践的探究与问题的解决,积累应用数学知识的实际经验,培养主动学习能力;学会运用批判和创造性的方式思考和解决问题,提升批判性思维和分析能力;学会在团队合作中进行实践探究和问题解决,培养良好的沟通技巧和合作能力。

13

3. 教学过程

（1）引入问题。引入一个与学生的实际生活密切关联的具体问题，激发学生的兴趣和学习动机。

（2）引导思考。通过提问和引导，让学生思考如何解决问题，激发他们的求知欲和探索欲。

（3）自主探究。给予学生一定的自主性，让他们根据自己的思路和方法进行探究和实践。教师可以提供一些资源和指导，但尽量避免直接给出答案，以此鼓励学生自主思考和解决问题。

（4）分享与讨论。学生分享他们的解决思路和方法，并进行讨论和交流。教师可以引导学生发现不同的解决方法和思维方式。

（5）教师点拨和引导。在学生分享和讨论的过程中，教师可以点拨和引导学生深入思考和扩展问题，并发现不同的解决方法和思维方式。帮助他们进一步理解和应用数学知识。

（6）总结与归纳。通过案例的实践和讨论，教师帮助学生总结和归纳所学到的数学知识和解决问题的方法，有助于他们在未来的学习和生活中更好把运用数学知识。

通过以上案例，学生可以通过实践探究与问题解决策略，主动参与数学学习并发展数学思维和创新能力。同时，通过合作学习和讨论，还能够促进学生之间的交流与合作，提高他们的学习效果和兴趣。

七、教学手段研究

教育部《关于进一步推进职业教育信息化发展的指导意见》出台，使数学学科教育朝着信息化方向改革与发展，"互联网＋教育"给学科教师的教学理念和教学方法带来了很大的冲击，他们需要努力学习信息技术且不断在教学中探索应用。著名的教育实践理论家夸美纽斯指出："一切知识都是以感官的感知开始的。"直观教学手段不仅符合学习从感性认知到理性认知的规律，而且也符合数学知识抽象、难度大的学科特点，从而实现学科知识、技能的有效传授，从而提高教学效果，如图1-1-7 所示。

这种化文为图、化静为动、化抽象为具体的策略，有效降低了数学知识的教学难度，增加了学科教学的趣味性，该领域研究的教学方法和策略对抽象数学知识的教学效果具有显著影响。比如，信息化教学手段被广泛应用于数学教学中，已成为学生主动参与学科深度学习的重要途径。

直观教学手段即利用教具作为感官传递物，通过一定的方式、方法向学生展示，达到提高学习的效率或效果的一种教学方式。直观教学可以分为实物直观、模样直观和言语直观三大类。

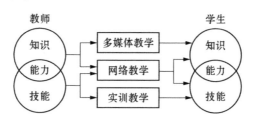

图 1-1-7 教学手段培养能力结构图

（一）实物直观教学手段

即通过直接感知实际事物而进行的一种直观教学方式。比如,观察各种实物标本、演示各种实验等均属于实物直观。实物直观教学的优势是真实感、亲切感强,感性知识与实际事物之间的联系比较密切,有利于激发学生的学科学习兴趣,调动他们学习的积极性,提高解决实际问题的能力。不足之处是由于实物直观的本质属性与非本质属性联系在一起,并且由于受时空与感官特性的限制,许多事物的特征与联系难以在实物直观中直接被觉察,需要其他直观教学方式配合,以确保学生能够更好地理解教学内容。

（二）模样直观教学手段

即通过对事物的模拟性形象直接感知而进行的一种直观教学方式。比如,演示、观察各种图片、图表、模型、幻灯片和教学视频等。模样直观教学方式的优势是可以根据教学需要排除一些无关因素,突出知识的本质要素;不受实物直观的局限,可以根据观察需要,通过大小变化、动静结合、虚实互换、色彩对比等多元方式拓展直观范围,提高直观效果。因此,模象直观教学方式已成为现代化教学方式的重要手段,是现代教育技术学研究的重要内容。不足之处是由于这种方式只是事物的模拟形象,与实际事物之间仍有差距,因此要想更好地发挥模样直观教学手段的作用,就要将模样与学生熟悉的事物相比较,以增强教学效果。

（三）言语直观教学手段

即在形象化的语言作用下,通过学生对语言的物质形式(语音、字形)的感知及对语义的理解而进行的一种直观教学方式。言语直观教学手段的优势是不受时间、地点和设备条件的限制,可以广泛使用;可以运用语调和生动形象的事例去激发学生的感情,唤起他们的想象。其不足之处是言语直观所引起的表象,通常不如前两种直观教学手段鲜明、完整、稳定。因此,在可能的情况下,应尽量配合实物直观教学手段和模样直观教学手段,以增强言语直观的效果。

运用各种直观教学手段不仅可以帮助学生理解教学内容,而且可以提高教学效率和质量。在中职数学教学中,形象直观的教学方式不仅应当贯穿在整个教学过程中,而且应当贯穿在学生的整个认识过程中。教师应根据教学内容的要求,合理地选择应用直观手段,在学生感知的基础上引导学生进行积极的观察和思考。教学中教师应使学生尽可能地通过各种感官,从不同方面、不同角度对生物体形成全面的正确的感知,只有这样才能启发学生进行识别、分析、比较,找出本质属性,在学生头脑中形成知识的概念、结构、规律、功能和原理,从而进行正确的判断和推理,使学生获得的感性知识上升到理性认识。

第二节　中职数学课程教育的改革与发展

人类社会已经步入高信息时代,社会的发展和进步要求我国教育能够培养出适应现代化社会发展的实用人才。数学是基础教育的核心课程、职业教育的重要课程,数学教育的改革与发展会直接影响教育的水平、人才综合素质的培养。尤其是随着社会各领域高度信息化,数学知识应用不断深入和扩大,数学教育改革应该在原有成果的基础上,以未来对人才综合素质的要求为依据,重新认识数学教育的目的并融合其教育内容,探讨智慧教学的有效策略,尽可能激发学生的学科学习潜能,不断提升和发展他们的能力。

基础数学课程改革是在我国数学教育发展历史与数学课程教育现状的基础上展开的,数学学科教育将在社会的进步和发展发挥出更大的作用。因此,需要明确数学教育的未来发展方向,为学科教育实践奠定基调。数学课程改革能够减轻学生的学科学习负担,激发他们的学习兴趣,但是如何推动数学教育改革工作应当引起重视。数学教师需要探究当前数学课程改革发展现状,并提出具体的改革教学方案;创新学科教学模式,引导学生深入思考与探索数学知识是推动改革的关键。在新课程教育标准和教育改革的背景下,核心素养理念成为数学教育改革的重要指导思想,核心素养理念要求改变过去单一地追求学生成绩的传统学科教学观念,要求学生在各个学习阶段中逐渐地形成适应自身发展和社会发展的各种能力,如实践能力、创造能力、创新能力等。

一、实践性教学

中职数学教学改革强调实践性教学,注重将数学知识与实际生活和工作场景相结合。通过项目式学习、实验活动、实际问题解决等方式,培养学生的数学应用能力和解决实际问题的能力。

（一）中职数学实践性教学的原则与实践

1．实践性学习

通过实地测量和计算，让学生将数学知识应用到解决实际问题中，提高他们解决问题的能力和实践能力。

2．问题导向

以实际问题为导向，引导学生主动探索和解决问题。教师扮演着指导者的角色，给予适当的引导和支持。

3．跨学科整合

将数学与实际工程设计相结合，培养学生的综合能力和跨学科思维，促进学科之间的融合。

4．合作学习与交流

鼓励学生之间的合作学习和交流，通过小组合作和分享，促进彼此之间的理解和学习。

（二）实践性中职数学教学案例示范

案例 1-7 草地田径场建设

1．案例描述

学校计划在校园内建设一个草地田径场，为学生提供更好的运动场所。这个案例旨在让学生通过实践性的数学教学，掌握解决实际问题的数学方法和技巧。

2．案例步骤

（1）引入问题。引入草地田径场建设的问题，让学生了解背景和目的，并激发他们的兴趣和参与意识。

（2）实地测量。组织学生前往校园内的空地进行实地测量，通过测量工具，确定田径场的形状和尺寸（如长方形、椭圆形等）。

（3）数据处理与计算。学生将实地测量得到的数据进行整理和计算，如计算田径场的面积、周长等。同时，引导学生考虑不同形状田径场的特点和优缺点，进行比较和分析。

（4）资源规划与预算制定。学生根据田径场的尺寸和需要，进行资源规划和预算制定。如计算所需的草皮面积、跑道材料的数量等，并估算建设费用。

（5）设计图纸和方案。学生根据实地测量和计算的结果，绘制田径场的设计图纸，并撰写建设方案。在此过程中要求学生考虑场地的布局、跑道的宽度和长度、田赛器材等因素，并合理安排。

（6）展示与分享。学生将自己的设计图纸和建设方案进行展示，并与其他同学分享。通过展示和分享的过程,学生可以相互借鉴和改进自己的设计。

通过以上案例,学生可以通过实践性的数学教学,掌握解决实际问题的方法和技巧,同时培养他们的综合能力和实践能力。请注意,本案例仅供参考,可以根据实际教学需求进行修改和调整,以实现最佳的教学效果。

二、多元化评价

传统的考试评价方式逐渐向多元化的评价方式转变。除了传统的笔试外,中职数学教学改革倡导采用口头报告、实际操作、展示、作品集等方式对学生进行综合评价,更加全面地反映学生的数学学习能力。

(一)中职数学教学多元化评价的原则与实践

1. 问题导向

以实际应用问题为导向,鼓励学生主动参与、发现问题并解决问题,培养他们的问题解决能力和创新能力。

2. 多元化评价

采用多元化的评价方式和标准,全面评价学生在数学学习中的能力和表现,注重学生个体差异和多样性。

3. 学生参与评价

鼓励学生在评价过程中进行自评和互评,增强他们的自我认知,促进合作学习和互助合作。

4. 反馈与指导

及时给予学生积极的肯定和具体的指导,帮助他们改进和提高问题解决能力,促进持续学习和成长。

综上所述,中职数学教学多元化评价能够全面评价学生的学科能力、促进个体发展、培养综合素质、提供个性化反馈,并促进中职数学教学实践活动的改良。

(二)中职数学教学多元化评价的案例示范

案例 1-8 实际应用问题解决评价

1. 案例描述

通过实际应用问题解决的评价方法,多元化评价学生在数学学习中的能力和表现。通过给出实际问题,让学生运用数学知识和技能进行解决,评价他们的问题解决能力、分析能力和创新能力。

2. 案例步骤

(1)设计实际问题。教师设计一系列与实际应用相关的问题,涵盖数学知识和技能的不同方面,以及学生所掌握的内容范围。

（2）学生解决问题。学生单独或以小组的形式解答问题,可以使用书写、图表、计算等方式呈现解决过程和答案。

（3）评价标准设定。根据学生解决问题的要求和评价目标,设置评价标准和细则,包括正确性、完整性、逻辑性、合作性等方面。

（4）评价方式多元化。采用不同的评价方式,如书面评价、口头评价、展示评价等,结合学生解答问题的呈现形式进行评价。

（5）学生自评和互评。鼓励学生对自己的解答进行自我评价,并进行互相评价和反馈,促进学生的自我认知和互助合作。

（6）结果总结和反思。教师对学生的解答进行综合评价和总结,给予积极的肯定和建设性的指导。学生回顾和反思自己的解答,进一步提高解决问题的能力。

由以上案例可见,中职生通过实际应用问题解决评价,能够展示他们的问题解决能力和创新能力,同时得到多元化的评价,使其评价更客观、更准确。

三、信息技术应用

中职数学教学改革鼓励教师和学生积极利用信息技术进行教学和学习,以促进学习和教学的信息化。电子教案、多媒体资源、在线学习平台等工具被广泛应用,提供更多形式的学习资源和交互式学习环境。

（一）中职数学教学信息技术应用的原则与实践

1. 学生主体性

鼓励学生在学习中发挥主导作用,自主参与学习。

2. 合作学习

通过小组合作的形式,让学生共同协作解决问题,促进彼此之间的交流、合作和共同进步。

3. 多元化评价

采用项目报告、演示等评价方式,全面评价学生的能力和表现。

4. 创新探究

鼓励学生在实践中进行创新探究,提供机会让学生发挥想象力、创造力。

信息技术在中职数学教学中的应用具有重要的意义。它既可以提供更加直观和互动的学习环境,鼓励学生主动学习,培养其探究精神和创新能力,又可以提升他们的数学学习效果、增强学习参与度、拓展学习资源并培养解决实际问题的能力。

（二）中职数学教学信息技术应用的案例示范

案例 1-9　智能化家居设计与控制

1．案例描述

中职生要设计一个智能化家居系统，通过使用信息技术和数学知识，实现对家居设备的远程监控与控制。此案例旨在让学生应用信息技术和数学知识，设计并搭建一个具有实用价值的智能化家居系统。

2．案例步骤

（1）引入问题。引入智能化家居系统的概念和背景，让学生了解智能化家居的一些基本原理和应用。

（2）设计规划。学生分组或独立进行智能化家居系统的设计和规划。需考虑家居设备的联网、远程控制、自动化调度等功能。

（3）应用数学知识。学生运用数学知识，如线性代数、概率统计等进行算法设计、设备调度等方面的工作，优化系统性能。

（4）实践操作。学生根据设计规划和应用数学知识，进行实际的硬件集成、软件编程等操作，将理论转化为实践，实现智能化家居系统的基本功能。

（5）调试与改进。学生对已实现的智能化家居系统进行调试和改进，解决出现的问题，提高系统的稳定性和功能完善度。

（6）展示与分享。学生将设计稿、代码和系统演示进行展示与分享，并接受其他同学的评价和反馈，以促进知识的交流和思维的碰撞。

由以上案例可见，学生在信息技术应用中，结合数学知识，可以设计和实现一个具有实用价值的智能化家居系统。

四、融合性教学

中职数学教学改革倡导跨学科融合和综合性教学。数学与其他学科相结合，促进学科之间的联系和知识的综合运用，增强学生的综合素养。中职数学融合性教学是指将不同的学科、内容和教学方法融合在一起，以培养中职生综合应用知识解决问题的能力。它能够激发中职生的学习兴趣，提高他们的学习成效，使数学知识更具有实际意义。

（一）中职数学融合性教学的原则与实践

1．深入理解学科融合

教师需要深入理解不同学科之间的关系和共同点，将数学与其他学科进行有机融合，使学生能够将数学知识应用到解决实际问题中。

2．设计综合性任务

教师设计具有综合性任务的学习活动,鼓励学生在解决问题的过程中运用多学科知识进行思考和分析,并提供具体的实践情境,使学生能够在实践中应用数学知识。

3．强调实际应用

教师强调将数学知识应用到实际生活中的重要性,通过真实的案例和实践任务,让学生意识到数学在解决实际问题中的价值和作用。

4．学生主导学习

教师鼓励学生主动参与学习,通过合作学习和项目学习等方式,让学生在团队中合作、交流和分享,并通过自主解决问题来提高综合应用能力。

5．评价多元化

教师设计多种评价方法,包括口头演示、报告、实验观察和作品展示等,以全面评价学生的综合能力,并提供具体的评价标准和反馈,以促进学生的成长和进步。

通过以上原则与实践,教师能够将数学融合性教学落实到课堂中,并确保中职生在实际应用中运用数学知识。同时,结合具体案例进行综合性任务设计和评价,可使他们在解决问题的过程中展示独特的思考和创新能力。

（二）中职数学融合性教学的案例示范

案例1-10　盖房子的成本分析

通过分析盖房子的成本,中职生需要综合运用数学、经济和建筑学等知识评估和规划房屋建设。中职生在分析盖房子的成本时需要进行实地考察、材料价格调研等。

案例1-11　运动员的体能训练计划

中职生在制订运动员的体能训练计划时需要结合数学、生物和运动训练等领域的知识,综合考虑运动员的身体状况、训练目标和时间安排。由于每名运动员的训练计划都是根据其个人情况来设计的,因此学生的计划和方案会各不相同。

案例1-12　消费者调查与市场分析

中职生通过进行消费者调查和市场分析,结合数学、统计学和市场营销等知识来评估产品或服务的市场需求和潜在竞争力。学生的调查问卷、数据收集以及对结果的分析和总结都需要独立完成。

案例1-13　旅行路线规划与预算管理

中职生通过规划旅行路线和管理预算,结合地理、数学和财务管理等知识来综合考虑交通方式、酒店住宿、食物开销等因素,确保旅行的顺利进行。每位学生的旅行路线和预算管理都需要根据自己的实际情况来设计和规划。

案例 1-14　金融投资与风险评估

中职生需要学习金融投资知识,并运用数学方法进行风险评估和投资决策,以提高财务管理能力。每位学生的投资方案和风险评估都是根据个人的理财需求进行独立设计的。

这些案例将通过融合不同学科、内容和教学方法,以及实践性任务和情感教育的元素,提高中职生学习数学的兴趣和学习效果。教师可以根据具体的职业要求和学生的兴趣爱好设计更多融合性教学案例,以满足学生的学习需求。这些案例都是以实际应用为基础,鼓励学生综合运用数学知识解决问题,并结合其他学科进行综合思考,使中职生能够将数学知识与不同领域的实际应用相结合,提高综合应用能力。

五、职业导向

中职数学教学改革着重培养学生的职业能力和适应社会需求的能力。数学教学内容与职业要求相结合,使中职生具备解决职业实际问题的能力。以职业为导向的中职数学教学将数学知识与实际职业需求相结合,培养中职生综合应用数学知识解决职业实际问题的能力。

(一)职业导向的中职数学教学的能力与素养

1．实际应用能力

以职业为导向的数学教学注重运用数学知识解决实际问题。通过解决与职业相关的实际问题,学生能够培养实际运用数学知识的能力,提高解决实际工作中的具体问题的能力。

2．跨学科思维能力

职业导向的数学教学要求学生在解决问题的过程中运用跨学科思维,将数学与其他学科知识进行融合。这样能够培养学生的综合分析能力和解决复杂问题的能力。

3．职业素养培养

职业导向的数学教学注重培养学生的职业素养,包括沟通能力、团队合作能力、创新能力等。通过实际工作场景的模拟和实践性任务的设计,学生能够提升自己的职业素养。

4．就业竞争力提升

职业导向的数学教学能够使学生更好地适应社会发展需要,具备更强的就业竞争力。通过将数学知识与职业技能相结合,学生能够更好地适应职业发展的要求,提高就业能力。

中职数学教学以职业为导向的特点可以使得中职生将所学的数学知识与实际职业需求相结合,并且每位中职生在解决实际问题时会有独特的思路和结果,这样可以培养他们的实际应用能力和综合思维能力,进一步提升其职业素养和就业竞争力。

(二) 职业导向的中职数学教学案例示范

案例 1-15　商店促销活动分析

中职生需要分析商店的促销活动数据,包括销售额、折扣率等,运用数学知识进行数据分析和统计,评估促销策略的效果。由于每个商店的促销活动数据都是独立的,学生在用数学方法进行分析时会有不同的思考和结果这不仅锻炼了他们的分析能力,也提高了他们解决实际问题的能力。

案例 1-16　餐厅成本控制及利润分析

中职生需要分析餐厅的原材料成本、员工薪酬等数据,应用数学知识计算成本和利润,并提出切实可行的改进建议。每家餐厅的成本数据和改进建议都是根据实际情况进行独立设计的,学生的分析和建议因此会有差异。

案例 1-17　汽车油耗与行驶里程分析

中职生需要收集汽车的油耗和行驶里程数据,应用数学知识计算燃油效率,并利用数据分析和比较不同车型的性能,以得出客观评价。每辆汽车的油耗和行驶里程数据都是独立的,学生在用数学方法进行计算和分析时会有不同的结果。

案例 1-18　电子产品销售与市场需求分析

中职生需要收集电子产品的销售数据和市场需求信息,应用数学知识进行数据分析和预测,评估产品的竞争力和市场潜力。由于每类产品的销售数据和市场分析都是独立的,学生在使用数学方法进行分析时会有不同的思路和结论。

由以上案例可见,中职生能够将数学知识应用到实际的职业情境中,并进行数据收集、分析和预测等操作,根据独立的数据和情境分析和解决问题,从而提高他们的综合应用能力。

通过以上改革与发展,中职数学教学能够更好地满足学生的学习需求,提高他们的综合应用能力和解决实际问题的能力,培养其创新精神和职业素养。在实践和评价方式上的变化,能够满足学生差异性的成长与发展的需求。

第二章 中职数学教育改革的
理念、原则及实践

中职数学教育改革的理念、原则及实践是为了适应职业教育的需求和学生的发展,提高学生的数学素养和职业能力。中职数学教育改革的理念是围绕学生的实际需求和发展,着重培养实际应用能力和解决问题的能力。在实践中,通过引入项目学习、实践活动结合和多样化的评价方式,能够提供丰富的学习经验和评价标准。此处,尊重学生学科的个体差异,给予个性化指导和评价,激发他们的学习动力和创造力。这些实践有助于中职数学教育改革的推进,并提高学生的综合应用能力。

第一节 中职数学教育改革的理念与原则

中职数学教育改革的理念是将数学教育与职业培养紧密结合,旨在培养中职生的职业能力和适应社会需求的数学素养这一理念。强调将数学知识与实际问题相结合,注重培养解决问题的能力和创新思维,使中职生能够灵活运用数学知识解决职业实际问题。

一、中职数学教育改革的理念

中职数学教育改革的理念是以学生为中心,注重培养他们的实际应用能力和解决问题的能力。教师需要关注中职生的需求和兴趣,引导他们发展自主学习和合作学习的能力,并将数学知识与实际情境相结合,使学科学习更有意义。

中职数学教育改革的理念主要包括实用性导向、融通性思维和主动性学习。这些理念旨在提高中职生的实际应用能力、跨学科思维和自主学习能力。

(一)实用性导向

中职数学教学注重将数学与实际职业需求相结合,使学生学习到能够解决实际问题的数学知识和技能。实用性导向强调数学知识与实际职业需求的结合,鼓励学生学习能够解决实际问题的数学知识和技能。

在职业导向的数学教学中,教师可以设计以真实职业场景为背景的数学问题,让学生通过解决这些问题来掌握数学概念和方法。比如,一个酒店管理的案例中,学生需要计算客房预订率、收入利润等,运用数学知识进行数据分析和决策。

（二）融通性思维

中职数学教学倡导培养学生的综合思维和跨学科应用能力,使他们能够将数学知识应用于不同领域和职业。

比如,在物流管理的数学教学中,学生需要运用数学知识解决运输、仓储和配送等问题,同时还需要借助跨学科思维,分析物流成本、时间效益和货物安全等方面的因素,以实现最优决策。

（三）主动性学习

中职数学教学注重激发学生的学习兴趣和自主学习能力,使之成为积极主动的学习者。

在项目学习中,中职生可以选择自己感兴趣的主题或问题进行深入研究,通过自主学习和团队合作的方式解决问题。比如,中职生可以围绕环保主题展开研究,运用数学模型和统计方法分析环境污染数据,提出改善方案。

总之,实用性导向、融通性思维和主动性学习的中职数学教育改革理念有助于中职数学课程教育培养学生的实践能力、思维能力和学习能力,以适应职业发展和社会需求。

二、中职数学教育改革的原则

中职数学教育改革的原则主要包括个性化教学、实践性教学、综合评价和创新性,中职数学教育改革实践应该遵循这些核心原则。

（一）个性化教学原则

中职数学教育改革注重尊重学生个体的差异性,采用灵活多样的教学方法和策略,满足中职生的不同学习需求。换言之,数学教师需要关注中职生的个体差异,根据他们的兴趣、能力和特点进行差异化教学,激发其学习兴趣并提升自主学习能力。

在课堂教学中,教师可以根据中职生的学习情况和能力差异,差异化设置学习任务。比如,提供不同难度的数学问题,让中职生根据自身能力选择适合自己的问题。

中职数学教育改革中的个性化教学原则强调根据学生的差异性,采用灵活多样的教学方法和策略,满足中职生不同的学习需求。个性化教学原则具体体现在以下方面。

1. 差异化教学

中职数学教育改革倡导根据学生的不同学习风格、能力水平和兴趣爱好,采用不同的教学方式,以满足学生的个性化学习需求。

比如,针对数学学习困难的中职生,教师可以通过一对一辅导或小组授课的方式,提供更加细致和个别化的指导。对于学科基础扎实的中职生,可以提供更有挑战性的数学问题和扩展任务,激发他们的学科思维能力和创造力。

2. 弹性学习路径

中职数学教育改革鼓励为学生提供灵活的学习路径和时间安排,让他们根据自己的学习节奏和学习目标开展学习活动。

比如,教师可以设计学习单元,中职生在该单元内可以按照自己的进度进行学习。中职生还可以选择自己感兴趣的主题或任务,根据自己的学习风格和学习能力深入学习,从而实现个性化的学习体验。

3. 个性化评价和反馈

中职数学教育改革强调根据学生的个体差异,给予个性化的评价和反馈,帮助他们发现自己的优势和不足,并指导他们改进学习方法。

比如,教师可以为每位中职生制订个性化的学习目标,并根据这些目标制订相应的评价指标。通过定期的评价和反馈,帮助中职生了解自己的学习进展,提供具体的建议和指导。

通过个性化教学原则的实施,中职数学教学改革能够更好地满足学生的个性化需求,激发他们的学习动机。教师通过差异化教学、弹性学习路径和个性化评价,为中职生创造一个适合其发展的学习环境,同时培养他们的学习兴趣和自主学习能力。

(二)实践性教学原则

中职数学教育改革强调将数学知识与实际问题解决相结合,通过项目学习、实验活动等方式,提高学生的实践能力。这要求教师注重将数学知识与实际生活和工作场景相结合,通过实际操作、项目式学习等方式培养中职生的实践能力。

比如,在商贸类专业的数学教学中,教师可以组织中职生们开展市场调研项目。中职生需要运用数学知识设计问卷、采集数据,并进行数据分析和统计,从而为实际的市场营销决策提供支持,并培养他们的团队合作精神和问题解决能力。

中职数学教育改革中的实践性教学原则强调将数学知识与解决实际问题相结合,通过实践活动和实际应用提高学生的实践能力。中职数学教学中的实践性教学原则具体体现在以下方面。

1．实践活动

中职数学教学改革鼓励学生通过实践活动应用数学知识,培养他们的实践能力和解决问题的能力。

教师可以组织中职生开展实验活动,如物理实验、统计调查等,让他们亲自操作、观察现象和收集数据,并运用数学知识进行分析和推断。

比如,在物理实验中测量物体的质量和力的大小,中职生需要使用数学公式进行计算和数据处理,从而加深对物理学和数学之间的联系与应用的理解。

2．实际应用

中职数学教学改革强调将数学知识应用于实际问题解决中,培养学生解决实际问题的能力。

比如,在商业类专业的数学教学中,教师可以引入实际的市场情境,让中职生运用数学知识进行销售额、利润等相关指标的计算和分析,从而提高他们的商业数学应用能力。又如,在工程类专业的数学教学中,中职生可以通过设计和建模解决工程问题,如设计一座桥梁或规划计算机网络的布线等。

3．实践性项目

中职数学教学改革倡导通过项目学习和实践性项目培养学生的实践能力和团队合作能力。教师可以组织中职生开展数学相关的实践性项目,如数据收集与分析、应用数学建模、编程开发等。

比如,中职生可以根据实际情况开展市场调研,收集数据并进行统计分析,最后提出营销策略。

通过实施实践性教学原则,中职数学教学改革可以促进中职生的实际应用能力和解决问题的能力。而中职生通过实践活动、实际应用和实践性项目,可以运用数学知识解决实际问题,培养自主学习和实践能力,为未来的职业生涯打下坚实的基础。

（三）综合评价原则

中职数学教学改革鼓励采用多元化的评价方式,综合考查学生的知识、技能和态度,全面了解他们的学习和发展情况。在数学教学评价中,教师可以通过口头报告、实际操作、作品集等方式对中职生进行评价。同时,鼓励跨学科融合和综合性教学,将数学与其他学科相结合,培养中职生的综合素养。中职数学教学的综合性评价原则具体体现在以下方面。

1．多元化评价方式

中职数学教学改革倡导采用多种评价方式,包括书面测试、口头报告、实际操作、展示作品等,以全面评价学生的学习成果。

比如,除了传统的笔试和作业,教师可以组织中职生进行口头报告,让他们通过口头表达或报告的形式展示对数学问题的理解和解决思路。此外,还可以要求中职生进行实际操作,如使用计算器进行数学运算、设计并制作数学作品等,展示他们的创造力和实践能力。

2. 知识、技能和态度的综合考察

中职数学教学改革强调从多个方面评价学生,包括知识的掌握、技能的运用和态度的表现。

除了考核基础知识掌握情况,教师还可以评价中职生的问题解决能力、团队合作能力和创新思维。比如,在一个数学项目中,中职生除了需要解决数学问题,还需要展示合作精神、创造力和解决问题的态度。这样的评价方式有助于激发中职生的学习热情,培养他们的综合能力。

3. 反馈和提升

中职数学教学改革强调评价的目的是给予学生及时反馈和指导,帮助他们优化学习方法和提升学习效果。

比如,教师可以通过面对面的讨论或书面反馈,指出学生在数学学习中的优势和不足,并提供方法和策略的指导和建议。这样学生可以根据反馈做出调整,进一步完善自己的数学学习方式并提升学习能力。

实施综合性评价原则有助于更全面地了解中职生的数学学习情况和发展状况。通过多元化的评价方式综合考察中职生的知识、技能和态度,并给予及时反馈和指导,促进他们全面发展。

(四)创新性原则

中职数学教学改革鼓励学生培养创新思维,进行探究式学习,提升解决问题的能力和创新意识。中职数学教学改革中的创新性原则主要包括探索性学习、技术融合和跨学科整合三方面。

1. 探索性学习

中职数学教学改革鼓励学生通过主动探索和发现,构建自己的数学知识体系,培养他们解决问题的能力和批判性思维。

通过引入探究式学习活动,中职生可以自己提出问题、设计实验、收集数据并分析结果,从而深入理解数学知识和原理。比如,在学习统计的过程中,中职生可以尝试进行统计调查,分析数据并制作统计图表,从中总结规律并得出结论。

2. 技术融合

中职数学教学改革倡导将信息技术与数学教学有机结合,提供更多的学习资源和创新的学习方式。

中职数学教师可以利用数学软件和在线工具,如数学建模软件、虚拟实验平台、交互式学习网站等,可以让中职生通过计算机和互联网进行数学实践和模拟实验,从而提高他们的学习效果和兴趣。比如,使用数学建模软件进行复杂问题的求解和可视化展示,或通过在线平台进行数学游戏和竞赛。

3. 跨学科整合

中职数学教学改革鼓励跨学科融合,使数学知识能够与其他学科和职业领域相结合,培养学生的综合素养和应用能力。

在职业导向的数学教学中,教师可以与其他专业教师合作开展跨学科项目。比如,在建筑设计的数学教学中,数学教师与建筑教师合作,引导中职生探索建筑中的几何形状、比例关系和测量技巧,运用数学知识进行建筑设计和计算。

实施这些创新性原则有助于激发中职生的学习兴趣和创造力,在实践中运用数学知识,拓宽视野和提升实际应用能力。中职数学教学改革通过探索性学习、技术融合和跨学科整合,为学生提供了更具创新性和实践性的数学教学环境。

中职数学教学改革的理念及其原则旨在培养学生的实用数学能力和职业素养,为他们未来的职业发展打下坚实的基础。而遵循这些原则的实践有助于提高中职生的学习效果和发展潜力,确保教学内容更加符合他们的需求和特点。这些理念和原则的具体实施需要数学教师掌握相应的教学方法和策略,并根据中职生的实际情况进行针对性的学科教学设计。通过运用个性化教学、实践性教学、综合评价和创新性教学,中职数学课程教育可以促进中职生自由发展,并提升其实践应用能力和综合素质。

第二节　中职数学课堂教学的基本方式

我国职业教育体制改革不断深入对于中职数学教学质量提出了更高的要求。中职数学教学质量的提升也成为中职教育关注的焦点,这势必要求学科教师不断探索和优化中职数学教学方式。中职数学教学方式是指在中等职业学校中,针对数学教学的方法和途径进行的总体描述。目前,中职数学优质课主要通过对教学方法和教学内容进行有机结合,然后采用信息化的方式展示给学生,使学生在数学教学中获得全面和丰富的知识。从展示的课程来看,信息化教学手段在中职数学教学中发挥了重要的作用,在注重教学内容与教学方法的时代背景下,中职数学教学将研究重点转向为如何有效地运用信息化教学手段传递教学内容,即学科教育正在向信息化转变。充分发挥信息化教学手段的优势,丰富学科教学视听语言,开展"智慧课堂"的数学教学,不仅有助于提升中职数学教师的信息化素养,拓展其学科教学的深度和广度,而且有助于增强中职生对数学知识的记忆力,深化他们对学科知识的理解和掌握。

一、粉笔＋黑板的传统教学方式

仅以升学为目标的中职数学教学方式主要以数学知识灌输、例题讲解、布置作业、强化训练的模式为主。在我国经济相对落后的地区，多数中职数学教学方式是粉笔＋黑板，以及教师的口述讲解。这种传统的教学方式难以使学生在较长时间内集中精力听课，容易开小差，导致中职生数学学习的兴趣不高。再加上对教师所授数学知识似懂非懂或完全不理解，师生难以形成互动，导致中职生参与度不高，课堂气氛沉闷，课堂教学效果自然不佳。

在案例 2-1 中，教师利用粉笔＋黑板的传统教学方式传授一元二次不等式的解法。

案例 2-1　解一元二次方程

1. 教学过程

（1）老师使用粉笔在黑板上写下一元二次方程的标准形式，并解释了各个系数的含义和作用。

（2）老师通过示范，在黑板上用粉笔演示具有代表性简单的一元二次方程的解法，并解释了每一步的思路和原理。

在解题的过程中，老师鼓励学生积极参与，提出问题和思考解答思路。可以先让学生们分组讨论这几个一元二次方程的解法，之后与老师所述的解法进行比较分析。

（3）老师给学生提供一些精选练习题，在黑板上以分步骤的方式解答，并引导学生跟随着一起完成。

（4）在课程结束前，老师带领学生共同回顾并总结一元二次方程的解法，并强调关键概念和注意事项。

2. 粉笔＋黑板的教学方式具有的特点

（1）直观和可互动性。学生可以通过观察老师在黑板上的演示和解题过程，更直观地理解数学概念和解题步骤。同时，学生还可以提问和讨论，与老师和同学共同探讨问题。

（2）强调思维过程。老师的解题过程在黑板上展示，学生可以看到每一步的思考和推理过程，有助于培养学生的逻辑思维和问题解决能力。

（3）集中注意力和记录复习。学生需要专注地听讲、观察和记录，在黑板上写下问题和解答过程，有利于记忆和复习。

3. 粉笔＋黑板教学方式的局限性

尽管传统的粉笔＋黑板的教学方式在某些情况下是一种有效的教学工具，但也存在一定的局限性,具体表现在以下五个方面。

(1)互动性受限。传统的粉笔＋黑板教学方式主要以老师单向讲解为主,学生在黑板上记录和观察,时间较长。学生之间的互动和参与度相对较低,难以充分激发学生思考和讨论的积极性。

(2)学习节奏不一致。在黑板上写下知识点和解题过程需要时间,而学生可能在此期间失去注意力或者跟不上进度。鉴于中职生数学基础普遍较差,学习速度和理解能力有限,传统教学方式很难满足大多数中职生的学科学习需求。

(3)可视性限制。用粉笔在黑板上书写,学生可能因为坐在后排、视力问题、老师板书字迹潦草或字体太小等问题而无法清晰地看到内容。这对于学习意志不强的中职生来说会造成较大困扰,降低他们对数学知识的理解程度和参与度,甚至会有不少学生因此放弃学习。

(4)信息保存和复制困难。板书是暂时性的,学生需要及时将所授内容记录下来以便复习。然而,中职生学科信息接收与记录重点内容的能力并不强,过程中通常会漏掉一些较重要信息,或者记录不完整。此外,板书内容会在课后清除,中职生仅凭记忆很难全面回顾和复习。

(5)缺乏多样化的教学方法。仅仅依靠粉笔＋黑板的方式进行数学学科教学,往往无法满足不同层次中职生的学习风格和需求。多数中职生可能需要更多的图像、多媒体或实践性的教学方式来帮助他们更好地理解和掌握数学知识。

总之,粉笔＋黑板的传统教学方式在互动性、学习节奏、可视性、信息保存和教学方法多样性等方面存在不足之处。为了更好地满足不同层次中职生的学科学习需求,需要考虑结合现代教育技术和多元化的教学方法丰富中职数学课程教学过程,激发其积极参与学科教学,帮助他们理解数学概念和解题方法,更好地培养中职生的数学思维能力和学科学习的合作精神,从而提高实施中职数学课程教学的有效性。

二、信息技术＋黑板的信息化教学方式

多数中职生数学学科学习的注意力不集中,不善于思考问题,长时间学习数学知识容易分散注意力。不过,大多数中职生喜欢新奇事物,爱玩游戏,喜欢做有即时反馈的活动。基于以上现状,利用多媒体投影仪或电子白板等技术,将部分数学教学内容以图表、动画、视频等形式展示给学生,使所授内容更直观、更具体;通过多媒体展示,可以使抽象的数学知识更加直观、生动,帮助学生更好地理解。换言之,教师要根据中职生的心理特点和教学内容,选择合适的教学方式与教学手段。若使多媒体信息技术和传统黑板教学相结合,更容易让中职生参与数学课堂教学,易于理解掌握新的学科知识,既可以活跃中职数学课堂的氛围,激发他们的学科学

习兴趣,又可以促使他们更好地开展数学学科学习。

不过,完全依赖多媒体开展中职数学教学,也会存在问题。对那些有难度、有深度的数学知识内容,仅仅运用信息化手段开展学科教学,会导致授课进度过快。这样对于学科基础薄弱的中职生而言,只能感受到教学内容,而无法真正理解、掌握和接受这些有难度的数学知识。为了解决这一问题,就需要中职教师结合黑板板书,放慢授课进度,深入分析与讲解数学知识。比如,在教学向量加法的三角形法则时,动画演示的速度较快,容易导致中职生一知半解、似懂非懂。此时,如果教师在动画演示后进行板书,一边作画一边讲解,同时让中职生模拟作图,可以使他们更深入体验向量加法的三角形法则。因此,教师在讲授有难度的数学知识时,最好结合板书开展教学活动。黑板讲解教学速度慢,推导过程中有引导、有启发,可以为中职生留出思考的时间和空间,使他们能够跟上教师的教学思路,方便他们理解和掌握学科知识。案例2-2展示了如何将信息技术引入传统课堂教学。

案例2-2 指数函数的图像与性质

在一堂中职数学代数课上,老师采用了信息化教学方式,结合了信息技术并使用黑板,开展了指数函数的图像与性质的教学。

首先,老师利用投影仪或电子白板,将指数函数的情境导入数学问题并投影到大屏幕上(可以引入在线资源),让全班学生都能清晰地看到,并组织大家思考相关情境问题。

接下来,老师通过电子白板或计算机软件,在投影屏幕上直接书写并演示一些代表性的指数函数的绘制过程(引入一些数学软件或图形绘制软件),之后组织学生分小组探索这些指数函数的图像共同特征,由老师将各小组代表的发言书写在黑板上。这样,学生们不仅可以看到老师书写的过程,还能够实时记录在自己的笔记本电脑或平板电脑上,从而能够帮助学生更好地理解和应用指数函数的图像与性质的知识。

当然,学生也被鼓励使用自己的电子设备,如智能手机或平板电脑,参与课堂互动。他们可以通过相关应用程序或在线学习平台回答问题、提交作业,与老师和其他同学进行交流和讨论。

最后,在课堂结束后,学生可以通过电子邮件或在线平台收到老师分享的教学材料和课后练习题,以便在家中进行复习和巩固。

这种中职数学的信息化教学方式具有以下特点。

(1)可视性和互动性提高。通过投影仪或电子白板投影内容,学生能更清晰地看到教师的解题过程,并能与老师进行实时互动和讨论。

(2)学习资源丰富。借助数学软件和在线资源,学生可以有更多的学习工具和练习材料,提供更多不同角度的学习选择。

（3）方便学生记录和复习。学生可以使用自己的电子设备记录笔记、解答问题，便于回顾和复习。同时，老师也能将课堂内容和相关资料分享给学生，让学生随时回顾和巩固知识。

（4）学习个性化。学生可以根据自己的学习进度和兴趣，自主选择合适的学习资源和工具，满足不同学生的学习需求，有助于培养学生的自主学习能力和批判性思维。

由此可见，这种通过信息技术＋黑板的信息化教学方式，能够提升数学学科整体教学效果，激发中职生的学习兴趣，并帮助他们更好地理解和应用数学知识。

三、数学知识＋实际应用的教学方式

中职生的数学基础普遍较差，在讲授数学知识时，除了采用信息化教学手段外，还需要以就业为导向，以适应经济建设和社会发展的需要为目标，培养一专多能的实用型技能人才。据此，学科教学过程中应该挖掘与课堂教学相关的内容，编制贴近实际生活的数学问题并据此开展教学，更好地提高中职生参与数学学习的能动性。案例 2-3 展示了"数学知识＋实际应用"的教学方式。

案例 2-3　工程项目的预算和进度安排

在一堂中职数学代数课上，老师采用了数学知识＋实际应用相结合的教学方法，以解决实际问题为导向，培养学生的综合应用能力。

首先，老师引入一个实际问题，如某个工程项目的预算和进度安排问题。此问题需要运用数学知识进行计算和决策。

随后，老师向学生提供必要的背景知识，包括相关公式、理论和方法等，以便学生能够理解和解决这个实际问题。

接下来，学生被分为小组，每个小组负责研究该问题的不同方面。学生在小组内共同讨论，并利用数学知识进行计算、预测和分析。在讨论结束后，每个小组向全班展示他们的解决方案，包括计算过程和结果。学生可以提出问题或分享自己的思考。

当所有小组展示完毕，全班一起讨论各组的解决方案，比较不同方法和结果。老师引导学生思考解决问题的优劣之处，讨论存在的困难和改进的方法。

最后，老师在综合讨论的基础上，引导学生思考如何将所学的数学知识应用到其他实际问题中，以培养他们实际运用数学知识的能力。

通过这种数学知识＋实际应用的教学方式，中职生不仅能够掌握数学知识，还能够将其应用于实际问题中，培养综合应用能力和解决实际问题的能力。该案例既展示了中职生在团队合作、计算、分析和沟通等方面的能力，又促进了他们对数学知识的理解和应用。

四、教学方式评价

中职数学教学改革的实践过程除了采用优化的教学方式外,还需要提供多样化的评价方式评估中职生的综合应用能力。评价时,采用具体的评价标准和多元化的评价方式,既注重知识的掌握,也关注中职生在实践中的表现和能力发展。由于每位中职生在项目学习和实践活动中的表现都是独特的,及时反馈和指导有助于他们的进步和提高。

三个案例展示的三种基本教学方式在中职数学课堂教学中既常见又常用,数学教师根据中职生的实际情况和学习目标,灵活运用这些基本方式,尤其是"信息技术＋黑板""数学知识＋实际应用"两种方式,并采用多样化的教学方法及多元化的教学手段,提升中职生对数学的理解和兴趣。此外,数学教师还可以根据需要引入其他教学资源和方法,不断丰富和创新学科课堂教学模式,提高学科教学的有效性。

第三节　中职生数学学科学习状况及教学实践的改革

中职教育在新一轮新课改的背景下,更加注重数学教学实践活动,学科教师也在积极探索新的教学方法和教学手段,以适应当代职业教育改革和发展需要。当前大多数中职生的数学基础知识薄弱,且没有养成良好的学习态度与掌握恰当的学习方法。希望通过教学方法方面的创新和改进,优化课堂教学,达到学科教学有效性的目的,从而推动中职教育的全面发展。通过分析研究找到现有问题的解决对策:通过创设优良的教学环境,激发中职生学习数学的兴趣;采用激励教育方式,帮助中职生树立学好数学的信心;借助多元化教学手段,提升中职生学习数学的参与度;结合现实生活开展数学教学,以解决生活中的实际问题,增强中职生学习数学的意识;学科教学实践尊重中职生的主体性,激发他们的学习热情;强化学习方法教育和养成教育,改进中职生的学习方法和态度。由此,在数学教学实践过程中,教师要不断提高自身的素质,充分发挥自身的教学能力,充分调动中职生学习数学的积极性并引导他们积极参与课堂活动,争取达到理想的教学效果,从而促进学生的学科学习的成长和发展。

一、中职生数学学科学习现状分析

广东省"十一五"规划课题《中等职业学校数学学习困难生的教育实践研究》(2009tjk028)、广东省"十三五"规划课题《构建中职文化课"魅力课堂"的有效途径的研究》(2018YQJK062)、深圳市"十四五"重点课题《数智化背景下中职数学课程思政的实践研究》(zdzz23028)的研究成果表明,中职生数学学习的不良现状主要表现在学习态度、基础知识、能力方面，当然也有班级学习环境因素，但重要的是数学的学习意识、学习基础与学习能力等方面因素。而学科学习意识的强弱与学习能力的高低直接影响中职生的学习动力和学习态度。中职生数学学科学习普遍存在学习观不正确、学习能力弱、非智力消极因素的干扰、原有认知方式与能力的不合理等问题。

另，根据近三年对中职生数学学习过程的调查以及影响他们数学学习成绩的相关因素的访谈发现，中职生在上课认真听讲、课前预习、课后复习、独立完成作业等基本学习习惯方面存在很多问题，主要表现以下六个方面。

（一）计划与组织方面的不良习惯

计划与组织方面的不良习惯主要体现对待数学作业的不良习惯：作业前不复习所学知识；作业时不审清题意便下笔，不是为巩固所学数学知识，而是为完成作业而完成作业；解题格式不规范（只写算式，没有上下衔接的文字描述），书写马虎潦草；做作业遇到困难时不肯钻研，轻言放弃或抄袭其他同学的答案；学科作业修改不认真，自认为差不多就行，不仔细修改作业错题部分。

（二）自我调节学习的不良习惯

部分中职生自我调节学习的不良习惯主要表现为：学科学习用品乱堆乱放、经常找不到；不能合理安排学科学习与巩固复习时间，每周的数学学习知识不会安排阶段及时巩固复习与梳理；每章知识学完后也不会安排全面系统复习，部分学生在单元测试中常常"裸考"；期中考试或期末考试前，不会提前1~2周安排所学数学知识的全面复习。总之，不少学生经常不分轻重缓急地开展学习活动，总是忙于应付或打疲劳战。

（三）思维方面的不良习惯

多数中职生思维方面的不良习惯主要表现为：数学思维启动较迟缓，对于新问题常常不明就里；解题时梳理已知条件无章法，寻找努力目标显得盲目；抽象思维的必备基础形成迟缓且起点低。学科后进生的数学抽象思维，一般需要经历先退后进的过程，并要退到最具体、最形象甚至最原始的情境，几乎从头开始，就连抽象度较低的数学方法，也需要有形式单一、步骤简单的原型作借鉴才能完成解答。多数中职生的抽象思维水平是沿着小坡度、密台阶步步升华，且跨度要又小又形象。

（四）自主性学习方面的不良习惯

对于多数中职生来说，数学学科是其中考失利的重要因素，再加上中职数学学习呈现"数学语言在抽象程度上突变、思维方法向理性层次跃迁、知识内容的整体数量剧增"等特点,这使得中职生明显不能适应中职阶段的学习要求,他们仍旧习惯于边讲边模仿练习的学科学习模式,依赖于数学教师的逐题分析讲解,习惯跟随学科教师惯性运转,缺乏自主学习的能力和主动性,无法掌握数学学习的主动权。

(五)对数学学习的不合理认知

许多中职生将数学成绩不好归因于天赋、练习量、粗心、态度等外在因素,没有正确认识到培养科学的数学学习方式方法的重要性,特别是对构建完整的学科学习环节与良好的数学思维模式的认识。即使有所认识也偏重学科学习过程中某个方面,对制订计划、课前预习、专心上课、及时复习、独立作业、解决疑难、系统小结和课外作业等方面的具体要求缺乏正确认识和科学合理的安排。

(六)学科学习没有反思或反思不深入

一般中职生在做完数学习题后很少检查反思,偶尔检查结果,有时能够总结解题思想方法与规律的不到三成;做完习题后能够与同学对比是否有问题,存在问题能及时修改并弄懂的也不到三成;能经常检查解题结果,并思考总结某类题型的常规解题方法与技巧的不到一成。

二、中职生数学学科学习特点分析及其改良策略

中职生的数学学习特点与普通高中的学生(以下简称"高中生")存在显著差异。他们更加注重数学知识在实际问题中的应用,对数学学习的目标不明确,并且学习动机不稳定。为了满足中职生的数学学习需求,学科教师需要加强数学与实际问题的联系,通过将数学知识与实际情境结合起来,培养他们的数学应用能力;学科教师需要设计有一定挑战性并适合中职生的数学学习任务,让他们面对具有一定难度的问题,激发其学科学习兴趣和动力,同时提升他们解决学科问题的能力和自信心;学科教师需要根据学生的特点和需求,设计多层次的学习资源和活动,提供个性化的数学学习支持,满足中职生的差异化学习需求;学科教师需要创造积极的数学学习环境和氛围,鼓励学生之间的合作学习和互助学习;学科教师还需要给予学生提供数学学习的准确反馈和支持,帮助他们理解错误的原因并给予正确的指导和建议,激励他们继续努力学习数学。通过适当的数学学科教育改进策略,可以更好地满足中职生的数学学习需求,激发他们的学习兴趣和动机,提高他们的数学学习效果。

(一)数学学习动力不足、学习习惯不好的主要表现及其改进策略

相比于高中生,中职生在学习数学时可能缺乏充分的学习动力和良好的学习

习惯。他们更多关注实际应用能力,对抽象的数学知识缺乏直观感受,因此容易出现学习动力不足、学习习惯不好的状况。相当一部分中职生对数学学习的兴趣和动力较低,认为数学与他们未来的职业无关,缺乏对数学学习的内在动机。中职生在数学学习上挫败感比较强,加上没有正确的引导,甚至还受到一些不良思想的影响,导致他们对数学学习的兴趣和意识逐渐减弱。使之逐渐降低了学好数学的意识。不少中职生学习数学缺乏相应的学习动力,更不要说学科学习的兴趣与主动性,学科教师在教学过程中很难调动他们学习数学的积极性。

1. 数学学科的学习动力不足、学习习惯不好的主要表现

(1)学习动力不足。中职生对数学学科缺乏兴趣和动力,可能表现为对数学课程的厌倦或无兴趣,对于学习数学的目标和意义缺乏清晰认识,导致对数学学习缺乏主动性和积极性。中职生对于数学学习缺乏兴趣和动力的主要原因之一是觉得数学是一门枯燥乏味的学科,不了解它的实际应用和学科价值,因此对于学习数学缺乏动力。

(2)学习习惯不好。中职生的数学学习习惯不好可能表现为不规律或不深入,包括拖延学习、经常玩手机或上网等,缺乏合理的学科学习计划和时间管理能力,没有形成良好的学科学习习惯。比如,多数中职生做数学作业时经常拖延,不按时完成学习任务。在学习数学时,容易分心,无法集中注意力,也缺乏自主学习的能力,总过分依赖老师的指导。

(3)缺乏自我调节能力。中职生在面对难以理解的数学知识或难以解答的习题时,缺乏坚持和解决问题的毅力,容易因为一点困难就放弃,自我激励和自我评价的能力不足。比如,较多中职生在学习数学时容易分心,无法集中注意力,经常走神或者被周围的事物干扰。当学习数学知识遇到困难或者挫折时,容易灰心丧气,缺乏解决数学问题的坚持和毅力,这也是缺乏自我调节能力的重要表现。

(4)注意力不集中。中职生在数学课堂上或自习时,注意力难以集中,容易分散或走神,影响了他们对于数学知识的理解和掌握。比如,相当部分中职生很难专注于课堂上的讲解和练习,经常分神、走神或者与周围同学交谈,导致错过了数学重点知识和解题方法。这种注意力不集中的行为导致中职生数学学习效果欠佳。

(5)学习态度消极。中职生对于数学学科持消极态度,认为数学学科难以理解和应用,对于自己在数学学习能力缺乏信心,导致学习态度消极。不少学生读中职,是不想太早就业或一个人在家里无聊,对数学学习抱着得过且过的学习态度甚至干脆放弃学习。比如,现今不少中职生对数学没有兴趣,认为数学很难而且无法应用到实际生活中,经常抱怨数学太复杂、枯燥乏味,一旦解题过程中遇到困难挫折容易灰心或放弃。

中职生数学学习动力不足和学习习惯不好是常见的现象,具体表现为缺乏兴趣和动力、学习计划不合理、学习习惯不良、缺乏自我调节能力以及注意力不集中等。这些问题可能导致他们对数学学科持消极态度,对学习数学缺乏积极性和主动性,同时也可能影响他们独立思考和解决问题的能力。

2. 改变中职生数学学习动力不足、学习习惯不好的教学策略

针对中职生数学学习动力不足、学习习惯不好的问题,可以采取以下五项策略增强他们的数学学习动力,并养成良好的学科学习习惯。

策略 1　激发中职生数学学习的兴趣和动机

通过设计生动有趣的教学案例、引入实际应用等方式,激发中职生学习数学的兴趣和动力。可以通过以下五种措施激发中职生的数学学习兴趣和动机。

(1)引入实际案例和情境。将数学知识与实际生活情境相结合,通过实际案例展示数学在日常生活中的应用,让学生明白数学的重要性和实用性。

(2)提供实践性任务。设计一些与实际问题相关的数学实践任务,让学生能够亲自动手解决问题,体验数学的乐趣和实用性。

(3)培养探究式学习兴趣。引导学生主动思考和探索数学问题,培养他们对数学的好奇心和兴趣,通过自主学习和探究,提高学习动力。

(4)增加趣味性和互动性。利用游戏化的教学方法、数学竞赛或团队合作活动,让学生在学习过程中感受到竞争和实现目标的乐趣。

(5)提供支持和反馈。给予学生积极的鼓励和正面反馈,让他们感受到自己的进步和成就,增强学习动力。

通过实施以上措施,可以激发中职生学习数学的兴趣和动力,使之更加主动地参与学习,提高数学学科的学习效果。此外,也需要关注学生的学习习惯和学习环境,为其提供良好的数学学习资源和支持,帮助他们克服学习数学的困难,建立起学习数学的自信心。

策略 2　培养中职生数学学习的良好习惯

以下五项措施可以帮助中职生养成学习数学的良好习惯。

(1)培养良好的学习计划和时间管理能力。引导学生制订合理的学习计划,将数学学习任务分解成小块,并设置合理的时间限制。同时鼓励他们遵守学习计划,按时完成任务,克服拖延的不良习惯。

(2)提供良好的学习环境和工具。确保学生有一个安静、整洁的学习环境,为他们提供所需的学习工具和资源,如纸笔、计算器、参考书等,以帮助他们更好地专注于学习任务。

(3)鼓励自主学习和解决问题。给予学生一些独立思考和解决问题的机会,引导他们主动寻找解决方案,据此提高其自主学习能力。同时,提供一些适当的挑战性问题,激发学生对数学学习的求知欲和兴趣。

（4）提供支持和反馈。定期与学生进行交流，关注他们的学习进展和困难，给予积极的鼓励和建议。同时，及时纠正学生在学习数学过程中的错误和不良习惯，帮助其建立正确的数学学习习惯。

（5）培养学习兴趣和动机。通过引入有趣的教学案例、互动游戏或实践任务，让学生从中体会到学习数学的乐趣和意义，激发他们对数学的兴趣和学习动机。

通过以上措施，可以帮助中职生建立起良好的学习习惯并培养其自主学习能力，提高数学学科的学习效果和表现。同时，还需要持续地支持和鼓励、帮助他们克服学习上的困难和挫折，培养其学习数学的耐心和毅力。

策略3　提升中职生的自我调节能力

以下五项措施可以帮助中职生提升自我认知和调节能力。

（1）培养集中注意力的技巧。向缺乏自我调节能力的中职生传授一些专注力训练的技巧，比如利用番茄钟工作法，设置固定的学习时间段，每次集中精力工作25分钟，然后休息5分钟。慢慢增加学习时间段，以此培养学生的专注力和注意力控制能力。

（2）帮助中职生认识到分心的负面影响。与自我调节能力不足的中职生进行交流，让他们自己意识到分心会浪费更多时间并导致学习效果下降。通过意识到这个问题，中职生可能会更有动力去改进自己的学习态度和行为。

（3）设定明确的目标和奖励机制。与自我调节能力不足的中职生共同设定明确的学习目标，并建立奖励机制。比如，完成一定的数学学习任务或者稍稍取得进步时，给予适当的奖励，以帮助他们更好地激发自我调节的动力。

（4）增加挑战性并培养积极应对困难的能力。引导自我调节能力不足的中职生接受一些具有一定挑战性的数学问题或任务，鼓励他们主动面对困难，并寻找解决问题的方法。通过解决实际问题，以逐渐培养自我调节能力不足的学生学习数学的抗压能力和积极应对困难的能力。

（5）提供支持和反馈。定期与自我调节能力不足的中职生进行交流，及时了解他们的学习进展和遇到的困难，并给予合理的支持和鼓励。当他们在学习数学过程遇到挫折时，及时提供有效的帮助和指导，并帮助他们调整心态，坚持不懈地解决学习中遇到的问题。

通过以上措施，可以帮助自我调节能力不足的中职生提升自我调节能力，克服分心和消极情绪的问题，在学习中更好地集中注意力、解决问题，并提高学习效果和自信心。同时，还需要支持和鼓励自我调节能力不足的学生，使之意识到自我调节的重要性，并持续努力改进自己对于数学学习的态度和行为。

策略4　培养数学学习的良好习惯和注意力管理能力

以下五项措施可以帮助中职生解决数学学习注意力不集中的问题。

（1）创造良好的学习环境。确保学习环境安静、整洁，没有过多的干扰因素。将注意力容易分散的学生安排在课堂上离教师近且干扰最少的位置，使之更容易集中注意力听讲。

（2）分段学习和休息。将数学学习任务分成较小的部分，每个部分之间适当安排休息时间，让他们有机会休息并恢复学习精力，减少疲劳学习对注意力的负面影响，保持学习的新鲜感和效率。

（3）注意力训练。向中职生传授一些注意力训练的方法，比如通过专注力游戏、冥想等方式，提升他们控制注意力的能力和持续专注的能力。

（4）激发兴趣和参与感。引入一些与实际生活相关的数学案例、实验或观察，激发注意力不集中的学生对于数学学习的兴趣，提高他们参与学科学习的专注力。

（5）给予积极的反馈和奖励。当中职生在学习数学过程中能够较好地保持注意力时，给予他们积极的反馈和奖励，使之意识到注意力集中对数学学习的积极影响，从而增强这部分学生主动调节注意力的动力。

通过以上措施，可以帮助中职生自觉改善学习数学注意力不集中的问题，培养他们的注意力控制能力和持续专注力，提高其数学学习的效果。同时，也需要与注意力不集中学生进行有效的沟通，了解他们的学习困难和需求，给予针对性更强的支持和指导，帮助他们建立起良好的学习习惯和注意力管理能力。

策略5　培养中职生数学学习的学习耐心和积极态度

通过以下五项措施可以帮助中职生改变学习数学时的消极态度。

（1）激发兴趣和意义。引入实际生活中与数学相关的案例和情景，让数学学习态度消极的学生了解数学知识在日常生活中的应用和重要性。以生动有趣的方式展示数学的广泛应用，帮助他们看到数学学习的意义和趣味性。

（2）提供正面的反馈和鼓励。当数学学习态度消极的中职生在数学学习中取得进步或者解决问题时，给予他们积极的反馈和鼓励，使之感受到自己的点滴成就和进步，激发他们学习数学的动力和积极性。

（3）分解数学学习困难。对于数学学习态度消极的中职生遇到的具体数学问题，帮助他们将困难的问题分解成较小的部分，逐步引导解决。引导这部分学生坚持和展示克服数学学习困难的过程，并赞赏他们为之付出的努力和坚持。

（4）提供个性化的学习支持。了解数学学习态度消极的中职生个体的学习特点和需求，因材施教。通过个别辅导、额外练习、实践任务等方式为他们提供个性化的学科学习支持，帮助这部分学生克服学习数学中遇到的各类困难，并使之逐步建立数学学习的自信心。

（5）培养学习目标和规划。与数学学习消极的中职生一起设定明确的学科学习目标，并帮助他们制订数学学习的规划和计划。使之理解良好的数学学习效果是持续努力的结果,引导他们积极地面对数学学习的挑战。

通过以上措施,可以帮助数学学习态度消极的中职生改变学习态度,激发他们的兴趣和动力,提高其学习效果和表现。同时,也需要给予学科学习态度消极的中职生持续的支持和鼓励,并帮助他们不断克服数学学习上的困难和挫折,培养他们学习数学的耐心和积极态度。

综上所述,通过激发中职生数学学习的兴趣和动机、形成良好的学习习惯、提升自我调节能力、训练注意力管理能力、培养耐心和积极态度等策略,可以有效地解决他们对数学课程的学习动力不足、学习习惯不好等问题。此外,提供多样化的学习资源和丰富的课外活动,激发中职生的学习欲望和创新能力;引导积极思维,鼓励学生面对挑战和困难时保持积极态度,培养他们解决问题的能力和毅力,并养成正确的学习态度和培养良好的学习习惯,提高数学学习的动力和效果。

(二)数学基础薄弱、学习能力不强的主要表现及其改进策略

部分中职生数学基础薄弱,可能是小学、初等教育阶段的欠缺或者学习态度不端正所致,这使得他们在中职数学学习中面临不少困难。这个问题是多年来逐渐形成的,随着高校不断扩招,加上家长对就读中职学校的不合理认知,使得如今中职学校招收学生的文化基础整体很差,数学学科基础和学习能力尤其如此。

1. 中职生数学基础薄弱,学科学习能力不强的主要表现

(1)计算能力薄弱。中职生在四则运算、分数、小数、百分数等基本计算方面能力较弱,容易出现计算错误的情况。中职生在进行基础运算、复杂计算时经常发生计算错误,这也是导致他们在数学考试或作业中得分不高的主要原因之一。

(2)几何图形理解欠缺。中职生对于几何图形的性质、特点和推导缺乏深入理解,对于几何问题的解决方法掌握不熟练。大多数中职生对于几何图形的概念和性质缺乏深入理解,容易混淆不同的几何图形的性质,也不知道如何应用几何知识解决实际问题。

(3)代数方程式解题困难。中职生在解一元一次方程、一元二次方程等代数方程时常常出现解题思路混乱、漏解或者解答错误的情况。比如,部分中职生在数学学习中常遇到代数方程式解题困难。他们对于代数方程式的概念和解题步骤不熟悉,经常感到困惑和迷茫;他们很难理解方程的含义和解题方法,经常无从下手或者出错。

(4)数据处理能力较弱。中职生对于数据的收集、整理、分析和解读能力相对较弱,在统计与概率等内容上容易出错或者理解困难。不少中职生对于收集、整理和分析数据的方法和技巧不熟悉,容易混淆数据类型或无法正确运用统计知识解决实际问题。

（5）对函数的理解有限。中职生对于函数的概念、性质和应用理解欠缺，对于函数图像的绘制、函数关系的分析等方面存在较多困难。比如，部分中职生在学习数学函数时存在对函数的概念和特性理解不透，无法准确把握函数的定义和运用方法，导致在解题过程中经常出错或无从下手。

数学是锻炼人的逻辑思维能力的学科，在今后的学习中，不管是什么学科都经常要运用这方面的能力，这样直接影响了中职生将来的学习和发展。然而，中职学校能够招收到的学生文化素质相对薄弱，数学学习能力不强，在数学学科上的独立思考和解决问题的能力比较弱，创新性和深入理解的能力也有待提高。因此，中职生数学基础薄弱、学习能力不强的问题急亟解决。

2. 解决中职生数学基础薄弱、学习能力不强问题的主要策略

针对中职生数学基础薄弱、学习能力不强的问题，可以采取以下五项策略来夯实中职生的数学基础，提高他们的数学学习能力。

策略1　提升中职生数学学习中的计算能力

以下六项措施有助于改变中职生数学计算能力较弱的问题。

（1）加强基础练习。引导计算能力较弱的中职生进行适量、有针对性的基础运算练习，比如加减乘除、分数、百分数等的计算。通过反复强化练习，帮助他们熟练掌握基本的计算方法和技巧，确保他们进入中职前具备一定的数学基础。

（2）引入实际生活应用。将计算与实际生活情境相结合，引入一些与日常生活相关的实际案例和问题，激发学生运用计算能力解决实际问题，提高他们对计算的兴趣和学习的动机。

（3）强化计算步骤。向计算能力较弱的中职生传授正确的计算步骤和思考方法。帮助他们理清计算原理和关键步骤，鼓励他们在计算过程中仔细审题，确定计算方法，确保计算结果的准确性。

（4）提供实践性任务。设计一些实践性的数学任务，要求计算能力较弱的中职生运用计算能力解决实际问题，如通过建模、数据处理等方式，让他们在实践中提升计算能力。

（5）提供反馈和指导。对计算能力较弱的中职生的计算错误进行针对性的指导和纠正。及时告知他们正确的计算思路，并解释计算错误的原因和改进方法，帮助他们逐渐提高计算的准确性。

（6）创造积极的学习氛围。鼓励计算能力较弱的中职生参与数学讨论并与同学合作解题，创造轻松积极的学习氛围。通过与他人交流和合作，激发他们学习数学的兴趣和动力，同时培养团队协作能力。

通过以上措施，可以帮助计算能力较弱的中职生提升计算能力，帮助他们掌握基础运算技巧，提高计算的准确性和效率。同时，也需要给予持续的支持和反馈，鼓励他们继续努力和坚持,培养他们对于计算的信心与积极的学习态度。

策略2 增强中职生的几何图形理解能力

以下五项措施可以提升中职生的几何图形理解能力。

(1)引入实例和模型。运用具体的实例和模型引导中职生理解几何图形的定义、特点和性质。通过实际观察和搭建模型,帮助中职生直观地理解各种几何图形的属性和关系。

(2)创设情境。将几何知识应用到实际生活情境中,设计一些与几何图形相关的问题和任务,让几何图形理解能力弱的中职生从实际问题出发,通过分析和解决问题,培养他们运用几何知识的能力。

(3)提供图形拼凑和变换练习。给予几何图形理解能力弱的中职生一些图形拼凑和变换的练习,让他们通过手动操作和观察,探索几何图形之间的关系,并逐渐理解几何变换的原理。

(4)强化定义和性质的学习。帮助几何图形理解能力弱的中职生系统地学习几何图形的定义和性质,如几何图形的边长、角度、面积等。通过示意图、实例和问题分析,帮助这部分中职生理解几何图形的各种属性和关系。

(5)探究问题和讨论活动。引导几何图形理解能力弱的中职生通过提出问题、讨论和合作解决问题的方式,增强他们对几何图形的理解。鼓励这部分中职生思考和分享自己的观点,培养他们的数学逻辑思维和几何思维能力。

通过以上措施,可以帮助几何图形理解能力弱的中职生提升几何图形的理解能力,加深他们对几何概念、性质和应用的认识。同时,也需要给予他们持续的支持和反馈,让他们逐渐建立起几何图形的认知框架,并在实践中运用几何知识解决问题,提高他们的几何思维和解决实际问题的能力。

策略3 提升中职生的代数方程解题能力及信心

通过以六项措施可以帮助中职生克服代数方程解题困难。

(1)引导概念理解。通过生动的例子,引导解代数方程存在困难的中职生理解代数方程的基本概念,如代数方程的变量、系数、方程的意义等。帮助他们理解方程的含义和解题时需要用到的代数概念。

(2)解题步骤讲解。向解代数方程存在困难的中职生传授正确的代数方程解题步骤和思考方法。讲解如何根据问题建立方程式、进行推导和化简,以及如何求解方程的根。通过反复练习和解题示例,帮助这部分中职生掌握各类代数方程的解题技巧。

(3)提供练习与例题。首先提供适量的代数方程例题和解题练习,让解代数方程存在困难的中职生通过反复练习和实践,巩固其解题方法和技巧。然后,逐步提高难度,让他们逐步熟悉各类代数方程的解题过程。最后,引导这部分中职生分类归纳总结解代数方程的常规思想方法与技能。

（4）强化问题转化能力。帮助解代数方程存在困难的中职生将实际问题转化为代数方程，通过构建代数模型，将问题进行数学化处理。提升这部分中职生对问题本质和数学关系的把握能力，使之能够准确地建立方程解决实际问题。

（5）鼓励探究与合作。鼓励解代数方程存在困难的中职生进行独立思考和深入探究，引导他们在解题过程中积极思考并提出问题，与同学合作讨论、分享解题思路和经验。通过与他人交流和合作，激发这部分中职生解代数方程的兴趣和动力。

（6）提供支持和反馈。给予解代数方程存在困难的中职生及时的支持和反馈，帮助他们纠正解题中的错误，理解解题过程中的难点和注意事项。鼓励这部分中职生坚持解题，并对他们的努力和进步给予积极的肯定和鼓励。

通过以上措施，可以帮助解代数方程存在困难的中职生克服困难，提升他们解代数方程的能力及信心。同时，也需要给予这部分中职生持续的支持和指导，帮助他们解决解代数方程中存在的困难并提高其解题效率，从而培养他们的代数思维和解决实际问题的能力。

策略 4　提升中职生的数据处理能力

通过以下五项措施可以提升中职生的数据处理能力。

（1）引导数据收集与整理。向中职生传授正确的数据收集和整理方法，包括设计调查问卷、观察记录等。引导中职生如何分类、编码和整理数据，使他们学会有效地组织和处理数据。

（2）统计知识与应用。向数据处理能力弱的中职生传授基本的统计知识和方法，如平均数、中位数、频率分布等相关知识。通过实际案例和问题分析，让这部分中职生学会合理地选择和应用统计方法描述和分析数据。

（3）数据可视化技巧。引导数据处理能力弱的中职生使用合适的图表展示数据，如条形图、折线图、饼图等。教会他们如何正确地选择和绘制图表，并解读图表所呈现的数据信息。

（4）实践性任务与项目。设计一些与实际问题相关的数据处理任务和项目，让数据处理能力弱的中职生通过实践提升数据处理能力，如调查分析、制作数据报告等。通过实际操作，提高他们的数据处理能力和实践应用能力。

（5）提供反馈与指导。及时给予数据处理能力弱的中职生关于数据处理方面的反馈和指导，指出他们在数据收集、整理和分析过程中的问题和不足，并提供相应的改进建议。帮助这部分中职生逐步克服困难，提高数据处理的准确性和效果。

通过以上措施，可以帮助数据处理能力弱的中职生提升数据处理能力，增强他们的数据收集、整理和分析的技巧。同时，也需要给予这部分中职生持续的支持和鼓励,使之逐渐建立起对数据的敏感性和应用能力,从而培养他们在解决实际问题中运用统计知识和数据处理的能力。

策略 5　提高中职生对函数的理解能力

通过以下五项措施可以帮助中职生提升对函数的理解能力。

(1)深入理解函数的定义。帮助函数理解能力差的中职生明确函数的概念和本质,即输入与输出之间的关系。鼓励他们通过实例理解函数,如通过代入数值、制作函数表格等方式加深认识。

(2)强化函数表示形式的学习。帮助函数理解能力差的中职生掌握函数的各种表示形式,包括函数符号表示、图像表示和表格表示等。通过多种形式的互相转换训练,提高这部分中职生从不同角度理解函数的能力。

(3)练习函数的应用问题。提供适量的实际应用问题,鼓励函数理解能力差的中职生将问题转化为函数表达式,并通过求解函数的最值、观察函数图像的变化等方式理解函数的应用。同时,引导这部分中职生分析问题背后的数学模型,培养批判性思维。

(4)集体讨论和合作学习。组织函数理解能力差的中职生参与小组讨论,以共同解决函数相关问题。鼓励这部分中职生互相交流并进行思维碰撞,激发他们对函数的兴趣,从而提高学习效果。

(5)多样化教学方法。应用多样化的教学方法,如演示、游戏、实践等,帮助函数理解能力差的中职生从多个角度理解函数的概念和应用,并培养他们对数学的兴趣和自信心。

通过以上措施,函数理解能力差的中职生可以逐步克服对函数理解的困难,提高他们的数学学习效果。同时,教师也要给予这部分学生积极的鼓励和支持,培养他们对数学学习的兴趣和动力。

综上所述,为了改善中职生数学基础薄弱和学科学习能力不强的问题,可以采取提升和增强计算能力、几何图形的理解能力、代数方程的解题能力及其信心、数据处理能力、函数的理解能力等策略,帮助他们提升数学基础水平和学科学习能力,增强其学科学习的自信心和独立解题能力。

(三)数学学习方法不当、学习效率低的主要表现及其改进策略

数学学习的重要因素是培养科学的学习方式和方法,科学的学习方式和方法能够让数学学习事半功倍。不少中职生一旦缺乏有效的学科学习方法,不擅长如何理解数学概念、分析数学问题和解决数学问题,那么他们更可能因为倾向于死记硬背而缺乏实际应用能力。缺乏正确的学习方法会导致中职生的数学学习出现问题,如反复机械强化练习、知识没有及时巩固理解、每类题型的解题思想方法没有

归纳总结、没有通过错题及时查漏补缺等,从而导致他们的学习效果不佳,无法有效掌握数学知识。

1. 中职生数学学科学习方法不当的主要表现

(1) 作业简单化处理。在解数学习题时,多数中职生倾向于机械地套用公式和解题模式,忽视对问题的深入思考和灵活运用数学知识的能力。比如,布置课后巩固复习作业,大多数中职生没有完成这一环节,导致所学数学知识并未及时理解消化,而是急于完成书面作业,自然作业的质量较差。又如,做各类习题出现了错题,多数学生归因于粗心马虎原因,只满足于复制老师的参考答案,很少有人能深入探研犯错的根本原因,更不要说如何去改进,最终导致所学知识没有得到巩固掌握。

(2) 缺乏问题分析能力。多数中职生对于数学问题的分析和解决步骤不够清晰,无法准确把握问题的关键点,导致解题思路混乱或偏离题目要求。当遇到复杂的问题或新题型时,多数中职生往往不知道如何入手,难以有效地分析和解决问题。

(3) 不善于归纳总结。在数学学习过程中多数中职生没有形成良好的归纳总结习惯,也表现出不善于归纳总结。他们很难将不同知识点进行关联和整合,导致数学知识掌握不扎实。比如,布置单元复习、期中复习、期末复习作业,很少中职生能做到系统、深入复习。即使有复习的中职生,也不懂分类关联梳理知识以及常规题型的解题思想方法与技巧。又如,在数学学习过程中多数中职生缺乏整体性思维,不能将所学的知识和技巧进行有效地归纳总结,导致在解决类似问题时无法灵活运用。

(4) 缺乏实践应用能力。中职数学课程更注重数学知识的实际应用,但在实际问题的转化和解决过程中存在较大困难,无法将数学知识与实际情境相结合。比如,多数中职生不会根据实际问题的条件建立恰当的数学模型,不知道如何将抽象的概念转化为实际场景的解决方法,导致无法运用数学相关知识解决实际问题。

(5) 学习方法单一或不当。多数中职生过于依赖传统的教学方法,缺乏主动学习的积极性,如死记硬背和被动听讲,缺乏主动探究、练习和拓展的学习方式,导致数学学习效果不佳。比如,多数中职生在理解数学知识过程只停留在表面层次,遇到不理解的数学知识也缺乏深入探索研究的学习方式。

2. 改进中职生数学学习方法不当的有效策略

针对中职生数学学科学习方法不当的问题,可以采取以下五项策略来加强中职生的数学基础,提高他们的数学学习能力。

策略 1　提升中职生对于作业的认知

帮助中职生合理认识作业的意义与功能,可通过以下五种措施的实施实现。

（1）引导中职生合理认识作业的涵义。首先需要纠正多数中职生对作业的片面认识。课外作业不仅仅是书面作业，还包括课后数学知识的巩固复习作业。然后，让中职生意识到，在完成书面作业时，不能仅限于完成老师布置的习题，而应通过习题练习巩固所学数学知识，并引导他们归纳总结运用数学知识解答常规题型。最后，针对书面作业中遇到的困难，开展已学数学知识的查漏补缺，从而真正实现作业的功能巩固和提升功能。

（2）提供适量的辅助材料。提供不同难度的习题和参考答案，给予不同层次中职生适量的挑战和自主学习的机会。通过差异化教学，满足不同层次中职生的需求，鼓励他们主动思考、独立解决问题，从而提高他们的自主学习能力。

（3）引导中职生参与数学竞赛或项目。鼓励中职生积极参与数学竞赛、数学建模等活动，提高他们解决实际问题和运用数学知识的能力。参与竞赛和项目可以激发中职生的学习动力，培养他们的创新思维和团队合作精神。

（4）提供个性化辅导。针对中职生的不同水平和需求，提供个性化辅导。通过了解学生的优势和弱点，给予相应的帮助和指导，使他们能够充分发挥自己的潜力，并克服学习中的困难。

（5）培养数学学习的兴趣。教师要注重培养中职生对数学的兴趣，通过丰富多样的教学方法和教材，引导其主动思考和探索，培养他们对数学学习的积极态度。教师应该根据中职生的实际情况，合理布置有一定难度的作业。不仅包括基础知识的巩固和综合运用，还应增加一些拓展性问题，让中职生面对不同难度的题目，培养他们的思维能力和解决问题的能力。

通过以上措施，中职生可以摆脱作业简单化处理的困境，挑战自我，提高数学学习的效果和深度。同时，教师应持续关注中职生的学习情况，并及时调整教学策略，为他们提供更有针对性的教育和支持。

策略 2　培养中职生的数学问题分析能力

以下五种措施可以培养中职生的数学问题分析能力。

（1）强化问题分析训练。引导中职生在解题过程中注重数学问题的分析和理解。教师可以提供一些略具有挑战性的数学问题，并指导中职生逐步分解、归纳，找出问题的关键点，培养他们的问题分析能力。

（2）提供范例和解题思路：给中职生提供一些典型范例，展示数学问题分析的过程和解题思路。通过典型范例分析，中职生可以了解数学问题的解决方法和策略，并学会独立解决数学问题。

（3）提醒中职生注意问题的条件和要求。指导中职生仔细阅读和理解数学问题的条件和要求，把握数学问题的核心内容；鼓励他们在解题前进行简单的总结和提炼，以便更好地理解数学问题，从而确定相应的解题思路。

（4）引导中职生使用辅助工具。引入一些辅助工具，如图表、图像、模型等，帮助中职生更好地分析数学问题。这些辅助工具可以给中职生提供直观的信息和视觉化的解释，有助于他们理解和解决复杂的数学问题。

（5）鼓励中职生多思考、多讨论。鼓励中职生在解决数学问题的过程中多思考，多与同学讨论，使数学问题更明晰，有利于解决问题。通过集思广益，中职生可以从不同的角度，运用多种方法解决数学问题，提高问题分析能力和解决问题的效率。

以上措施可以帮助中职生提升问题分析能力，培养他们解决复杂问题的能力。教师要积极关注中职生的学习情况，及时发现问题，提供针对性的指导和支持。同时，也要鼓励中职生多思考数学问题、勇于面对困难与挑战，培养他们的问题分析和解决能力。

策略3　训练中职生对于数学知识与技能的归纳总结能力

以下五项措施可以训练与培养中职生的数学知识与技能的归纳总结能力。

（1）引导自主总结归纳。在学习过程中，教师可以积极引导中职生总结所学的数学知识点、不同题型的解题方法和技巧。比如，让中职生列出一系列相似的数学问题，然后指导他们发现这些数学问题之间的共同点和规律，并总结出解决这类数学问题的通用方法与技巧。

（2）开展归纳性讨论。组织中职生进行小组或全班的归纳性讨论，鼓励他们分享解决数学习题的经验和观点。通过互相交流和倾听他人的见解，中职生可以从不同的角度思考数学问题，促进其数学学科的归纳思维能力的发展。

（3）提供范例和模板。给中职生提供一些数学学科常用的归纳总结范例和模板，帮助他们从具体问题中抽象出一般性的解决方法。范例和模板可以帮助中职生理清数学问题的结构和解题步骤，培养他们的整合和归纳能力。

（4）引导中职生自主学习。鼓励中职生在解决问题时尝试不同的方法和思路，并记录下来。教师可以引导中职生自己总结、整理和分类这些方法和思路，形成个性化的学习笔记和知识体系。

（5）提供综合性练习和项目任务。设计一些综合性的数学问题和项目任务，要求中职生综合运用所学数学知识和技巧进行分析和解决。通过这样的练习和任务，中职生可以更好地锻炼归纳总结的能力，同时也促进他们的创新思维。在教学过程中，教师可以鼓励中职生将不同知识点进行关联和整合，培养他们的归纳总结能力，加深他们对数学知识的理解和记忆。

通过以上措施，中职生可以逐步提高归纳总结能力，养成整体性思维的习惯。同时，数学教师要给予中职生充分的支持和鼓励，激发他们的学习动力和积极性。

策略4　提升中职生的数学实践应用能力

以下五项措施可以提升中职生的数学实践应用能力。

（1）引入实际应用问题。教师可以引入一些实际应用问题，让中职生从日常生活中找到与数学相关的情境，激发他们的兴趣和动力。通过解决这些问题，中职生可以更好地理解数学知识的实际应用。

（2）提供案例和模拟情境。给中职生提供一些案例和模拟情境，让他们在虚拟的环境中进行运算和推理。这样不仅可以让中职生通过实践去理解数学的应用过程，还可以培养他们的实际操作能力。

（3）培养解决问题的思维。鼓励中职生主动思考，培养他们解决实际问题的思维方式。教师可以引导中职生分析数学问题、制订解决方案和验证结果的步骤，培养他们系统思考和解决问题的能力。在解决数学问题的过程中，教师可以引导学生学会分析问题、提出合理的解决思路、遵循正确的步骤，并注重培养他们的独立思考能力。

（4）实践性项目任务。设计一些与数学相关的实践性项目任务，要求中职生运用数学知识进行实际调研和分析，并提出解决方案。通过这样的项目任务，学生可以更好地理解数学知识在实际问题中的应用价值。

（5）鼓励学生自主探索和创新。鼓励中职生独立思考和自主探索，让他们寻找并发现实际生活中的数学问题。教师要给予学生足够的支持和鼓励，在学习过程中允许他们尝试创新的解决方法和途径，哪怕这些方法还不够成熟。

通过以上措施，中职生可以逐步提高数学实践应用能力，运用数学知识解决实际问题。同时，教师也应给予学生积极的鼓励和支持，激发他们的求知欲和创新精神，从而培养他们的实际操作能力。

策略5　引导中职生开展多样化的数学学习活动

以下六项措施可以帮助中职生开展多样化的数学学习活动。

（1）多元化教学方法。数学教师要采用多元化的教学方法，如讲解、示范、探究、案例分析等，激发中职生数学学习的兴趣和主动学习的积极性。通过不同的教学方法，引导中职生从不同角度理解和掌握数学知识。

（2）培养自主学习的习惯。鼓励中职生主动参与数学学习，提倡自主学习的方式。数学教师可以给中职生一些自学任务，使之通过阅读教材、查找资料、进行小组合作等方式独立解决问题，培养他们的自主学习能力。

（3）提倡理解和应用。教师要强调数学知识的理解和应用，而非简单地死记硬背。鼓励中职生思考数学问题的本质和原理，培养他们将数学知识应用到实际问题中的能力。同时，教师可以设计一些与数学知识相关的实际应用题，让中职生进行实践性的操作和探索。

（4）引导学习方法选择。首先引导中职生了解数学学科不同的学习方法，并根据自身情况选择适合自己的学习方法。同时，帮助他们认识到不同的学习方法有不同的优势和适用场景,鼓励他们灵活运用。然后,传授给他们一些高效的学习方法,如阅读前预习、做笔记、总结归纳等,并提醒他们在数学学习过程中注重思考和理解,而非简单地死记硬背。最后,提供多样化的数学学习方法,如问题解决讨论、小组合作学习、探究性学习等,激发中职生对数学学学习的兴趣和主动性。

(5)分解学习任务。将数学学习任务细化成小步骤,逐步完成,避免一次性完成大量任务的压力。让中职生逐步掌握知识点和技巧,提高数学学习的连续性和积累效果。

(6)提供学习资源。提供多样化的数学学习资源,如教科书、参考书、试题集、在线学习平台等,供中职生选择和使用。中职生可以结合自己学科的学习风格和需求,选择适合自己的学习资源和工具,提高学习效率。

通过以上措施,可以有效地引导中职生克服数学学习的方法单一或不当的问题,培养他们主动学习能力和思维方式。同时,教师要给予中职生充分的支持和鼓励,建立积极的学习氛围,促进他们全面发展。

综上所述,通过建立中职生对于作业的合理认知、培养数学问题分析能力、训练数学知识的归纳总结能力、提升数学实践应用能力、开展多样化的数学学习活动等策略,可以帮助中职生改善数学学科的学习方式和方法不当的问题,提高他们的学习效果和独立思考解决问题的能力。

(四)缺乏综合应用能力,解决实际问题的能力弱

中职生在数学学习中,常常存在对知识的片面理解,不善于将数学知识运用到实际问题中,缺乏综合应用的能力。中职数学课程教育需要更加注重实践性的学习和应用能力培养,但在数学学科教学实践中,由于中职生数学基础薄弱或学科课时不充足等,导致他们缺乏数学知识的综合应用能力。中职生只有通过解决实际问题,将数学知识与实际生活相结合,才能培养其数学综合应用能力。

1.中职生缺乏综合应用能力和解决实际问题能力弱的主要表现

(1)实际问题解析困难。中职生在面对实际问题时,难以准确把握问题的关键点,理解问题背景和要求,从而导致解题思路混乱、无法有效解决问题。比如,在需要建立函数模型解决实际问题分析的过程中,中职生无法将题设条件与函数的相关变量联系起来,导致无法构建相应的函数模型。

(2)缺乏数学知识与实际生活的联系。中职生将数学知识应用到实际生活中的能力较弱,无法将抽象的数学概念与实际问题相联系,缺乏将数学知识运用于实际情境的能力。比如,根据月收入和支出情况制订合理的预算计划。不少中职生由于对数学知识的应用能力不足,常常不能正确计算每月的可支配收入、日常开销以及存款等。结果可能导致无法合理安排支出,造成财务困境或金钱浪费。

（3）数据处理能力不足。中职生在处理实际问题中的数据时,无法有效地收集和整理数据,也缺乏有效的数据分析和解读能力,导致对于问题的量化和定量分析能力不足,使之在统计和概率领域的学习中遇到不少困难。比如,探索几组数据的规律导出等差数列的概念时,部分中职生难以分析数据之间的内在联系与规律,导致无法理解等差数列的概念。

（4）解决实际问题思维模式单一。中职生往往倾向于机械地套用数学公式和解题方法,缺乏灵活解决问题的思维模式,难以灵活运用数学知识解决实际问题。

比如,中职生计划出去旅行,但是预算有限,需要合理地安排行程和费用。中职生对于如何平衡时间和费用并没有太多思考,只是简单地计算了一下各项费用的总和,然后根据自己的预算决定是否能够完成旅行。这种思维模式单一,没有考虑到其他因素。这就意味着中职生在数学学科上独立解题和解决实际问题的能力不足,需要高度依赖他人或外部资源进行学习。

2. 增强中职生综合应用能力和解决实际问题能力的主要策略

以下四种策略可以增强中职生的综合应用能力和解决实际问题能力。

策略 1　提高中职生的实际问题解析和解决能力

以下五项措施可以提高中职生的实际问题解析和解决能力。

（1）引导问题分析。首先教师可以引导中职生仔细阅读和理解实际问题的条件和要求,帮助他们抓住实际问题的关键点,建立与数学知识的联系。然后,通过提问和讨论,激发中职生对实际问题的思考,培养他们分析实际问题的能力。最后,通过引入实际案例和情境,让中职生更好地理解数学知识与实际问题的联系,培养他们运用数学知识解决实际问题的能力。

（2）模拟实际情境。通过模拟实际情境,帮助中职生将抽象的数学概念与实际问题相联系。比如,通过角色扮演或故事情节,让中职生将数学知识应用到具体情境中,加强他们对问题的理解和解析能力。

（3）提供解题策略和方法。教师可以给中职生提供一些解题策略和方法,以帮助他们解析实际问题。如通过画图、制表、建立数学模型等方式,让中职生将问题转化为可操作的数学形式,找到解决实际问题的有效途径。

（4）提供多样化问题。提供不同类型的实际问题,涵盖生活中各个领域,如购物、旅行、材料计算等。通过解决多样化的实际问题,中职生可以培养灵活应用数学知识的能力,提高对实际问题的解析和解决能力。

（5）鼓励实践性学习。鼓励中职生主动参与实践性学习,如参观工厂、进行实地调查、进行实验等。实践性学习可以让中职生亲身体验数学在现实中的应用,增强他们解决实际问题的意识与能力。同时,提供实践性任务和项目,让中职生亲自参与实际问题的解决过程,锻炼他们的综合应用能力和解决问题的能力,为他们的未来职业生涯打下坚实的基础。

通过以上措施,中职生可以逐渐克服困难解决实际问题,提高他们的实际问题解析和解决能力。同时,教师要给予中职生积极的鼓励和支持,激发他们勇于思考和尝试,培养他们的实践创新精神。

策略2 帮助中职生有效建立数学知识与实际生活的联系

以下五项措施可以帮助中职生建立数学知识与实际生活的有效联系。

(1)引入现实案例。教师可以利用日常生活中的案例引导中职生将数学知识与实际问题联系起来。比如,让中职生在购物时计算价格折扣,或者在旅行中应用几何概念计算距离等。通过这样的现实案例,中职生能够更直观地体会数学知识的实际应用。

(2)探索数学背后的原理。引导中职生思考和探索数学背后的原理和规律。教师可以提出一些开放性问题,让中职生自主思考和探索,从而发现数学与实际生活间的联系。只有深入理解数学的本质,中职生才能更好地将其运用到实践中。

(3)实际问题拓展。设计一些涉及实际问题的拓展题目,要求中职生从不同的角度思考和解决问题。比如,在几何中引入建筑设计、地图制作等相关问题,让中职生将数学知识应用到具体的实际情境中,提升他们解决实际问题的能力。

(4)实践性学习。组织中职生参观工厂、实地调研、进行实验等实践性学习活动。通过亲身实践,中职生能够亲身体验和感受数学在实际生活中的应用,加深对数学与实际问题的联系和理解。

(5)推广数学应用。鼓励中职生主动将学到的数学知识应用到解决日常生活的各种问题中,如计算购物账单、制订时间管理计划、规划旅行路线等。通过实际操作,中职生能够更好地发现数学知识与实际生活之间的联系。

通过以上措施,中职生可以逐步建立数学知识与实际生活的联系,发现数学在日常生活中的应用价值。同时,教师应给予中职生积极的鼓励和支持,培养他们运用数学知识解决实际问题的能力。

策略3 提升中职生的数据处理能力以及应用数学知识进行数据分析的能力

以下五项措施可以提升中职生的数据处理能力以及应用数学知识进行数据分析的能力。

(1)强化数据处理概念。教师可以通过案例引入数据处理的概念,让中职生了解数据的来源、类型和特点。重点介绍数据的收集、整理、分析和解释过程,帮助中职生建立数据处理的基本概念和认识。

(2)提供实际数据素材。教师可以提供一些实际的数据素材,如调查数据、实验结果等,让中职生进行数据处理的实践。通过实际操作,中职生可以更好地理解数据的意义和应用,培养数据处理能力。

（3）学习运用数据图表。帮助中职生学习和掌握各种数据图表的绘制和解读方式，如表格、条形图、折线图、饼图等。让中职生从图表中观察和分析数据的规律，培养他们的数据分析能力。

（4）统计和概率的实践应用。设计一些实际的统计和概率问题，让中职生使用数据处理和分析的方法进行解决。如通过实际情境让中职生进行概率估计、制作统计报告等，提升他们的数据处理能力和应用能力。

（5）分析多样化数据。让中职生在解决问题时接触不同类型的数据，以培养其数据分析能力。如让中职生分析真实的统计数据、处理图表信息，培养他们对复杂数据问题的处理能力。

通过以上措施，中职生可以逐步提升数据处理能力，更好地应用数学知识进行数据分析和解释。同时，教师要关注中职生处理数据的情况，给予及时的指导和支持，鼓励他们勇于思考和探索，提高其数据处理能力及应用数学知识进行数据分析的能力。

策略4　培养中职生通过多元化方法解决实际问题的思维模式

以下五项措施可以改变中职生解决实际问题思维模式单一的现状。

（1）引导学生进行问题分析。鼓励中职生在解决实际问题时，首先对问题进行仔细分析，理解问题的本质和所给条件。然后，帮助中职生从多个角度思考问题，确定问题的关键信息和要解决的目标。

（2）提供多种解决途径。引导中职生尝试不同的解题思路和方法。通过提供多种解决途径，如绘制图表、建立模型、寻找规律等，扩展中职生的解题思路，培养他们的创造性思维和解决问题的灵活性。

（3）鼓励实践应用。将数学知识与实际生活相结合，帮助中职生理解数学在日常生活中的应用。通过让中职生参与实际场景的模拟、实验或在真实生活情境中运用数学知识，激发他们学习数学的兴趣，增强其实践应用能力。

（4）培养归纳总结能力。鼓励中职生在解决实际问题后，总结归纳解题方法和规律。通过让中职生反思解题过程、总结解题经验，帮助他们发现问题的共性和规律，进一步丰富思维模式和解题策略。

（5）提供适量的辅助材料。为中职生提供一些辅助材料，如图表、实例案例等，以便他们更好地理解问题和掌握解题方法。这些辅助材料可以帮助中职生建立直观的数学概念，促进他们深入思考、拓展思维。

通过以上措施，可以有效帮助中职生克服思维模式单一的问题，建立更多维度的思考模式。这种多维度思考模式可以培养中职生的数学思维能力，使其更好地解决实际问题，提升他们解决实际问题的能力和水平。

综上所述，通过提高中职生实际问题解析和解决能力、建立数学知识与实际生活联系、提升数据处理能力及其分析能力、改变解决实际问题思维模式单一的现状等策略,可以帮助中职生提升综合应用能力和运用数学知识解决实际问题的能力。

(五)数学教学资源不足、教学环境不良的主要表现及其改良策略

一些中职学校在数学教学方面的教材和资源有限,如教材更新滞后、实践环境不完备等,无法提供优质的教学内容和学习环境。这也限制了中职生的数学学习效果和实践能力的培养,限制了他们在学科领域上的发展。

1. 中职数学学科教学资源不足的主要表现

(1)教材内容单一。中职生数学教材内容相对基础、简单,缺乏灵活性和深度,难以满足中职生不同层次的需求。

(2)实践应用材料匮乏。中职生数学学习强调实际应用能力,但现有的教学资源中往往缺乏与实际情景相关的案例、问题和真实数据的应用材料,无法帮助他们将数学知识运用到实际生活中,从而限制了他们的实践能力和创新思维的发展。

(3)多媒体资源不足。中职生对视觉化和多媒体工具的学习需求较高,但教学资源中可能缺乏符合他们学习风格和喜好的多媒体资料,限制了他们的学习和理解。

(4)个性化辅助材料不足。中职生在数学学习中存在差异化的学习需求,但教学资源中可能缺乏个性化的辅助材料,不能满足他们的个别学习需求,也导致教师无法向学生提供针对性的帮助,从而影响了教学效果。

(5)数学实验和实践设备不足。数学实验和实践是培养中职生实际应用能力的重要手段,但教学资源中可能缺乏相应的实验器材和实践设备,无法提供丰富的实践机会。

教学资源的匮乏可能会影响中职生的数学学习效果和兴趣,限制中职生数学学习效果,中职学校和数学教师应积极寻找和创造更多的教学资源,满足学科不同层次中职生的学习需求,并通过合理组织利用这些资源,提升他们的数学学习体验和能力。

2. 丰富中职数学学科教学资源的主要策略

以下五项策略可以丰富中职数学学科教学资源,改良中职数学教学环境,并提高数学学科教学质量。

策略1 丰富中职生数学教材内容

以下六项措施可以改善中职数学教材内容单一的现状。

(1)丰富教材内容。及时更新和丰富数学教材,增加更多实际应用的案例和问题,使中职生能够将数学知识与实际生活联系起来。同时引入多种类型的练习题,提供不同难度的题目,满足中职生不同层次和需求。

（2）引入跨学科内容。将数学与其他学科进行跨学科整合，如将经济学、物理学、地理学等与数学结合，让中职生在解决实际问题时能够综合运用各学科知识，这样可以使他们更好地理解数学的实际应用意义。

（3）提供多种教学资源。利用多媒体技术和互联网资源，为中职生提供多样化的教学资源，如动画、模拟实验、虚拟实境等。鼓励中职生通过多种媒体形式展开数学学习，激发他们的学习兴趣和主动性。

（4）培养问题解决能力。在教学中注重培养中职生的问题分析和解决能力。引导中职生多角度思考问题，培养他们的逻辑思维和创造性思维。通过提供开放性问题和讨论，激发中职生的思辨意识和解决问题的能力。

（5）提供个性化辅导。根据数学不同层次的中职生的学习特点和需求，提供个性化的学科辅导。对于一些数学能力较弱的中职生，可以提供额外的辅导材料、补充练习等，帮助他们更好地理解和掌握数学知识。

（6）提升教师专业水平。教师应关注数学教育的最新发展，并不断提升自己的专业水平。通过参加教研活动、学术研讨会等，与其他教师共同分享经验和教学资源，以提供更有效的数学教学。

改变中职生数学教材内容单一的情况需要多方面的努力。中职学校和数学教师应积极更新和丰富数学教材，引入实际应用、跨学科内容，提供多样化的教学资源，并注重培养中职生的问题解决能力和思维能力，以提高他们的数学学习效果和能力。

策略2　通过各种途径充实中职生数学实践应用材料

以下六种措施可以改变中职数学教学实践应用材料匮乏的状况。

（1）更新教材。重新审视现有的教材内容，增加更多的实践应用案例和材料。确保教材与实际工作场景相符合，提供更多具体、实用的数学问题。

（2）强化师资培训。中职学校为数学教师提供更多专业的培训课程，使其了解最新的数学应用领域和问题，并能够教导中职生如何应用数学知识解决实际的技术、工程或商业问题。

（3）加强实践教学环境建设。中职学校需要投入更多资源，改善中职学校的实验室设施、计算机软硬件以及其他实践教学设备。提供丰富的实践应用材料，为中职生在实践中运用数学知识解决问题提供保障。

（4）开展实践性项目和竞赛。组织中职生参加实践性项目和竞赛，鼓励他们利用数学知识解决实际问题。这不仅能提高中职生的实践能力，还能激发他们的学习兴趣，并培养他们的团队合作精神和创新能力。

（5）加强校企合作。与相关行业、企业建立合作关系，开展实践性教学活动。通过与企业合作，中职生可以在实践中了解数学在实际工作中的价值，同时也能提高他们的就业竞争力,并更好地适应市场需求。

(6) 利用互联网资源。开发或引入一些在线学习平台或资源,提供丰富的实践应用材料和题目供中职生使用。学科教师引导中职生通过网络获取更多的数学实践应用资料,并进行自主学习和讨论。

通过以上措施,中职生的数学实践应用材料匮乏的问题可以得到缓解,他们的数学实践能力和应用能力也能得到提升。

策略3　丰富中职数学教学多媒体资源

以下六项措施可以改变中职生数学教学多媒体资源不足的情况。

(1) 提供多媒体教学设备。中职学校投入资金,购置先进的多媒体教学设备,如投影仪、电脑、音响等,以便数学教师能够展示多媒体课件和教学视频。

(2) 开发多媒体教学资源。中职学校建立专门的团队,负责制作和整理中职数学教学的多媒体资源。这些资源可以是动画、演示文稿、视频讲解等,帮助中职生更直观地理解和掌握数学概念和应用。

(3) 提供在线学习平台。建立一个在线学习平台或系统,中职学校的师生都可以在上面共享和获取数字多媒体资源。这样可以扩大教学资源的覆盖范围,使中职生在学校和家庭都能进行多媒体学习,从而实现教学资源的最大化利用。

(4) 培训教师使用多媒体教学。中职学校为数学教师提供培训课程,教会他们如何使用多媒体资源进行教学实践活动。中职数学教师可以学习如何制作和运用多媒体课件,以及如何将多媒体资源融入学科课堂教学中。

(5) 建立合作关系。与相关机构、企业建立合作关系,共享多媒体教学资源。可以与有经验的教育科技公司、高校或研究机构合作,共同开发和分享数学教学多媒体资源。

(6) 利用开源资源。积极利用开源资源,如免费的教育视频、在线课程等,为中职数学教师提供丰富的多媒体教学素材和资料。

通过以上措施,中职生数学教学多媒体资源不足的问题可以得到改善,教师和学生的教学体验也会得到提升。同时,多媒体教学资源的使用还能激发学生的学习兴趣,提升他们的学习积极性。

策略4　补充中职数学教学中个性化辅助材料

以下六项措施可以改变中职数学教学中个性化辅助材料不足的现状。

(1) 拓宽教学资源渠道。与出版社、教育机构合作,获取更多的个性化辅助材料。可以引入多种类型的教材、习题集和教学参考书,以满足不同层次的中职生的学习需求。

(2) 建立个性化辅导库。创建一个个性化的数学学习辅导库,收集和整理适用于学科不同层次的中职生的个性化辅助材料。这些材料可以包括针对不同数学学科能力水平的练习题、案例分析、实践活动等,帮助中职生根据自身情况进行有针对性的学习和巩固。

（3）鼓励学生自主寻找学习材料。引导中职生积极主动地搜索和选择个性化的数学学习辅助材料。鼓励其利用互联网、图书馆等资源,寻找符合自己学习风格和兴趣的数学学习材料,并结合教师的指导开展数学学习活动。

（4）开展小组合作学习。组织中职生参与小组合作学习,促进彼此之间的知识分享和资源交流。中职生可以互相推荐和分享适合个人学习需求的辅助材料,共同提高数学学习效果。

（5）利用数学学习平台。使用在线学习平台或应用程序,如数学学习网站、手机应用等,为中职生提供个性化的学科辅助学习材料和练习题。这些平台可以根据中职生的数学学习情况和水平,推荐相应的个性化辅助材料和练习题。

（6）建立教师资源分享平台。建立一个教师资源分享平台,教师可以在该平台上共享个性化的数学辅助材料和教学经验。通过教师之间的交流与分享,提高学科教学质量,为中职生提供更丰富个性化的数学辅助教学材料。

通过以上措施,中职数学教学中个性化辅助材料不足的问题可以得到改善。这样,中职生能够根据自身需求选择合适的辅助材料,提高数学的学习效果和学习兴趣。同时,教师也能够更好地满足中职生个性化的学科学习需要,提供更具针对性的教学辅助材料。

策略 5　增加中职数学实验和实践设备

以下六项措施可以改善中职数学实验和实践设备不足的情况。

（1）提升实验室设施。投入资金和资源,改善中职学校的数学实验室设施。更新学科实验仪器、工具和设备,确保其正常运作并满足学科的教学需求。

（2）增加实践场地。扩大中职学校的实践场地,如建设更多的工作坊、实训基地或实践教室。这些场地可以模拟实际工作环境,让中职生能够开展真实的数学学习实践活动。

（3）引进新技术设备。引入先进的技术设备,如增加 3D 打印机、物联网设备等,使中职生能够接触并应用最新的技术工具。这有助于提升中职生的数学学科实践能力和创新思维。

（4）建立校企合作关系。与相关行业、企业建立紧密的合作关系,借助企业的资源和设备支持中职学校的实践教学。中职生可以在企业实习或参与项目,增加更具体的数学学习实践活动经验。

（5）培训实践教师。为中职数学教师提供专业的实践培训,使其能够熟悉并运用各类实践设备。提高教师的学科实践能力,能够更好地指导中职生进行数学实验和学习实践活动。

（6）利用互联网资源。利用互联网平台和在线学习资源，提供虚拟实验和模拟实践的机会。通过计算机模拟软件和在线实验平台，中职生可以进行数学实践活动，缓解实验设备不足的问题。

通过以上措施，中职数学实验和实践设备不足的问题可以得到改善。中职生将有更多的机会进行实际操作和实践活动，提高他们的数学实践能力和应用能力。同时，教师能够更好地指导中职生，培养他们的数学实践思维和应用数学知识解决问题的能力。

综上所述，通过丰富中职数学教材内容、充实教学实践应用材料、完善教学多媒体资源、补充中职数学教学中个性化辅助材料以及增加数学实验和实践设备与改善教学资源等措施，提供优质的数学教材、丰富的实验和实践环境，优化中职生数学学习的条件。同时，学校和教育部门可以加大对中职数学教学资源的投入，提供更好的教材、教辅资料和实验设备，改善中职数学教学环境，进一步优化学习条件。

总之，中职数学教学改革需要根据当前中职数学教学的现状及中职生的数学学科学习的现状与特点，以实践性教学为核心，融合综合、个性化和创新的教学原则，培养具有职业能力和适应社会需求的职业学生。实践中采用项目式学习、多元化评价、信息技术应用以及职业导向教学等策略，促进中职生的实际操作能力、综合素养的提升，为他们的未来就业和职业发展尊定坚实的基础。

第三章　中职数学项目化教学理论及方法

中职数学项目化教学是一种针对中职学生特点和需求而设计、以项目为核心的教学模式。通过将数学知识与实际问题相结合，注重中职生的主动参与和实践能力的培养，以提高他们学习数学的兴趣和学习效果。通过中职生参与数学学科各种项目的设计、规划与实施，在实践中培养中职生的实际动手能力和解决问题的能力。在项目中，鼓励合作学习和探究，中职生通过交流、合作和互动，学会如何与他人分工合作，共同完成数学学习任务，从而培养他们的团队合作精神和创新精神。项目化教学将数学知识应用到实际生活中，通过解决现实问题，中职生可以将抽象的数学概念转化为具体的应用场景，提高他们的数学应用能力。总之，中职数学项目化教学理论及方法对中职数学课程教学具有重要的作用。它不仅可以提高中职生的学习兴趣和学习效果，还可以培养他们的团队合作能力、解决问题能力和数学应用能力，为中职生的综合素质发展提供有力的支持。

第一节　中职数学项目化教学基本知识

中职数学项目化教学是一种特定的教学方法，旨在通过将数学知识与实际问题相结合，帮助中职生深入理解数学概念和应用技能。因此，中职数学教师需要全面掌握项目化教学的概念与特点、操作流程等相关知识，并结合数学学科的项目化教学案例深入了解这种教学方法。

一、项目化教学涉及的概念

（一）项目

项目是一个具体的实践任务，需要学生在一定时间内完成，通常是一个有较高难度和挑战性的问题。项目可以是真实的，也可以是虚拟的。通过完成项目，中职生可以运用所学知识解决实际问题，从而提升自身的实践能力。

（二）学生主导

项目化教学注重学生的主动性和参与性，要求学生在项目中扮演主导角色，从提出问题、设计解决方案到展示结果,都需要学生的积极参与和负责。通过这种方式,学生的主动性和参与度都得到了极大的提升。

(三)团队合作

项目化教学鼓励学生进行团队合作,通过与他人合作解决问题,培养学生的团队精神和合作能力。团队合作可以让中职生学会倾听他人的意见和分享自己的想法,共同完成项目。

(四)跨学科整合

项目化教学追求知识的跨学科整合,将数学与其他学科进行结合,使学生能够运用多学科的知识解决问题。通过参与项目,中职生可以在实践中体验数学知识在其他学科的应用,从而增强学习的实践性和综合性。

项目式学习是一种基于实践和解决问题的学习方法,它强调学生在现实生活情境中应用知识和技能。项目式学习通过实际项目和跨学科整合,培养学生的实践能力、批判性思维和创新能力。它强调学生的主导角色、鼓励合作与团队合作,关注学习的现实意义和深度学习,项目式学习的具体流程如图 1-3-1 所示。这种学习方式能够激发学生的学习兴趣和动力,提高他们在面临实际问题时的解决能力。

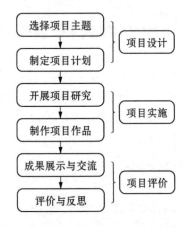

图 1-3-1　项目式学习流程图

二、项目化教学的特点

项目化教学通过设置具体、真实和有意义的项目任务,引导学生在多学科综合知识和技能中进行探究和应用,培养学生的创新意识和解决实际问题的能力。项目化教学具有以项目为核心、学生参与度高、跨学科整合、强调实践操作、提高学习动机主要特点。

（一）以项目为核心

即以真实且有意义的项目为学习活动的中心，使学习任务与实际问题紧密结合。项目化教学以具体的项目为导向，通过解决实际问题或完成真实任务来实现学习目标。学生在项目中明确知道他们需要学习什么，为什么需要学习以及如何应用所学知识。

（二）学生参与度高

即学生在项目中扮演主角，通过自主学习和合作学习的方式，积极投入并主动参与项目活动。项目化教学鼓励学生积极参与、主动探索和合作交流。学生在项目中扮演着主动的角色，负责提出研究问题、收集数据、分析结果和展示成果。同时，学生也需要与同伴合作、交流思想、分享资源和解决问题。

（三）跨学科整合

即项目中通常涉及多学科知识和技能的综合应用，帮助学生理解知识的关联性和综合运用能力。项目跨越学科界限，涉及多个学科知识和技能的综合运用。学生在项目中不仅学习数学知识，还可以结合科学、技术、语言艺术等其他学科，培养综合能力。

（四）强调实践操作

即通过调研、实验、观察、实践等方式，提升学生的实际操作能力和问题解决能力。项目化教学强调将所学知识与实际应用相结合。学生通过项目实践，将抽象的数学概念转化为具体的解决方案，增强学习的实用性和可持续性。

（五）提高学习动机

即项目通过其真实性和意义性，激发学生的学习兴趣和动机，提高学习效果。项目化教学鼓励学生发展创新和批判性思维。学生在解决问题的过程中需要思考、分析，并提出自己的见解和解决方案。通过这种方式，培养学生的创造力和批判思维能力，并激发其学习数学的动力。

通过项目化教学，中职生可以在真实的情境中应用所学数学知识和技能，培养综合素质和解决问题的能力。它促进了中职生的主动学习和合作交流，培养了他们的实践与应用能力，激发了他们的创新意识和批判思维，对于提高数学教育的有效性和吸引力具有重要意义。

三、项目化教学的一般方法

项目化教学通过让学生参与真实且有挑战性的项目活动,培养学生的实践能力、合作能力和解决问题的能力。开展项目化教学的方式主要涉及以下六个方面。

(一)项目选择

指导教师可以选择与学生相关的、有挑战性的项目,确保学生对项目感兴趣并具备解决的能力。即教师需要根据学生的年级、课程目标和学习需求,选择适合的项目主题和任务。项目应当与学科知识相关,并具有一定难度和挑战性,能够激发学生的学习兴趣和动机。

(二)项目设计

教师根据项目的目标和要求,设计项目的任务和流程,明确项目的时间、参与者以及评价标准。即教师需要根据项目主题和任务,设计项目的整体结构和学习过程。设计应考虑学生的学习目标、时间安排、资源需求、小组合作等因素,确保项目顺利进行并达到预期的学习效果。

(三)学生参与

学生参与项目的所有环节,包括问题的提出、解决方案的设计和实施过程。这要求学生以小组为单位参与项目,每个小组负责一个特定的任务或角色。学生通过小组合作,共同解决问题,分享思路和成果,并学会与他人合作和交流。

(四)教师指导

教师作为项目的指导者,给予学生必要的指导和反馈,在学生遇到困难或错误时及时纠正。换言之,教师在项目过程中起到指导和促进的角色,需要给予学生提供必要的学习指导和支持,引导学生分析问题、设计解决方案、实施和评估过程,并及时给予反馈和评价。

此外,教师还需要为学生提供必要的学习资源,包括书籍、文献、网络资料、实验设备等。学生通过自主查找和收集信息,运用资源解决问题,培养信息素养和学习自主性。

(五)项目评价

教师对项目完成情况进行全面评价,不仅评价学生的成果,还要对学生的合作能力、解决问题的能力进行评价。评价在项目化教学中应该贯穿整个教学过程,并采用多元化的评价方式。教师可以通过观察学生的行为表现、项目成果展示、小组讨论和个人反思等方式评价学生的学习成果和能力发展,鼓励学生不断反思和改进。

(六)总结反思

项目结束后,教师和学生都需要进行总结反思,回顾项目的整体学习过程和成果。通过反思,学生可以深化对数学知识和解决问题方法的理解,教师可以改进和完善项目设计和教学方法。

通过项目化教学,可以提高中职生的学习兴趣和动机,培养他们的创新思维和解决实际问题的能力。同时,项目化教学也可以促进中职生的综合素养的发展,提高学生的实际应用能力。

四、项目化教学的操作流程

项目化教学的一般操作流程包括项目准备、项目计划、项目导入、项目实施、成果展示、项目总结六个阶段。

(一)项目选题

中职数学项目教学的操作流程中,项目选题环节是一个关键的步骤。在这个环节中,学生需要选择一个合适的项目主题,并确定项目的目标和范围。

1. 中职数学项目选题的基本要求

(1)确定学生的兴趣和实际需求。在项目选题环节中,教师可以与学生讨论并了解他们的兴趣和实际需求,以便选择符合他们的学习和发展要求的教学项目。

(2)提供多样化的项目主题。教师可以提供多样化的项目主题,涵盖不同数学概念和应用领域,以满足学生的不同需求和兴趣。

(3)引导学生进行选题讨论和决策。教师可以引导学生进行选题讨论,了解他们的看法和意见,并协助他们做出明智的选题决策。

以下是一些可供参考的中职数学项目选题:基于测量数据的建筑设计方案优化、食品成本控制与销售利润分析、汽车行驶安全距离的数学建模与仿真、销售预测与市场营销策略制订、学生宿舍空调使用能耗分析与节能方案设计、电子产品选型与价格比较分析、几何图形在家居布置中的应用方案、股票交易模拟与投资收益率计算、班级体育运动健身计划与效果评估、环境污染治理与排放减少方案设计。

这些项目涉及实际生活和多个职业领域,适用于中职生的学习和实践需求。通过这些项目,中职生可以运用数学知识和技能,进行数据分析、模型构建并解决实际问题。这样的数学项目不仅能够培养中职生的数学思维和问题解决能力,加深他们对数学应用的理解和兴趣,而且通过与其他学科及实际应用紧密结合,还能够提高中职生的综合素质及其实践能力和职业素养。

2. 中职数学项目选题参考举例

假设中职生对生活中的图案设计感兴趣,他们希望能够运用几何概念和技巧来创建和分析各种图案。教师可以提供以下选题供中职生选择。

选题 1 瓷砖图案设计

目标:通过应用几何概念和技巧设计瓷砖图案,并分析图案的对称性和重复性。

范围:学生需要了解不同几何形状的特征和属性,如圆形、方形、三角形等,并使用这些知识设计各种瓷砖图案。

选题 2 纺织品图案设计

目标:通过应用几何概念和技巧设计纺织品图案,并分析图案的重复性和比例关系。

范围:学生需要了解几何变换和比例关系的基本原理,如平移旋转和缩放,并使用这些知识设计各类纺织品图案。

选题 3 建筑装饰图案设计

目标:通过应用几何概念和技巧设计建筑装饰图案,并分析图案的对称性和空间布局和视觉冲击力。

范围:学生需要了解几何变换、对称性和空间布局的原理,并使用这些知识设计各种建筑装饰图案。

以上是一些供中职生选择的图案设计选题。通过这些选题,中职生可以应用几何概念和技巧来创造各种有趣的图案,并进一步分析和理解图案的特征和属性。这样的项目选题能够激发中职生的学习兴趣,培养他们的创造力和解决问题的能力,并与生活实际相结合,提高他们的数学应用能力和审美能力。

(二)项目计划

中职数学项目教学操作流程中,项目计划是一个重要的环节,是指明确项目目标、任务和时间表,确定学生分组和角色分工。在这个环节中,学生需要制订详细的项目计划,包括项目的目标、任务、时间安排和资源需求等。

1. 项目计划环节的基本要求

(1)设定明确的项目目标。在项目计划环节中,学生需要明确项目的目标和预期成果,以便为后续的实施和评估提供指导。

(2)制订具体的项目任务。学生需要将项目目标分解为具体的任务和步骤,确定每个任务的时间安排和关键节点。

（3）考虑资源和时间的合理分配。学生需要评估完成项目所需的资源，并合理分配时间和各项资源，以确保项目顺利进行。

（4）考虑项目风险和控制措施。学生需要预测并评估项目可能面临的风险，并制订相应的控制措施，以尽可能降低风险的潜在影响。

2. 中职数学项目计划参考举例

假设一组中职生选择了一个几何建模与设计项目，他们的目标是设计一个创意建筑模型。在项目计划环节中，中职生可以按照以下步骤制订项目计划。

步骤 1　目标设定

设定项目目标：设计一个创意建筑模型，展示几何概念和技巧的应用。

确定项目范围：学生需要选择合适的建筑类型和规模，并确定使用的几何概念和技巧。

步骤 2　任务分解

制订建筑模型的设计方案：包括选择建筑类型、确定尺寸和比例、绘制草图等。

进行几何计算和建模：学生需要根据设计方案，应用几何概念和技巧进行数学计算和建模。

完成建筑模型的制作：学生需要根据几何建模结果，使用适当的材料和工具制作建筑模型。

步骤 3　时间安排

制订每个任务的时间预估：评估每个任务所需的时间，并考虑可能的延误因素。

设定关键节点：确定项目的关键节点，以确保项目按时完成。

步骤 4　资源需求

评估完成项目所需的资源：包括材料、工具、设备等。

分配人力资源：确定项目参与人员，并分配任务和责任。

步骤 5　风险控制措施

预测可能的风险：如时间紧迫、材料不足等。

制订相应的控制措施：如提前备货、合理分配时间等。

以上是一个几何建模与设计项目的项目计划。通过制订详细的项目计划，中职生可以更好地组织和管理项目，合理安排时间和资源，并确保项目的顺利实施。这样的项目计划能够培养中职生的规划能力、时间管理能力和问题解决能力，为他们的学习和发展提供指导和支持。

（三）项目导入

在中职数学项目教学操作流程中，项目导入是项目开始的重要环节，在这个环节中,教师需要引导中职生了解项目的背景和目标,通过启发式问题、案例分析等方式激发中职生对项目的兴趣,进而激发他们的学习兴趣。

1. 项目导入环节的基本要求

(1) 引起学生兴趣。在项目导入环节,教师需要设计引人入胜的活动或情境,引起学生的兴趣和好奇心,激发他们主动参与项目的愿望。

(2) 提供项目背景信息。教师需要向学生提供项目的背景信息,解释项目的意义和预期目标,让他们理解为什么要进行这个项目的意义以及它的实际应用价值。

(3) 设立项目挑战。教师可以设立一个项目挑战,鼓励学生思考如何应对项目中的难题和问题,以激发他们的求知欲和解决问题的潜力。

2. 中职数学项目导入环节参考举例

假设将进行一个实际问题解决项目,目标是分析和解决一个与身边生活相关的数学问题。在项目导入环节中,教师可以使用以下方法来导入项目。

(1) 引人入胜的故事。教师可以讲述一个与项目相关的引人入胜的故事,因为一个关于数学在日常生活中的重要性的真实案例可以引起学生的兴趣和思考。比如,讲述一个关于如何使用数学知识解决购物时的打折问题的真实案例,引发学生对数学在实际生活中的应用的兴趣。

(2) 迷宫挑战活动。教师可以设计一个迷宫挑战活动,让学生通过解决一系列数学问题来找到迷宫的出口,激发他们的求知欲和解决问题的能力。比如,设计一个中职生需要运用几何概念和坐标系统来计算路径和方向,找到迷宫出口的挑战活动。

(3) 实际问题讨论。教师可以提出一个与学生身边生活相关的实际问题,并与之开展讨论,引导他们思考如何应用数学知识解决这个问题。比如,提出一个测量公园草坪面积的实际问题,让中职生思考如何应用几何概念和计算面积的方法来解决问题。

通过以上导入项目的方法,中职生可以在感兴趣的情境中引入数学项目,激发他们的学习兴趣和求知欲。这样的项目导入旨在让中职生了解项目的背景和目标,并引导其思考与数学相关的实际问题,提高他们解决问题的能力和实际应用能力。

(四)项目实施

在项目实施环节,教师需要指导中职生进行探究性学习,开展实地调研、实验、数据收集等活动,制订解决方案。

1．项目实施环节的基本要求

（1）团队协作。在项目实施过程中，学生需要以团队协作的方式合作完成任务。他们需要相互交流、合作解决问题，并共同努力实现项目目标。

（2）应用数学知识与技能。学生需要运用所学的数学知识和技能，如几何形状、数据分析等，来分析和解决实际问题。他们可以运用数学模型、图表、公式等工具进行计算和推理，从而提升他们的问题解决能力。

（3）实践与反思。在项目实施过程中，学生将在实践中运用所学的数学知识和技能，并通过反思和调整不断提高自己的学习和应用能力。

2．中职数学项目实施环节参考举例

假设一组中职生正在进行一个实际数据分析项目，目标是分析和解释某地区的天气数据。在项目实施环节中，中职生可以按照以下步骤进行实际操作。

（1）数据收集与整理。让学生分组收集当地指定区域的天气数据，并整理数据以便后续分析使用，将数据录入电子表格中。

（2）数据分析与图表制作。学生可以应用统计方法和数据分析技巧，对所收集的各类天气数据进行分析，如计算平均温度、降雨量等。在完成数据分析后，制作图表来展示数据的变化趋势和关系，如绘制折线图或柱状图。

（3）结果解释与推理。小组代表解释数据分析结果，并进行推理和总结，如计算某个季节的平均气温、分析气温与降雨量的相关性等。

（4）反思与调整。小组代表反思他们在数据分析过程中的做法和结果，评估其准确性和可靠性，并根据需要进行调整和改进，如重新核查数据、制作图表等。

通过以上步骤，中职生可以应用数学知识和技能来分析和解释实际问题，提高他们的数据分析和推理能力。在项目实施过程中，中职生将以团队协作的方式共同完成任务，并通过实际操作和反思来提高自己的学习和应用能力。

（五）成果展示

中职数学项目教学操作流程中，成果展示是一个重要的环节。在这个环节中，中职生将通过口头报告、海报、展览、演示等形式展示他们在项目中所取得的成果和经验，并向其他人介绍他们完成的工作。

1．成果展示环节的基本要求

（1）准备展示材料。学生们需要准备展示所使用的材料，包括图表、报告、模型等，以便向观众清晰地展示他们的工作成果。

（2）理清表达思路。学生们需要理清他们的表达思路并决定展示方式，以使观众能够理解和欣赏他们的工作。

（3）解答问题和互动交流。学生们需要准备好回答观众的问题，并积极参与互动交流,展现他们对项目的深入理解和专业知识。

2. 中职数学项目成果展示环节参考举例

假设一组中职生完成了一个设计可持续城市交通规划的项目并准备进行成果展示。在该环节中,中职生可以按照以下方式展示他们的工作成果。

(1)制作海报。小组需要制作一张具有吸引力的海报来展示他们的城市交通规划方案,包括路线图、交通流量图、环保措施等,并使用图表、图像和文字等方式清晰地说明他们的交通规划方案的特点和优势。

(2)设计模型。制作一个城市交通规划的物理模型,以便全体师生可以直观地了解交通网络、车辆流动和道路布局等方面的情况。使用比例尺、标记和颜色等方式使模型更加真实和易于理解。

(3)演示和讲解。小组代表进行演示,并向全体师生讲解他们的交通规划方案的设计思路和实施步骤。可以利用投影仪或电子设备展示幻灯片或视频,以辅助演示和讲解。

(4)互动交流。学生们准备好回答师生的问题,并积极与全体师生互动交流。他们可以解释项目中所面临的挑战、解决问题的方法、数据分析的结果等。

通过以上展示方式,中职生能够清晰地表达他们在项目中的工作成果,向观众传达他们的设计思路和解决问题的能力。同时,通过与全体师生的互动交流,中职生还能进一步展示他们的专业知识和项目经验,并从其他师生的反馈中获得更多的启发和改进意见。

(六)项目总结

在中职数学项目教学操作流程中,项目总结是对整个项目的综合概述和总结。它可以包括项目实施的过程、所达到的目标,以及学生在项目中所取得的成果和收获等方面。

1. 典型项目总结的基本内容

(1)项目背景和目标。介绍该项目的背景信息和设定的目标,说明为什么选择这个项目以及期望达到的效果。

(2)项目实施过程。描述项目实施的具体步骤和方法,包括教师的指导方式、学生的参与程度以及采用的工具和资源等。

(3)学生的学习和成长。分析学生在项目中的学习表现和成长情况,例如他们在数学知识应用、解决问题能力、思维方式、创新能力等方面的提升。

(4)学生的成果展示。展示学生在项目中完成的成果,可以通过图表、报告、展板等形式来呈现学生的作品。

(5)合作与协作能力培养。讨论项目中学生合作协作的情况,包括团队合作的能力、沟通协商的能力以及解决冲突的能力等。

（6）项目的意义和影响。总结项目对学生的意义和影响，如培养学生的创造力、实践能力、问题解决能力，以及提升他们对数学学科的兴趣和理解等。

2. 中职数学典型项目总结参考举例

假设一个数学项目是让中职生利用统计方法进行实地调查并分析结果。在项目总结中，可以描述整个调查的过程，包括问题的设计、样本的选择、数据的收集和处理，以及最后通过图表和报告的形式展示结果。同时，还可以讨论同学们在调查过程中学到的统计知识和技能，以及他们在数据分析和结果呈现方面的创新思维和能力的提升。

对于不同类型的项目，中职生可以按照以下方式展示他们的总结工作。

（1）商品价格比较项目。学生们可以选择几个不同商店的相似商品，收集它们的价格数据，并进行比较和分析。通过计算平均价格、折扣率等指标，帮助消费者做出明智的购买决策。

（2）旅行路线规划项目。学生们可以选择一个旅游目的地，收集相关交通线路和住宿费用等信息，并使用数学方法计算最佳路线和费用预算，为旅行者提供旅行规划建议。

（3）食品营养分析项目。学生们可以选择几种常见食品，调查它们的营养成分，并进行数据分析和比较。通过计算热量、蛋白质、脂肪等指标，帮助消费者做出健康饮食选择。

（4）薪资与税收计算项目。学生们可以研究不同职业的薪资水平和税收政策，并根据个人收入情况进行计算和分析。通过了解税收制度，帮助个人合理规划财务并避免税务问题。

（5）学生选课方案设计项目。学生们可以在满足学分要求的前提下，选择一所学校的不同课程，并设计一个个性化的选课方案。通过计算学分总和、必修课程等指标，帮助学生合理安排课程并满足学业要求。

这些项目旨在将数学知识与实际生活和职业需求相结合，培养学生解决实际问题的能力，强化数学思维和应用技能，为学生提供实践经验，提升学生的综合素养。

五、中职数学学科项目化教学案例

数学建模与仿真是一种实验性的教学方法，它涉及使用数学模型来描述和理解复杂的现象、系统或过程，并通过模拟和仿真来预测和分析它们的行为和性能，可以帮助中职生更好地理解数学问题的本质，并进行定量分析和预测。案例 3-1、案例 3-2 和案例 3-3 是数学学科项目化教学案例。

案例 3-1　汽车行驶安全距离的数学建模与仿真

1. 项目简介

该数学项目旨在通过数学建模和仿真,研究汽车行驶的安全距离问题。学生运用数学知识和技巧,结合实际道路情况,建立数学模型并进行仿真实验,从而分析和优化汽车行驶的安全距离,为实际交通安全提供了有价值的参考。

2. 项目步骤

(1) 数据收集与预处理。学生收集实际道路和车辆的相关数据,如车辆长度、速度限制、制动距离等。然后对数据进行整理和预处理,为后续的模型建立和仿真实验做准备。

(2) 建立安全距离模型。基于收集的数据,学生分组建立汽车行驶安全距离的数学模型。可以利用物理学中的运动学和力学原理,结合几何学的相关概念,推导出汽车行驶安全距离与不同因素之间的关系。

(3) 仿真实验设计。利用数学建模软件或编程工具,分组设计仿真实验。通过设定不同的车速、刹车反应时间等参数,模拟汽车行驶和制动的过程,观察安全距离的变化情况。

(4) 仿真实验与结果分析。分组完成一系列仿真实验后,记录和分析不同条件下的安全距离数据。通过结果分析,探讨车速、反应时间等因素对安全距离的影响,以及如何根据不同条件制订合理的安全距离策略。

(5) 结果展示与讨论。小组代表通过报告、演示或海报等形式展示项目的结果和分析过程。在讨论环节中,学生可以与同学或教师共同探讨并评价该模型的有效性和实用性,提出改进的建议。

该数学项目通过数学建模与仿真,培养了中职生解决实际问题的能力和创新思维,使他们能够运用数学知识和工具解决实际交通安全问题。同时,项目中的数据处理、模型构建和结果分析等环节也加强了中职生的数据分析和逻辑思维能力。

案例 3-2　设计数学游戏

1. 项目目标

通过设计数学游戏,激发学生的学习热情和主动性,培养他们解决问题的能力、逻辑思维和团队合作能力。通过游戏的互动和竞争,学生能够在愉快的氛围中掌握数学知识和技巧,并将其应用于实际情境中。

2. 任务要求

选择一个数学概念,如分数或几何图形,设计一个有趣且具有挑战性的数学游戏,让其他同学进行游戏并学习相关知识。在项目教学中,通过扮演游戏设计师的角色,思考并制订游戏规则、设立关卡或挑战,并解决与数学相关的问题。他们还需要考虑游戏的平衡性、趣味性和可玩性,以及与数学内容的紧密结合,确保游戏能够达到预期的教学目标。

3．操作流程

学生自主选择数学概念，进行背景调研和游戏规则设计，制作游戏材料，并与其他同学分享和测试游戏的效果。

在数学游戏项目教学中，中职生将参与设计和实施数学游戏的过程。他们可以运用数学知识和技能，创造多样化的数学游戏，如益智游戏、角色扮演游戏、迷宫游戏等。这些游戏可以涵盖不同的主题和难度级别，从基础的运算技能到复杂的问题解决。这种教学方法有助于提高中职生对数学的兴趣和自信心，培养他们的创新精神和批判性思维。同时，数学游戏项目教学也为学生提供了展示和分享成果的机会，加强了他们的沟通能力和表达能力。

案例 3-3　城市规划设计

1．项目目标

通过城市规划设计项目，培养学生的应用能力和创新思维。城市规划设计项目教学注重培养学生的综合素质和实践能力。通过团队合作和实地调研，学生将学会与他人合作、沟通和协调，在解决问题中培养创新思维和批判性思维。

2．任务要求

学生以一个虚构的城市为背景，选择合适的地块和道路，设计城市中的公园、商业区、住宅区等功能区域，并运用比例尺计算面积。此外，城市规划设计项目教学还强调培养文档编制和展示能力。学生需要撰写规划报告、制作展示材料，并向教师、同学等展示和阐述他们的设计方案和理念。

3．操作流程

学生进行地块和道路规划，绘制城市布局图和功能区，计算面积和比例尺，完成城市规划设计，最后进行成果展示和评价。在城市规划设计项目教学中，学生将扮演城市规划师的角色。他们将面临一个实际情境或问题，如发展新区、改善交通流动或提升公共空间等，然后运用所学的知识和技能，进行城市规划的设计和方案制订。

通过城市规划设计项目教学，中职生将在实践中运用所学的理论知识，提升城市规划的敏感性和专业能力。这种教学方法有助于培养学生的创新精神、团队协作能力以及对城市发展和改善的关注。在项目教学中，中职生需要进行一系列的步骤，包括数据收集、分析城市现状、设定目标和约束条件、制订规划方案、进行评估和调整等。他们还需考虑城市功能布局、建筑风格、基础设施规划、环境保护等方面的因素并提出可行的解决方案。

综上所述，中职数学项目化教学是一种以项目为核心的教学方法，通过让学生参与真实世界的问题和任务，培养他们解决问题的能力、合作精神和创新意识。通过项目化教学,中职生将数学知识和技能应用于解决实际问题的过程中,培养了实践能力、创新能力和团队合作精神,提升了数学学习的兴趣,加强了对数学知识的理解和应用能力。这种教学方法有助于培养中职生的综合素质,为他们的未来学习和职业发展打下坚实的基础。

第二节　中职数学项目化教学原则

中职数学项目化教学旨在提高学生的学习兴趣和主动性,培养学生的综合能力、团队合作与沟通能力、解决问题与创新思维能力、实践操作与应用能力等方面的能力。这些能力对中职生未来的学习、工作和生活都具有重要的意义。在开展中职数学项目教学实践过程中需要遵循一定的原则。中职数学项目教学的原则是指导教师设计和实施教学活动的准则,旨在提高教学效果和中职生的学习成果。

一、数学项目化教学的主要原则

中职数学项目的教学原则主要包括实践导向原则、学生主体性原则、团队合作原则、创新性原则、评价促进原则。这些原则旨在通过项目教学方法培养中职生的实践能力、创新思维和综合素质。通过项目教学,中职生可以更深入地理解数学的应用领域,同时也能培养解决实际问题的能力和对数学学习的兴趣。

(一)实践导向原则

中职数学项目教学应侧重于实践应用,注重将数学知识与实际问题结合起来。通过项目中的实践活动,中职生能够将所学的数学知识应用于实际情境中,培养他们的实际应用能力和解决问题的能力。教师可以组织中职生进行调查、观察、数据收集等实践活动,并引导他们分析和解决实际问题。案例 3-4 展示了如何遵循实践导向原则开展中职数学项目教学。

案例 3-4　超市购物结账系统设计

1. 项目描述

学生需要设计一个超市购物结账系统,通过该系统可以实现商品购买、计算总价、生成收据等功能。

2. 实践导向原则的应用

(1)实际问题导向。该项目以实际购物场景为背景,学生需要设计一个能够满足超市购物需求的结账系统,使学生直接面对实际问题。

(2)实践操作与应用。学生需要进行系统设计和编程操作,使用数学知识和技能来解决实际问题。他们需要考虑商品的价格、数量、折扣等信息,并将其应用于系统设计中。

（3）团队合作与沟通。学生被分成小组，每个小组负责一部分任务，需要相互合作与沟通，共同完成整个系统的设计与实现，从中培养了学生沟通和协调能力。

（4）问题解决与创新思维。在项目过程中，学生会面临各种问题和挑战，需要运用数学知识和技能去解决问题。同时，他们也可以通过创新思维，设计出更加高效和实用的功能。

（5）培养实际应用能力。学生通过这个项目可以深入理解数学在实际生活中的应用，培养他们对实际问题的分析和解决能力。

通过此案例，中职生能够在实践中掌握数学知识和技能，培养综合能力、团队合作能力和创新意识，以及将数学应用于实际情境的能力。这符合中职数学项目化教学遵循实践导向原则的要求。

（二）学生主体性原则

在中职数学项目教学中，学生的主体地位是非常重要的。中职数学项目教学应强调中职生的主体地位，鼓励他们积极参与和主动探究。教师应以学生为中心，引导他们自主学习、自主思考和自主解决问题。中职数学教师可以采用启发式教学方法，引导中职生发现问题、思考解决方案，并在学习过程中建立自信，养成自主学习能力。案例 3-5 展示了如何遵循学生主体性原则开展中职数学项目教学。

案例 3-5　数据分析与市场调研

1. 项目描述

学生被分为小组，并要求选择一个感兴趣的产品或服务进行市场调研。他们需要设计问卷、收集数据，并使用数学方法进行数据分析和解释。最后，学生需要撰写报告，包括市场调研结果、数据分析和建议。

2. 学生主体地位的体现

（1）问题定义。学生可以自主选择感兴趣的产品或服务，从而培养他们的主动学习和思考能力。在选择产品或服务时，他们需要明确研究目的和相关问题。

（2）数据收集。学生可以自主设计问卷并进行数据收集。他们需要决定样本大小、抽样方法，并使用合适的技巧收集数据，如面对面调查、在线调查等。

（3）数据处理与分析。学生需要使用数学方法对收集到的数据进行整理、计算和分析。他们可以通过统计指标、图表、图形等方式展示数据，进一步探索数据之间的关系和趋势。

（4）结果解释和报告撰写。学生需要通过结果解释来展示他们的理解能力和判断力。他们可以结合数据分析的结果，提出针对性的建议，并撰写数据分析报告，包括市场调研的目的、方法、结果、分析和建议。

（5）合作与沟通。学生需要在小组内进行合作和协作，分享数据、讨论结果，并共同完成项目报告。同时，他们需要进行项目展示，向其他同学或评委呈现他们的研究成果。

此案例体现了中职生在项目中的主体地位，他们能够自主选择问题、设计方案、收集数据、分析结果并撰写报告。这种学生主体性的教学模式可以提升中职生的独立思考、创新能力和团队合作意识。

（三）团队合作原则

中职数学项目教学鼓励学生之间的合作，培养团队交流合作的能力。中职生可以在小组或团队中合作完成项目，并通过共同讨论和合作解决问题，促进彼此之间的交流和学习。教师可以设立合理的团队任务，培养中职生的团队意识与协作技巧，确保每一名中职生都能积极参与并为团队做出贡献。案例 3-6 展示了如何遵循团队合作原则开展中职数学项目教学。

案例 3-6　设计公园的草坪

1. 问题描述

学校要在校园内建设一个新的公园，其中一个重要的任务是设计公园中心的草坪。根据学校的要求，草坪应该是一个矩形区域，并需要考虑周围环境的布局。

2. 任务要求

（1）学生以小组的形式进行合作，共同设计出一个公园草坪的布局方案。

（2）草坪必须符合一定的规格，如长和宽的比例、总面积达到一定标准等。

（3）草坪的位置和布局必须考虑到周围建筑物和道路的位置。

3. 解决方案

（1）将学生分成小组，每个小组由 4～5 名学生组成。

（2）每个小组成员讨论并提出自己的设计理念，包括草坪的形状、大小和位置等。

（3）小组成员共同讨论并选择最佳的设计方案，可以采用投票等方式。

（4）小组成员利用数学知识计算草坪的面积和长宽比例等相关参数。

（5）小组成员需要考虑周围环境，如建筑物和道路的位置，并确保草坪的布局与之相协调。

（6）每个小组将设计方案制作成图纸或模型，并向全班展示并解释他们的设计思路。

通过此案例，中职生可以通过团队合作解决实际问题，并培养他们的团队合作能力。他们需要相互交流、共同决策，并且将数学知识应用于实际情境中。这样的教学项目不仅能提高中职生的数学能力，还能培养他们的创新思维和团队合作精神。同时,通过与他人讨论和合作,中职生还能学会倾听他人意见、尊重他人观点,并学会协商和解决冲突的技巧。

（四）创新性原则

中职数学项目教学应鼓励中职生发展创新思维和创造能力,培养他们解决问题的独立思考和创新能力。中职生可以在项目设计和实施过程中自主提出解决方案、尝试新的方法和创造性的解决方式。教师可以提供适当的引导和支持,激发他们的创造力和创新潜能。案例 3-7 展示了如何遵循创新性原则开展中职数学项目教学。

案例 3-7　可持续能源项目

1. 问题描述

学校要建设一个可持续能源项目,学生需要设计一个能够利用可再生能源的系统,以满足学校指定区域的供电需求。

2. 任务要求

(1) 学生以个人或小组的形式进行独立思考和创新设计。

(2) 设计的系统必须利用可再生能源,并能够满足学校特定区域的电力需求。

(3) 学生需要考虑系统的可行性、效率和环保性。

3. 解决方案

(1) 学生独立思考并了解太阳能、风能、水能等可再生能源的种类和使用方式。

(2) 学生以小组为单位,选择并深入研究一种可再生能源,了解其原理、特点和应用范围。

(3) 各小组根据学校特定区域的电力需求,设计一个符合要求的系统方案。

(4) 在设计过程中,学生需要考虑如何最大程度地利用可再生能源,并确保系统的能效。

(5) 学生可以借助数学知识进行计算和建模,如计算能源产量、电力供应需求、系统效率等。

(6) 学生需要思考如何保护环境,减少对非可再生能源的依赖,并确保系统的环保性。

通过此案例,中职生被鼓励进行独立思考和创新设计,发展解决问题的能力。中职生需要运用数学知识进行计算和建模,并将其应用于实际情境中。同时,中职生还需要考虑可持续发展和环境保护的问题,培养他们的环保意识和责任感。这样的教学项目能够激发中职生的创造力,培养他们的独立思考和创新能力,并引导他们关注和解决重要的现实问题。

（五）评价促进原则

中职数学项目教学的评价应促进学生的学习和成长。评价不仅关注中职生的成果,更要注重对他们的过程、思考和解决问题的能力进行评价。教师可以采用多样化的评价方式,如作品展示、口头报告、评价表等,全面了解中职生的表现,并给予及时的反馈和指导。案例 3-8 展示了如何遵循评价促进原则开展中职数学项目教学。

案例 3-8　数据分析比赛

1.问题描述

学校组织了一场数据分析比赛,学生需要使用数学知识和技能来分析和解释一组给定的数据,并提出合理的结论。

2.任务要求

(1)学生以个人或小组的形式参加比赛,并使用所学的数学知识和技能进行数据分析。

(2)学生需要清洗、整理和处理给定的数据集,这一过程包括数据的收集、整理和转换等步骤。

(3)学生需要运用适当的数学方法和统计技巧来分析数据,并提出相关的结论和建议。

3.解决方案

(1)学生需要仔细观察数据集,并了解数据的来源、类型和格式等信息。

(2)学生进行数据清洗、整理和转换,确保数据的准确性和可用性。

(3)学生根据问题需求,选择适当的数学方法和技能来处理数据。

(4)学生运用数学工具和软件进行数据分析,并使用图表、统计图等对结果进行可视化展示。

(5)学生以小组为单位根据数据分析结果,提出合理的结论和建议,并进行解释和论证。

(6)学生以小组准备报告或演示文稿,向评委和同学们展示他们的数据分析过程和结果。

通过此案例,中职生可以运用所学的数学知识和技能来解决实际问题,促进他们的学习和成长。中职生需要独立思考、合理选取方法,并运用数学工具进行数据分析。同时,通过报告和演示,中职生还能提高他们的沟通和表达能力,并学会将复杂的数学概念和结果以简单明了的方式呈现给他人。这样的教学项目可以激发中职生的学习兴趣和动力,培养他们的创造力和解决问题的能力,并为他们的学习和未来发展奠定坚实的基础。

总之,中职数学项目教学应以实践导向、学生主体、团队合作、创新思维和评价激励为原则,确保数学学科的教学质量和中职生的学科学习效果。同时,教师应注重项目的设计和辅导,引导中职生全面发展。

二、中职数学项目化教学案例

案例 3-9 和案例 3-10 是两则遵循中职数学项目化各项教学原则的典型案例。

案例 3-9　小区设计与规划

1. 项目描述

学生需要设计一个理想化的居住小区,包括道路规划、住宅布局、公共设施设置等方面,以提高居民的生活质量和社区的便利性。

2. 典型教学原则的应用

(1) 实际问题导向。该项目以实际的小区设计与规划为背景,学生需要在项目中面对实际问题,从而增强他们的实际应用能力。

(2) 学科融合与综合应用。在项目中,学生负责调查学校的环境问题,设计改善方案,并通过数学方法评估改善效果。这要求学生综合运用数学、地理、物理等多个学科的知识和技能,如使用几何知识设计道路、计算住宅面积等。

(3) 个性化辅助材料。教师可以为学生提供实际的地图、建筑布局图等辅助材料,帮助他们更好地进行规划设计,并提供必要的指导和支持。

(4) 团队合作与沟通。学生分组合作,每个小组负责不同的任务,需要协作合作、共同解决问题,并通过沟通与交流来提高团队合作能力。各小组负责小区环境问题调查,收集并分析数据,运用数学知识综合考虑各项指标,设计改善方案,利用数学模型进行效果评估,在学校内展示和宣传改善方案。

(5) 实践操作与应用。学生需要运用数学知识和技能进行实际的设计与计算工作,如计算道路长度、住宅面积等,并将其应用于小区设计与规划中。

通过此案例,中职生可以在实践中学习如何综合应用数学知识、培养团队合作与沟通能力、提升实际应用与解决问题的能力。同时,中职生还能够通过设计一个理想小区,增强对社会与环境的认知与关注,培养他们的创新思维与责任意识,促进可持续发展观念的形成。这些都符合中职数学项目化教学原则的要求。

案例 3-10　食堂日常消耗统计与预测

1. 项目描述

学生需要收集食堂一段时间内的日常食材消耗数据,利用统计方法进行数据分析与预测,预测未来一周内的食材需求量,以便更好地管理食材库存、合理安排采购和避免浪费。

2. 典型教学原则的应用

（1）实际问题导向。该项目以食堂的日常消耗为背景，引导学生面对实际问题，培养他们解决实际问题的能力。

（2）学科融合与综合应用。在项目中，学生以小组为单位，进行分工合作，收集食材消耗数据，计算每种食材的平均消耗量和波动情况，需要运用数学知识和技能预测未来食材需要，如数据收集、统计分析、趋势预测等，同时结合经济学和管理学的相关知识，合理分析食材消耗情况。

（3）多媒体资源辅助。教师可以利用多媒体资源，如电子表格软件、图表绘制工具等，来展示食材消耗数据，帮助学生利用回归分析或时间序列分析方法进行数据预测，编制相应的报告和展示。

（4）实践操作与应用。学生需要进行实际的数据收集和统计工作，记录食材的日常消耗量，并根据历史数据进行预测，以便合理安排食材采购量，适应实际需求。

（5）问题解决与创新思维。学生在项目中会面临如何准确收集数据、如何分析和预测消耗量等问题，在解决问题的过程中培养他们的问题解决能力和创新思维。

通过此案例，中职生可以在实践中运用数学知识和技能，培养综合应用能力、数据分析能力和问题解决能力。同时，通过对食堂日常消耗的统计与预测，中职生还可以提高资源利用效率，促进食堂经营的科学化与可持续发展。这符合中职数学项目化教学原则的要求。

这两个案例充分结合了实际问题和数学知识，通过团队合作和实践操作，培养了学生解决问题的能力和创新能力，提高了中职生对数学知识的应用水平。

第三节　中职数学项目教学的分类及其教学模式

中职数学项目教学模式注重学生的主体性和实践能力的培养，通过问题导向、探究式、实践训练和研究型的方式，激发中职生的学习兴趣和动力，以保证他们的独立性和创新性。教师在项目教学中起到指导者、引导者和评价者的角色，为中职生提供必要的指导和支持，促进他们的全面发展。

一、数学项目教学的分类

中职数学项目教学主要包括实际问题解决类项目、设计购物清单、设计理财方案、模型建立与分析类项目、路程计划与车辆排班、美食评分系统、数据收集与分析类项目、调查统计与数据可视化、天气预测与气象数据分析等。这些项目可以有效地激发中职生参与课堂教学的积极性与主动性。

（一）实际问题解决类项目

这类项目以实际生活中的问题为背景,需要确保中职生在解决问题过程中发挥独立思考和创新能力,并要求他们运用数学知识和方法解决问题,并避免过高的查重率。比如,设计一个城市公园的游乐设施布局方案,要求考虑安全性、空间利用率和美观度,涉及面积、周长、比例等数学概念。又如,通过调查学校附近的交通情况,提出改善交通流畅性的方案,并计算减少排队时间的效果,涉及速度、时间和距离的数学应用。除此之外,实际问题解决类项目还有如下示例:

1. 健康饮食计划

学生可以设计一个健康饮食计划,通过数据收集、统计分析和数学建模等方法,为不同人群制订符合其营养需求的饮食方案。学生可以根据身体指标、食物成分等数据进行计算和评估,并给出合理的饮食建议。在整个项目过程中,学生需要提供原创性的设计和方案,并确保不要抄袭和重复。

2. 环境保护方案

学生可以选择一个特定的环境问题,如空气污染、水资源利用等,进行数据收集和分析。然后,他们可以使用数学模型和统计方法,分析影响因素、预测趋势,并提出环境保护方案。在这个项目中,学生需要独立思考和创新,并编写原创性的报告。

3. 交通流量优化

学生可以选择一个城市或地区,通过数据收集和统计分析,研究交通流量问题,并设计优化方案。他们可以使用数学模型和算法,考虑交通拥堵、路网结构等因素,并提出改进措施。要想有效完成这个项目,学生需要具备数据分析和数学建模的能力。

4. 能源消耗评估

学生可以研究某个行业或社区的能源消耗情况,收集相关数据并进行分析。他们可以使用数学方法和统计技术,评估能源利用效率,并提出节能减排的建议。在这个项目中,学生需要展现自己的数据处理和分析能力。

5. 经济发展预测

学生可以选择一个特定的经济指标(如 GDP 增长、就业率等),通过数据收集和分析,预测未来的发展趋势,并给出相应的政策建议。学生需要运用数学模型和统计分析方法,进行数据处理和预测。在整个项目过程中,学生需要独立思考和创新。

以上是一些中职数学实际问题解决类项目的举例,这些项目旨在培养中职生的实际应用能力和数据分析能力,同时确保他们的独立思考和创新能力。

(二)设计购物清单

引导中职生通过计算物品价格、折扣和优惠券等,设计一个符合预算的购物清单。设计购物清单具体操作流程如下。

1. 项目描述

中职生需要拟定一次购物活动,购买多种商品,包括食品、日用品等。任务是设计一个购物清单,并找到最佳的购物方案,以实现成本效益的最大化。

2. 项目步骤

(1)根据自己的需求和预算,选择需要购买的商品种类和数量。

(2)在购物清单上列出所选商品的名称,并记录下每个商品的价格。

(3)在多家超市或商场进行价格比较,获取每个商品在各个商店的价格。

(4)计算每个商品在不同商店的总价,并比较找出最便宜的选项。

(5)综合考虑交通成本、时间和购物环境因素,选择最佳的购物方案。

通过这个项目,中职生不仅需要运用数学知识进行价格计算和比较,还需要考虑实际情况下的各种因素,如商店距离、商品质量和折扣等。这样的设计使中职生能够运用数学知识解决实际问题,培养他们的经济意识、计算能力和问题解决能力。同时,中职生还可以加强对比价和预算管理等实用技能的培养,使他们更好地应对日常生活中的购物需求。

需要说明的是,具体的商品选择和价格比较是根据实际情况进行操作的,这里仅提供一个范例来说明项目的基本思路和目标。

(三)设计理财方案

中职生通过分析不同投资方式的利率、风险和回报等因素,制订一个理财方案。比如,研究不同投资方式的收益率和风险,制订一个理财计划,计算不同期限下的本金增长和利息收入,这涉及复利计算和风险评估等数学概念。又如,比较不同车贷方案的月供金额与总还款额,分析利率、贷款额度和贷款期限对月供的影响,这涉及利率计算和等额本息还款公式等数学应用。建立理财方案具体操作流程如下。

1. 项目描述

这个项目旨在通过数学模型和分析方法,帮助中职生设计个人理财方案,包括投资规划、预算管理和风险评估等,以实现财务目标并最大化收益。

2. 项目要求

(1)学生需要掌握基本的财务知识和数学建模技能,了解复利计算、时间价值、线性规划等方法。

（2）学生需要熟练使用 Excel 等工具来进行数据计算和模型构建。

（3）学生需要以小组为单位开展团队合作，共同完成财务数据收集、模型建立和方案设计的任务。

（4）学生需要具备数据分析和结果解释能力，能够有效地展示研究结果。

3.项目步骤

（1）确定财务目标。学生需要确定自己的财务目标，如购房、教育基金、退休计划等。同时，需要了解目标的时间范围和所需资金量。

（2）收集财务数据。学生需要收集个人或家庭的财务信息，如收入、支出、资产、负债等。同时，还需要考虑其他因素，如通货膨胀率、投资回报率等宏观经济因素。

（3）建立数学模型。学生需要运用数学模型和分析方法，如复利计算、时间价值、线性规划等，对财务数据进行分析和建模。当然，可以使用 Excel 等工具来进行计算和模型构建。

（4）设计投资策略。学生可以根据分析结果，设计个人投资策略，包括资产配置、风险控制和投资组合管理等。同时，需要考虑不同投资工具的特性和风险收益特征。

（5）风险评估与管理。学生需要进行风险评估，考虑多种可能的风险因素，并设计相应的风险管理策略，如多样化投资、定期调整投资组合等。

（6）方案评估与优化。学生需要对设计的理财方案进行评估和优化，通过调整参数和投资方案，寻找最优的解决方案。

（7）项目报告与展示。学生需要撰写项目报告，总结财务目标、数据分析过程和设计的理财方案。此外，还可以以小组为单位准备演示文稿或海报，小组代表口头展示，分享他们的研究成果和发现。

4.评估标准

（1）项目报告的完整性和逻辑性。

（2）数学模型的准确性和合理性。

（3）投资策略的可行性和有效性。

（4）结果解释和讨论的深度和广度。

通过这个项目，中职生能够实践数学建模和分析的方法和技巧，培养数据处理和方案设计能力。同时，中职生还可以通过团队合作和项目报告，提高沟通和表达能力。同时，还可以培养中职生的创新意识和问题解决能力，为他们将来在个人理财和职业发展中提供基础。

（四）模型建立与分析类项目

这类项目要求中职生基于实际情境,建立数学模型并进行分析和解释。模型建立与分析类项目的具体操作流程如下。

1. 项目描述

建立一个汽车油耗模型,以了解不同因素对汽车油耗的影响,并预测某辆汽车在特定路况下的油耗。任务是收集数据、建立数学模型,以及后续的分析和预测。

2. 项目要求

(1) 学生需要在实际行驶中记录汽车的行驶里程和消耗的燃油量,并结合其他相关参数,如车速、油品类型等进行数据收集,以确保数据的全面性。

(2) 需要对收集到的数据进行统计分析,探索影响汽车油耗的因素,如速度、行驶方式、道路条件等。

(3) 需要基于数据分析结果,建立一个合适的数学模型来描述汽车油耗与各个因素之间的关系,可以考虑使用线性回归模型或其他适当的数学模型。

(4) 需要对建立的模型进行评估,分析模型的准确性和适用性,并讨论模型的优化方向。

(5) 需要利用建立的模型对未来的油耗进行预测,根据不同的输入值和条件进行预测。

3. 项目步骤

(1) 选择一辆特定型号的汽车,并确认其基本参数,如发动机排量、车重、油箱容量等。

(2) 收集相关数据,包括该型车在不同速度下的燃油消耗、路况条件(如平路、上坡、下坡)、外部温度等。

(3) 利用收集到的数据建立数学模型,可使用线性回归或其他合适的模型。

(4) 对模型进行验证和分析,比较模型预测值与实际观测值的差异,并探讨各个因素对油耗的影响程度。

(5) 使用模型进行预测,根据特定条件(如速度、路况、温度等),预测汽车的油耗。

4. 评估标准

(1) 数据收集的完整性和准确性,并确保数据的可靠性。

(2) 数据分析的深度和广度,包括对各个因素的影响程度和相关性分析。

(3) 模型建立的合理性和准确性,包括模型的选择、参数估计和拟合度等。

(4) 模型评估的全面性和客观性,包括模型的预测误差、可靠性和稳定性。

(5) 结果呈现和报告的清晰性和逻辑性,包括数据分析和模型建立过程的记录和展示。

（6）对项目的理解和实际应用能力的展示，包括对汽车油耗问题的认识和解决思路的说明。

评估标准可以根据具体情况进行调整和补充，以保证教师可以对学生的综合能力和项目实施过程进行综合评估。

在这个项目中，中职生需要将实际观测数据转化为数学模型，并进行分析和预测。这个案例涉及数学建模和回归分析，培养了中职生的数据收集与处理能力、数学建模能力以及对实际问题的分析和预测能力。同时，中职生也能加深对汽车油耗影响因素的理解，并掌握常见的分析方法和预测技巧。

（五）路程计划与车辆排班

中职生通过建立车辆行驶路径、服务站点和时间约束的数学模型，优化公交车的路线规划和车辆的排班安排。路程计划与车辆排班的具体操作流程如下。

1. 项目描述

这个项目旨在通过数学建模和优化算法，为一家物流公司设计一个最佳的路程计划与车辆排班方案，以提高运输效率并控制成本。

2. 项目要求

（1）需要掌握图论、线性规划等数学工具和算法。

（2）需要使用编程语言实现优化算法，并对实际数据进行处理和分析。

（3）需要团队合作，共同讨论和解决问题。

（4）需要具备数据分析和结果解释能力，能够形成有效的结论和建议。

3. 项目步骤

（1）研究物流公司的运输需求和相关约束条件，如货物数量、送货时间、车辆容量等。

（2）学习关于路程计划和车辆排班的数学模型和算法，如图论、线性规划、模拟退火算法等。

（3）分析运输网络和节点之间的距离、交通状况等因素，并将问题转化为数学模型。

（4）利用所学的数学工具和算法，设计一个优化算法，以找到最佳的路程计划和车辆排班方案。

（5）使用实际的数据进行模拟和验证，对比优化方案与当前方案的效果。

（6）进行结果分析，评估优化方案在提高运输效率和成本控制方面的作用。

（7）撰写项目报告，总结数学建模和优化算法的应用经验并提出改进方案。

4. 评估标准

（1）项目报告的完整性和逻辑性。

（2）优化方案的有效性和可行性。

（3）与当前方案的效果对比和分析。

（4）解决问题的创造性和思维深度。

通过这个项目，中职生将能够综合运用所学的数学知识和技能，解决实际问题，并培养团队合作和创新思维能力。在项目过程中，中职生还可以学到如何进行数学建模、优化算法的设计和应用，以及分析数据和解释结果的能力。

（六）美食评分系统

1. 项目描述

这个项目旨在设计一个美食评分系统，通过收集用户的评分和评论数据，并运用数学方法和统计分析技巧，为用户提供准确且有参考价值的美食评价。

2. 项目要求

（1）掌握基本的统计知识和数学建模技能，了解回归分析、多元统计等方法。

（2）需要熟悉数据处理和分析工具，如 Python 的 pandas、numpy 库等。

（3）需要团队合作，共同完成数据收集、预处理和分析任务。

（4）需要具备数据分析和结果解释能力，能够有效地传达研究结果和发现。

3. 项目步骤

（1）确定美食评分指标。学生需要确定一系列用于评分的指标，如味道、外观、服务、环境等。这些指标可以根据食品行业的通常评分规则进行定义。

（2）收集用户评分和评论数据。学生需要设计调查问卷或开发手机应用，以收集用户对各个指标的评分和评论。他们还可以使用网络爬虫等技术从互联网上收集相关数据。

（3）数据预处理。学生需要对收集到的数据进行预处理，包括数据清洗、去噪和异常值处理等。他们还可以对文本评论进行编码，以便后续分析。

（4）数据分析与建模。学生可以运用统计方法和数学模型来分析用户评分和评论数据，以探索美食评价的规律和趋势。比如，他们可以计算平均分、标准差、相关系数等统计指标，并建立多元回归分析等模型。

（5）美食评分系统设计。学生需要根据数据分析结果，设计一个美食评分系统，为用户提供准确且有参考价值的美食评价。他们可以选择合适的算法和规则，根据用户对各个指标的权重，计算综合评分并进行排名。

（6）评测与改进。学生可以邀请一些用户对美食评分系统进行评测，并收集他们的反馈意见。根据用户的反馈和建议，改进并优化美食评分系统。

（7）项目报告与展示。学生需要撰写项目报告，介绍研究问题、数据分析过程和结果。他们还可以准备演示文稿或海报，并进行口头展示，分享他们的研究成果和发现。

4．评估标准

（1）项目报告的完整性和逻辑性。

（2）数据分析的准确性和合理性。

（3）美食评分系统的可行性和有效性。

（4）结果展示和解释的清晰度和深度。

通过这个项目，中职生可以实践美食评分系统设计和数据分析的方法和技巧，培养数据处理和模型构建能力。同时，他们还可以通过团队合作和撰写项目报告，提高沟通和表达能力。这个项目还可以培养中职生的创新意识和问题解决能力，为他们在餐饮业或相关领域的工作和研究提供基础。

（七）数据收集与分析类项目

这类项目要求学生通过采集、整理和分析数据，得出有关实际问题的结论。进行社会调查，收集中职生对某一问题的观点，使用统计图表展示结果，并计算出各个观点的比例和平均值等，涉及频数、百分比和均值等统计概念。例如，分析消费者对某款产品的评价数据，比较不同群体的评价差异，制作箱线图和帕累托图，并给出改进建议，涉及中位数、四分位数和相关系数等统计分析方法。数据收集与分析类项目的具体操作流程如下。

1．项目描述

这个项目旨在通过设计合适的数据收集方法、整理和分析数据，帮助中职生掌握数据收集和分析的基本技能，以解决实际问题或回答感兴趣的研究问题。

2．项目要求

（1）需要掌握基本的调查设计和数据收集方法，并学会使用相关的数据处理和分析工具。

（2）需要具备数据整理、可视化和分析能力，了解一些常用的统计方法和数据分析技巧。

（3）需要团队合作，共同完成数据收集、数据预处理和分析的任务。

（4）需要具备数据分析和结果解释能力，能够有效地传达研究结果和发现。

3．项目步骤

（1）确定研究问题或话题。学生可以选择一个他们感兴趣的话题或与校园、社区或行业相关的实际问题。比如，学生可以调查其他学生的学习习惯、饮食偏好或手机使用时间等。

（2）设计调查问卷并采集相关数据。学生需要设计合适的调查问卷或采集数据的方法，以收集与研究问题或话题相关的数据。他们还可以使用其他途径如实地观察、实验或互联网检索等方式获得数据。

（3）数据预处理与整理。学生需要对收集到的数据进行预处理和整理，包括数据清洗、缺失值处理和异常值检测等。他们需要用适当的统计工具（如 Excel 或 Python）进行数据整理和转换。

（4）数据分析与可视化。学生可以运用统计方法和数据分析技巧，如描述统计、频数分布、相关系数等，对数据进行分析。同时，学生需要使用适当的数据可视化工具（如柱状图、折线图、散点图等）将数据以图表形式展示出来。

（5）结果解释与讨论。学生需要根据数据分析结果，进行结果解释与讨论，回答研究问题或话题所提出的假设或疑问。他们可以探索数据中的趋势、关联性或影响因素等，并得出合理的结论。

（6）项目报告与展示。学生需要撰写项目报告，总结研究问题、数据收集与分析过程和结果。他们还可以准备演示文稿或海报，并进行口头展示，分享他们的研究成果和发现。

4．评估标准

（1）项目报告的完整性和逻辑性。

（2）数据整理与分析的准确性和合理性。

（3）数据可视化的清晰度和有效性。

（4）结果解释和讨论的深度和广度。

通过这类项目，中职生可以实践数据收集和分析的方法和技巧，培养数据处理和分析能力。同时，他们还可以通过团队合作和项目报告的撰写，提高沟通和表达能力。这个项目还可以培养中职生的创新意识和问题解决能力，为他们将来在工作和学习中的数据分析任务提供基础。

（八）调查统计与数据可视化

1．项目描述

中职生设计一份调查问卷，收集关于学生喜好的数据，并利用统计方法和数据可视化工具进行分析和呈现。该项目旨在通过进行实际调查和数据分析，使用合适的统计方法和数据可视化工具，解决一个实际问题或探索一个感兴趣的话题。

2．项目要求

（1）需要掌握基本的调查设计和数据收集方法以及相关的统计知识和技能。

（2）需要熟悉使用统计软件（如 Excel、SPSS 等）和数据可视化工具（如 Matplotlib、Tableau 等）。

（3）需要团队合作,共同完成调查、数据处理和分析的任务。

（4）需要具备数据分析和结果解释能力,能够有效地传达研究结果和发现。

3．项目步骤

（1）确定研究问题或话题。学生可以选择一个他们感兴趣的话题,或者与校园、社区或行业相关的实际问题。比如,学生可以调查学生的消费习惯、偏好或心理健康状况等。

（2）设计调查问卷或采集相关数据。学生需要设计合适的调查问卷,以收集与研究问题或话题相关的数据。他们还可以使用其他途径如实地调查、观察或互联网检索等方式获得数据。

（3）数据处理与分析。学生需要对收集到的数据进行整理、清洗和统计分析。他们可以运用合适的统计指标,如频数分布、平均值、百分比等,来揭示数据的特征和规律。

（4）数据可视化。学生需要选择合适的数据可视化工具,如 Excel、Python 的 Matplotlib 库、Tableau 等,将数据以图表、饼图、柱状图、折线图等形式进行可视化展示。他们可以使用不同的图表来呈现不同类型的数据和分析结果以增强信息的传达效果。

（5）结果分析与解释。学生需要对数据可视化结果进行分析和解释,并提出合理的结论。他们可以讨论数据中的趋势、关联性或影响因素等,以回答研究问题或话题所提出的假设或疑问。

（6）项目报告与展示。学生需要撰写项目报告,全面介绍研究问题、调查方法、数据分析过程和结果。他们还可以准备演示文稿或海报,并进行口头展示,分享他们的研究成果和发现。

4．评估标准

（1）项目报告的完整性和逻辑性。

（2）数据分析的准确性和合理性。

（3）数据可视化的清晰度和有效性。

（4）结果分析和解释的深度和广度。

通过这类项目,中职生可以实践调查统计和数据可视化的方法和技巧,培养数据处理和分析能力。同时,他们还可以通过团队合作和项目报告的撰写,提高沟通和表达能力。这个项目还可以培养学生的创新意识和问题解决能力,为其将来在职场或进一步学习中的数据分析任务提供基础。

（九）天气预测与气象数据分析

中职生收集历史天气数据,通过统计与趋势分析等方法,预测未来几天的天气情况。天气预测与气象数据分析的具体操作流程如下。

1. 项目描述

这个项目旨在通过分析历史气象数据和应用数学模型,进行天气预测和气象数据分析,以揭示天气变化规律并提供准确的天气预报。

2. 项目要求

(1) 需要具备基本的统计知识和数学建模技能,了解回归分析、时间序列分析或机器学习算法等方法。

(2) 需要熟悉数据处理和分析工具,如 Python 的 pandas、numpy 库等。

(3) 需要团队合作,共同完成数据收集、预处理和分析任务。

(4) 需要具备数据分析和结果解释能力,能够有效地传达研究结果和发现。

3. 项目步骤

(1) 收集气象数据。学生需要收集一定时间范围内的气象数据,包括温度、湿度、气压、降水量等。他们可以从气象局、气象网站或其他渠道获取这些数据。

(2) 数据预处理。学生需要对收集到的气象数据进行预处理,包括数据清洗、缺失值处理和异常值检测等。他们还可以选择合适的时间尺度和空间尺度来处理数据。

(3) 数据分析。学生可以运用统计方法和数学模型来分析气象数据,以探索变化规律和趋势。比如,他们可以计算平均值、方差、相关系数等统计指标,并绘制相应的图表和图像。

(4) 天气预测模型构建。学生需要根据历史气象数据,构建合适的天气预测模型。他们可以使用回归分析、时间序列分析或机器学习算法等方法来建立模型,并对模型进行验证和优化。

(5) 天气预报。学生可以利用所构建的天气预测模型,根据最新的气象数据,进行天气预报。他们可以将预测结果以图表或文字形式展示出来,并与实际观测数据进行对比验证。

(6) 项目报告与展示。学生需要撰写项目报告,介绍研究问题、数据分析过程和结果。他们还可以准备演示文稿或海报,并进行口头展示,分享他们的研究成果和发现。

4. 评估标准

(1) 项目报告的完整性和逻辑性。

(2) 数据分析的准确性和合理性。

(3) 天气预测模型的有效性和准确性。

(4) 结果展示和解释的清晰度和深度。

通过这个项目,中职生可以实践气象数据分析和天气预测的方法和技巧,培养数据处理和模型构建能力。同时,他们还可以通过团队合作和项目报告,提高沟通和表达能力。这个项目还可以培养中职生的创新意识和问题解决能力,为他们将来在气象、环境或相关领域的工作和研究提供基础。

(十) 几何建模与设计项目

中职数学教学中的几何建模与设计项目旨在培养学生的几何思维和创造力。比如,设计一个房屋平面图、满足给定条件下的最大使用面积。此类项目涉及图形的面积计算、布局优化和空间规划等几何概念。又如,利用几何原理设计一个园林景观,包括花坛、喷泉和人行道的布局,并计算各个构件的尺寸和比例,涉及平行线、相似三角形和比例关系等几何知识。除此之外,几何建模与设计项目还有如下类型。

(1) 建筑设计与建模。引导学生选择一个具体的建筑物,如房屋、桥梁等,进行建模和设计。他们需要使用几何知识和工具,如比例尺、平面图、三维模型等,来确定建筑物的结构、尺寸和比例。在整个项目过程中,学生需要进行独立思考和创新,从而培养了他们的解决实际问题的能力。

(2) 空间装饰设计。引导学生选择一个特定的空间,如客厅、卧室等,进行装饰设计。他们需要运用几何知识和美学原理,考虑空间布局、色彩搭配、家具摆放等因素,以实现美观和实用性的统一。在这个项目中,中职生需要展现自己的创造力和设计能力。

(3) 标志设计与图形创作。引导学生设计一个特定意义的标志或图形,如企业标志、校徽等。他们需要运用几何图形的知识和创意思维,设计出独特且具有代表性的标志或图形。在整个项目中,学生需要表现出自己的艺术感和设计能力,也提高了他们的创新思维。

(4) 产品造型与模型制作。引导学生选择一个产品,如汽车、家电等,进行造型和模型制作。他们需要运用几何知识和工程技术,设计出符合产品功能和审美要求的造型,并使用材料和工具制作模型。在这个项目中,学生需要展现出自己的创造力和实践能力,也锻炼了他们的工程技术应用能力。

(5) 艺术雕塑与立体模型。引导学生进行艺术雕塑或立体模型的设计与制作。他们可以选择一个主题或故事,并使用几何形状和材料进行雕塑或模型的创作。在整个项目过程中,学生需要发挥自己的艺术感和创造力,并确保查重率不超过30%。

这些中职数学几何建模与设计项目既涵盖了几何知识应用,又注重中职生的创造和独立思考能力。同时,项目设计过程有助于培养中职生的独立性和创新性。

总之,以上典型的中职数学教学项目,可以通过实际情境和问题的设定,激发中职生的学科学习兴趣和动力,培养他们的实际应用能力和解决问题的能力。在设计和实施项目时,还可以根据具体的数学课程要求和中职生的学科背景特点进行调整和拓展。

二、数学项目教学的模式

数学项目教学可以采用不同的模式,根据不同的教学目标和内容来设计。以下是几种常见的中职数学项目教学模式及其每类的详细案例与分析。

(一)探究型项目模式

探究型项目模式是一种以学生为主体,通过问题引导和自主探究的方式进行数学学习的教学模式。

1. 探究型项目模式的特征

(1)学生主体性。教学探究型项目模式强调学生的主体地位,将中职生作为学习的主动者,鼓励他们通过探究和解决实际问题来构建数学知识。

(2)问题引导。教学探究型项目模式注重通过提出问题引发中职生的思考和探索。教师可以设计开放性问题或情境,激发学生的学习兴趣,引导他们主动参与解决问题的过程中。

(3)自主探究。在项目中,学生需要自主收集和整理相关信息、运用数学知识和技能进行分析和推理、提出解决方案,并进行实践操作和验证。学生在探究中通过自主学习和合作学习,可以培养自主学习和合作学习的能力。

(4)合作与交流。项目模式鼓励学生之间的合作与交流。学生可以在小组中相互讨论、合作解决问题,通过合作交流提高问题解决能力和团队合作能力。

(5)教师引导与辅助。教师在项目中担任指导者和引导者的角色,通过提供必要的支持和指导,引导学生有效地进行探究和学习。教师还可以起到激发思维、促进学习延伸和总结归纳的作用。

2. 探究型项目模式的典型案例

正弦曲线的周期性是一个典型的探究数学知识的问题,可以让中职生在知识的探索过程中更深入地学习和理解数学知识。案例 3-11 展示了如何引导学生探究正弦曲线的周期性。

案例 3-11 探究正弦曲线的周期性

中职生通过探究正弦曲线的周期性,深入理解正弦曲线的特点和性质,掌握周期、频率等概念,并应用到实际问题中。

(1)引导学生提出问题。教师可以引导学生思考以下问题:①什么是正弦曲线;②它具有什么特点和周期性;③为什么正弦曲线具有周期性;④如何表示正弦曲线的周期和频率。

(2)数据收集与分析。学生可以收集并记录不同频率下正弦曲线的数据,如通过测量的方式获得时间和振幅的数值。然后,通过观察和分析数据,学生可以发现正弦曲线的周期性规律。

（3）模型建立与验证。学生分组尝试利用收集到的数据建立一个正弦函数模型,并将其绘制成图表。然后,中职生验证模型的准确性,比较模型预测值与实际数据的吻合程度。

（4）应用案例分析。学生分组尝试选择一个实际问题来应用正弦曲线的周期性概念,如天气气温变化、海水潮汐等。他们可以通过收集相关数据、建立模型和预测来分析问题,并给出解决方案。

（5）结果展示与总结。学生分组展示他们的数据收集、模型建立、应用案例分析的结果,并总结在项目中所学到的关于正弦曲线周期性的知识和经验。

通过这个案例,中职生能够通过实际探究深入理解正弦曲线的周期性特点,应用数学知识解决实际问题,培养收集数据、建立模型以及分析与解决问题的能力。同时,该项目还能激发中职生对数学的兴趣和创新思维,促进他们更深入地理解和应用数学知识。

此外,探究平方根的性质、探究三角形面积与周长的关系、探究立方体表面积与体积的关系、探究概率与统计的应用、探究利率与复利的关系等教学内容,都可以应用探究型项目模式开展教学活动,这种模式不仅可以使中职生自主发现平方根的概念和性质、深入理解三角形、立方体等的几何的性质、将概率与统计的知识应用到解决实际问题中、掌握利率和复利的计算方法并能灵活运用,而且能很好地培养他们的实证研究能力、探索精神和逻辑思维能力、几何思维和数学建模能力、数据分析能力和统计思维、理财意识和计算能力。

通过教学探究型项目,中职生可以将数学知识与实际问题相结合,在实践中灵活运用数学思维和方法,培养综合能力和创新意识。同时,中职生通过项目的自主探究和合作学习,可以提高解决问题能力、自主学习能力和团队合作能力。这种教学模式有助于激发中职生对数学的学习兴趣和积极性,提高学习效果。

（二）问题解决型项目模式

问题解决型项目模式是一种以问题为核心,通过引导中职生进行问题分析、设计解决方案和实践操作的方式进行数学学习的教学模式。

1）问题解决型项目模式的特征

（1）问题导向。问题解决型项目模式以问题为起点,通过提出具有挑战性和实际意义的问题,激发学生思考和探索,建立数学知识。

（2）学生主体性。该教学模式注重学生的主动参与和自主学习,他们在问题解决的过程中担任主体角色,独立或小组合作进行探究学习。

（3）探究与实践。学生通过探究实践解决实际问题，将数学知识和技能应用于实际情境。他们需要进行信息收集、数据分析、建立模型、设计解决方案和结果检验等一系列实践操作。

（4）合作与交流。在解决问题的过程中，学生可以与同学进行合作并相互交流思路和观点。通过合作与交流，中职生可以借鉴他人的经验，拓展思维，共同解决复杂问题。

（5）教师引导与支持。教师在项目中担任引导者的角色，提供问题引导、学习资源和必要的指导。教师还可以通过讨论和反馈等方式，促进学生的思维发展。

2）问题解决型项目模式的典型案例

中职数学解决旅行路径问题是一个非常实用的项目，可以让中职生从旅行经验中学习数学知识和技能。案例 3-12 展示了如何引导中职生规划诱行路径。

案例 3-12　旅行路径规划问题

1．案例描述

某中职学校一个班级计划组织一次短途旅行，他们打算去一个附近的城市旅游，并在一天之内返回。由于时间和资源有限，中职生需要合理安排旅行路线，确保旅行既顺畅又经济。

2．任务要求

（1）学生需要调查目的地城市的各个旅游景点并了解各个景点之间的距离。

（2）如何确定出发点和返回点？

（3）如何确定每个景点的访问顺序？

（4）如何确定最短路径，以便在有限的时间内完成旅行？

（5）学生需要使用合适的工具和软件，辅助解决旅行路径规划问题。

3．任务步骤

（1）学生以小组为单位进行研究和讨论，收集目的地城市的相关信息，包括景点介绍、景点之间的距离等。

（2）学生以小组为单位使用图表或软件绘制出目的地城市的地图，并在地图上标注各个景点的位置。

（3）学生以小组为单位根据问题要求，通过分析和计算，确定出发点和返回点，并确定旅行的每个景点的访问顺序以及最短路径。

（4）各小组代表展示他们的解决方案，并进行讨论和比较，分享彼此的思路和经验。

（5）学生可以使用软件或在线工具，验证自己所确定的路径是否是最短路径，并进行调整和优化。

（6）学生以小组为单位撰写一篇项目报告，包括问题描述、解决思路、解决方法、结果分析和总结等内容。

通过这个项目,中职生可以运用数学知识和技能,结合实际情境分析问题并做出决策。同时,他们也可以培养团队合作意识、创新思维能力,提高实践操作和实际应用能力。

此外,学生还可以运用数学知识计划购物的最优方案、设计游乐园的过山车轨道、分析某款手机的市场销售趋势、设计一个小商业模型等。各类实际生活问题均可以应用问题解决型项目教学模式,这不仅可以使中职生将运算知识应用于实际情境中,而且能培养他们解决实际问题的能力、创新思维和实践能力、数据分析和决策能力、商业思维和分析能力、创新能力和问题解决能力。

通过问题解决型项目模式,中职生能够培养数学应用能力、问题分析与解决能力、创新思维和团队合作能力。同时,该模式也能激发中职生的学习兴趣,增强他们对数学知识的理解和应用能力。在整个问题解决过程中,中职生不仅能够掌握数学知识与技能,还能培养批判性思维、创造力和实践操作能力,从而为将来的学习和职业发展做好准备。

(三)跨学科整合型项目模式

跨学科整合型项目模式是一种在数学教学中将不同学科知识与技能进行整合的教学模式。

1)跨学科整合型项目模式的特征

学科整合:该模式通过跨学科整合,将数学与其他学科的知识和技能有机地结合在一起。如将数学与物理、化学、地理等学科相结合,探讨实际问题,形成跨学科的知识体系。

实际问题导向:跨学科整合型项目模式注重通过实际问题引发学生对不同学科知识的需求和应用。学生需要将数学知识与其他学科知识融合,解决实际问题。

合作与交流:学生在项目中需要与其他学科的学生合作,共同探究和解决问题。通过合作与交流,学生可以学习其他学科的知识并培养团队合作与沟通能力。

综合应用:学生需要将数学知识与其他学科知识进行综合应用,解决复杂的问题。他们需要灵活运用数学思维和方法,结合其他学科的理论和实践,提供全面的解决方案。

教师引导与支持:教师在项目中担任引导者的角色,提供学科知识背景和指导,帮助学生整合不同学科的知识和技能。教师还可以鼓励学生思考不同学科之间的联系和交叉点。

2)跨学科整合型项目模式的典型案例

案例 3-13 和案例 3-14 是两个跨学科整合型项目模式的典型案例。

案例 3-13 股票投资分析

1. 案例描述

某中职学校金融专业的学生对股票投资感兴趣,他们希望通过分析历史数据和运用数学模型,进行股票投资的决策和分析。

2. 任务要求

(1) 选择一只感兴趣的股票,收集它的历史数据,包括股价、成交量等。

(2) 如何确定股票买入和卖出的时机?

(3) 如何确定投资的风险和收益?

(4) 如何使用数学模型来预测股票价格走势?

(5) 使用合适的工具和软件,辅助进行股票投资分析。

3. 任务步骤

(1) 以小组为单位,选择一只股票进行研究和分析。每个小组负责一只股票,并收集相关的历史数据,为后续分析打下坚实基础。

(2) 以小组为单位使用统计学方法和数学模型,共同分析历史数据,包括股票价格的变化趋势、波动性等关键指标。

(3) 以小组为单位运用经济知识,共同分析宏观经济环境和行业发展趋势对股票价格的影响,以期得出更为全面的分析结果。

(4) 学生根据问题要求,确定买入和卖出的时机,并计算投资风险和收益,实现收益最大化。

(5) 学生通过图表或软件,可视化展示股票价格走势和投资策略的效果。

(6) 以小组为单位进行结果分析和讨论,分享彼此的思路和经验,并进行投资决策的比较和评估,以促进知识的共享和团队成员的成长。

(7) 以小组为单位撰写一份项目报告,包括问题描述、分析思路、方法、结果和总结等内容。

通过这个项目,中职生可以运用数学和经济知识,结合实际市场数据进行股票投资分析与决策。同时,他们也可以培养团队合作、沟通和创新思维能力,提高实践操作和实际应用能力。此外,中职生还可以加强对经济学与数学之间相互关联的认识,提高综合应用能力。

案例 3-14 数学与艺术的交织

1. 案例描述

某中职学校艺术专业班的学生对数学和艺术都很感兴趣,他们希望通过探索数学在艺术中的应用,创作出独特的艺术作品。

2. 任务要求

(1) 选择一个特定主题或概念,如几何形状、图案、对称性等,作为他们的艺术创作基础。

（2）研究和了解相关的数学知识和原理，如平面几何、立体几何、比例关系等，掌握其精髓。

（3）运用数学方法和技巧，将这些数学原理与艺术表现形式相结合，创作出个性化的艺术作品。

3. 任务步骤

（1）以小组为单位分组进行研究和讨论，选择一个特定的数学概念，确定艺术创作的主题和方向。

（2）以小组为单位分组深入学习和探索与所选主题相关的数学知识和原理，了解其特点、规律和应用。

（3）学生通过实践和实验，尝试将数学原理转化为艺术表现形式，进行创作实验和样品制作，以期达到数学与艺术的完美融合。

（4）学生根据问题要求，确定最终的艺术作品，进行创作和完善。

（5）以小组为单位，分组进行艺术作品的展示和讨论，分享创作过程和思考，并接受来自同学和老师的反馈和建议。

（6）以小组为单位，分组撰写一份项目报告，包括问题描述、研究方法、艺术作品说明和总结等内容。

通过这个项目，中职生不仅可以体验数学和艺术的结合过程，而且可以培养创造力、观察力、想象力和表达能力。此外，还可以加强中职生对数学知识和原理的理解，并提高综合应用能力和团队合作能力。这个项目也能激发中职生对数学和艺术的兴趣，促进跨学科的整合学习。

此外，学生还可以结合几何和物理等知识，设计一个合理的座位布局方案；以数学为基础，结合地理、经济等学科知识，设计一个城市的交通规划方案。跨学科整合型项目模式不仅让中职生能够整合不同学科的知识和技能，而且培养了他们的空间思维和综合应用能力、跨学科思维和综合应用能力、团队合作能力。

这些案例旨在通过项目化教学中的实践任务，将数学知识与实际问题结合起来，培养中职生的实际动手能力、解决问题的能力和跨学科思维能力。教师可以根据中职生的年级、兴趣和能力水平选择适合的案例，适当调整项目的难度和要求，实施教学设计，并引导他们深入地探究和分析。

通过跨学科整合型项目模式，中职生能够全面理解数学在实际问题中的应用，并综合运用各学科的知识和技能，培养创新思维、综合分析和解决问题的能力。同时，该模式也能增强学生的学科间的联系意识，促进学科知识的融通与交流，为中职生的终身学习打下基础。

第二篇　核心素养与数学课程教育

核心素养是指在多元领域中,个体所需要具备的一组基本能力和品质。数学教育可以培养学生的核心素养,帮助他们获得数学方面的基本能力和思维品质。数学课程教育与核心素养息息相关,可以为学生提供培养核心素养所需的基本能力和思维品质。数学课程教育可以培养学生以下主要核心素养。

(1)逻辑思维和推理能力。通过学习数学原理和证明方法,学生能够锻炼自己的逻辑思考能力,培养严密的推理能力。

(2)创新和问题解决能力。通过解决数学问题和应用数学方法,学生能够锻炼自己的创新思维和问题解决能力。

(3)模型建立和应用能力。通过学习如何将实际问题抽象为数学模型,并运用数学方法进行分析和解决,有助于培养学生的抽象思维和建模能力。

(4)数据分析和统计思维。通过学习收集、整理和分析数据,并从中获取有意义的信息,这对于理解现实世界中复杂数据和现象,以及做出合理的推断和决策非常重要。

(5)数字素养和技术应用能力。通过学习有效地使用数字工具和技术,进行数学计算和探索,这对于现代社会中的信息时代非常重要,能够帮助学生更好地理解和应用数学知识,以适应信息时代的需求。

总之,如图2所示,学科教育需要通过科学的教育方法才能培养学生的核心素养。而数学教育与学生的核心素养的培养息息相关,它可以培养学生的逻辑思考、创新能力和问题解决能力等重要素养,并为他们提供自身发展的基础和工具。

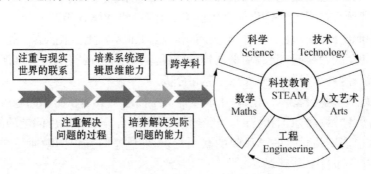

图2　科学教育方法培养学生核心素养

第四章　核心素养和数学核素养

核心素养包括思维能力、情感认知、道德品质和技能等多个维度。在核心素养中，数学素养是其中一个重要组成部分，指的是个体在数学方面的基本能力和思维品质。数学素养与核心素养密切相关，并且相互促进。数学素养涵盖了数学方面的基本知识、思维能力和技能，涉及到了数学思维的深度与广度。学生通过学习数学课程，培养和提升他们的数学素养，从而丰富了核心素养的内容和层面。

数学素养促进核心素养的发展。数学学科具有严谨性、逻辑性和推理性，培养了学生的逻辑思维、分析问题和解决问题的能力。这些能力对于培养核心素养中的逻辑思维、问题解决和创新能力等方面至关重要。

总之，数学素养是核心素养中的重要组成部分，数学素养与其他核心素养之间相互关联相互促进。比如，数学素养涉及数据分析和统计思维，可以促进学生的信息素养和科学素养；数学素养培养了学生的模型建立和解决问题的能力，有助于逻辑思维和创新能力的发展。因此，数学素养与其他核心素养共同推动了个体的全面发展。通过数学教育培养学生的核心素养，可以帮助他们在各个领域中全面发展和取得成功更为他们的未来社会生活和职业发展尊定坚实的基础。

第一节　核心素养基本概述

核心素养是新时代教育的目标和方向，是立德树人教育根本任务的关键所在。教育是为社会发展和建设服务，教育需要培育适应时代发展要求的人才，但教育核心素养的培养必须遵循社会建设所需人才做出的构想。据此，教育要培养人的哪些核心素养？人的健康成长需要发展哪些核心素养？具体要求如图 2-4-1 所示，这都需要教育者潜心研究和深入挖掘。

核心素养可以理解为个体适应终身发展和适应社会发展的必备品格和关键能力。它涉及基础知识、基本技能、生活情感、人生态度和生存价值观等。教育需要为社会建设和发展培养各级各类人才，建构了培养所需的课程及其标准，每门学科课程都有具体的核心素养。但落实于学科课堂教育教学实践中的核心素养发展目标，需要遵循差异性和实践操作的可能性，确保让新时代教育核心素养真正落实。

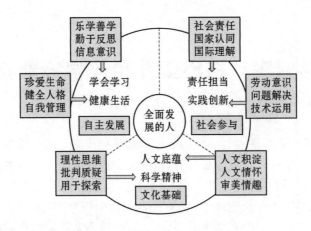

图 2-4-1　中国学生发展核心素养

一、当代最新核心素养理论的起源以及对教育的影响

新核心素养理论的背景源于对传统教育模式的反思和对全球化、技术发展等趋势的认识。传统教育注重学科知识传授，但忽视了学生个体差异和综合能力的培养。面对日益复杂的社会和职业需求，教育需要更多地关注学生的创新能力、批判思维、跨学科学习和实践应用能力等核心素养的培养。新核心素养理论强调提供更全面、综合和灵活的教育模式，以培养学生适应快速变化的社会和职场要求，并促进个人成长和社会发展的可持续性。

（一）当代最新核心素养理论的起源

当代最新核心素养理论的起源可以追溯到过去几十年来对教育目标和学生需求的不断探讨和研究。以下是一些主要的起源。

1. 教育改革与综合素质教育

20世纪以来，各国对教育体制进行了多次改革，逐渐从注重知识传授向注重学生全面发展转变。综合素质教育的理念提出了培养学生多方面能力和素养的观念，具体表现为以下方面。

是一种注重学生全面发展和个性化培养的教育理念。综合素质教育强调培养学生的知识、能力、品德和情感等多个方面，旨在培养学生成为具有高素质和综合能力的人才。

（1）强调知识与技能的有机结合，注重学生的实践能力和创新思维的培养。综合素质教育它不仅关注学科知识的传授，还注重培养学生的批判思维、问题解决能力和团队合作能力。同时，综合素质教育也注重学生的品德教育，培养他们的道德情感和社会责任感,弘扬社会公德和职业道德,为社会的和谐与进步做出贡献。

（2）强调个性化培养,尊重学生的差异和特长,针对每个学生的发展需求提供个性化的教育方案。综合素质教育注重发现和培养学生的潜能,鼓励学生发展自主学习和创造性思维,培养他们的终身学习能力。

（3）培养具有高度综合素质和全面能力的人才。综合素质教育不仅具备专业知识和技能,还具备创新思维、批判思维、沟通能力、合作精神等。这样的人才能够适应快速变化的社会和职场需求,为社会的发展和进步做出积极贡献。以上综合素质教育的理念为后来的核心素养理论奠定了基础。

2. 跨学科研究与认知心理学

跨学科研究和认知心理学的发展使人们对学习和发展的理解更加深入。通过对学习过程和认知能力的研究,学者们开始关注学生的整体素养和能力,并提出了综合考虑知识、技能和情感等方面的核心素养概念。

学习过程和认知能力的研究对于教育界对学生整体素养和能力的关注起到了重要推动作用。具体表现为以下方面。

（1）学习过程的研究帮助教育者了解学生在获取知识和技能过程中的认知和行为模式。通过深入研究学习过程,教育者可以更好地设计有效的教学策略和活动,促进学生的主动学习和深层次理解。这有助于培养学生的学习兴趣、自主学习能力和批判思维能力,提高他们的学习效果和能力。

（2）认知能力的研究关注个体的思维、记忆、问题解决和创造性思维等方面的能力。了解学生的认知过程和能力发展,帮助教育者更好地调整教学内容和方法,以促进学生的认知发展和提高他们解决问题和创新的能力。同时,认知能力的研究还指出了学习的个体差异,鼓励个性化教学和支持,以满足学生不同的学习需求和发展潜力。

通过学习过程和认知能力的研究,教育界更加关注学生的整体素养和能力的培养。不再仅仅注重知识的灌输,而是关注学生的学习方式、学习策略以及思维能力等方面的发展。这有助于创建更全面、综合和个性化的教育环境,培养具备综合素质和创新能力的学生,适应未来社会的发展需求。

3. 国际评估项目和教育目标的演进

国际评估项目如 PISA 的推出和持续进行,为学生核心素养的研究和实践提供了大量数据和经验。同时,各国对教育目标的重新审视和调整,强调培养学生的综合素养和能力的重要性。

国际评估项目的推进在促进学生核心素养的研究和实践方面起到了重要的作用。具体表现在以下方面。

国际评估项目,如 PISA(国际学生评估计划)和 TIMSS(国际数学和科学教育成就趋势研究)，通过对学生知识和技能的综合评估，提供了全球范围内的学生素养数据。这些数据不仅揭示了学生的学术水平，还关注学生的非认知能力和社会情感发展。通过国际评估项目，研究者和教育者可以分析和比较不同国家和地区的教育系统，了解不同教育政策和实践对学生素养的影响，并从中汲取经验和借鉴。

国际评估项目的推进也激发了教育界对核心素养的研究和实践的关注。这些评估项目提供了对学生核心素养的定义和衡量方法的思考和探索。研究者和教育者可以借助这些项目的基础，深入探讨核心素养的内涵以及培养核心素养的有效实践策略。这些研究和实践的成果可以进一步丰富教育改革和发展的理论框架，指导教育政策和教学实践，促进学生核心素养的全面提升。

总之，国际评估项目的推进为学生核心素养的研究和实践提供了重要的支持和借鉴。它们不仅提供了关于学生素养的全球数据，还激发了对核心素养的理解和培养的深入探索，促进了教育界对学生综合发展的关注和实践的推动。

4. 工作力量需求与社会变革

当代社会的快速发展和变革，对劳动力市场的需求也在不断变化。为了适应这些变化，人们开始关注培养具备更全面能力和素质的人才，这促进了对核心素养理论的研究和实践。

工作力量需求和社会变革对于学生核心素养的研究和实践产生了重要影响。主要表现为以下方面。

（1）随着社会的快速变化和技术进步，工作市场对人才的需求也在不断演变。传统的知识和技能已经不能满足现代职业的要求，而更多强调创新能力、批判思维、合作精神和解决问题的能力等核心素养。这促使教育界重新思考教育目标和培养方向，加强对学生核心素养的研究和实践。

（2）社会变革也给学生核心素养的培养提出了新的挑战和机遇。如全球化、数字化和可持续发展等趋势，为学生核心素养的培养提供了新的视角和机遇，要求学生具备跨文化交流、信息技术能力和环境意识等综合素养。这样的变革促使教育者借鉴国际经验和最佳实践，通过新的教学模式和评估方法来培养学生的核心素养。

（3）工作力量需求和社会变革的影响推动了学生核心素养的研究和实践。它们凸显了学生在综合能力和非认知能力方面的需求，促使教育界更加关注培养具备综合素质和创新能力的学生。同时，工作力量需求和社会变革也提供了实践机会，通过教育改革和创新实践来培养学生的核心素养，为他们适应未来职业和社会挑战做好准备。

总之，工作力量需求和社会变革对于学生核心素养的研究和实践起到了推动作用。它们帮助教育者更好地把握学生的发展方向,借鉴最佳实践,培养学生具备综合能力和创新思维的核心素养,以适应不断变化的社会和职业需求。

在这些背景下,学者、教育者和政策制定者们进行了大量研究和讨论,并逐渐形成了当代最新核心素养理论。这些理论汲取前人的研究和经验,融合了多领域的观点和需求,旨在推动教育的改进和学生能力的培养。

(二) 当代最新核心素养理论对教育改革和发展的意义

新核心素养理论对教育改革与发展具有重要意义。它强调培养学生的综合能力和跨学科学习能力,促进个性化教育和实践导向的学习。这推动了教育体系向更全面、灵活和创新的方向转变,培养适应未来社会需求的学生,提升解决问题和终身学习的能力,为他们的个人发展和职业成功打下坚实基础。这种理论框架也使教育更加注重培养学生的软技能和社会责任感,为建设更具竞争力和包容性的社会作出贡献。

当代最新的核心素养理论对教育改革和发展具有以下重要意义。

1. 综合能力培养

最新的核心素养理论强调培养学生在多个领域中的综合能力。综合能力指的是全面发展的能力和品质,涵盖多个方面,包括认知能力、创新能力、沟通能力、合作能力、问题解决能力和自主学习能力等。这有助于学生全面发展,适应未来社会的需求,从而更好地应对复杂多变的现实挑战。

综合能力培养的目标是让学生具备多元化的能力,能够灵活应对各种情境和挑战。它不仅关注学科知识的掌握,还强调跨学科学习和综合运用知识的能力。综合能力培养也注重学生的创新思维和解决问题的能力,鼓励学生独立思考和寻找创造性的解决方案。此外,综合能力培养还强调沟通和合作的能力,培养学生在团队协作中的领导力和合作精神。

综合能力的培养需要多样化的教学方法和学习环境。教育者应该提供丰富的学习机会,包括项目学习、实践活动、团队合作等,以激发学生的积极参与和综合能力的发展。评估也应该多元化,注重综合能力的评价,而非仅仅依赖于传统的考试测试。

最新的核心素养理论强调综合能力的培养,这与现实社会对人才的需求密切相关。综合能力的培养是为了让学生具备更全面、多样化的能力,能够适应复杂多变的社会和职业环境,为个人的成功和社会的进步做出积极贡献。

2. 跨学科学习

最新的核心素养理论倡导跨学科学习的重要性。跨学科学习是指跨越学科界限,将不同学科领域的知识和技能融合起来,以解决现实生活中的问题和挑战。它要求学生超越传统学科的界限,具备多学科的综合素质,能够整合和应用不同领域的概念、理论和方法。它鼓励学生从不同学科中获取知识和技能,并将其应用于实际情境中解决问题。这有助于培养学生的综合思维和整合能力,提升解决问题的创造性和灵活性。

跨学科学习有助于培养学生的综合思维能力和创新能力。通过将不同学科的知识进行联系和整合,学生能够更深入地理解问题的复杂性,并提出跨学科的解决方案。这种综合思维的能力培养了学生的系统思考、批判思维和创造性思维,使他们能够面对复杂的现实情境,并找到创新的解决途径。

跨学科学习也有助于培养学生的终身学习能力。通过接触不同领域的知识和技能,学生能够建立更广泛的学习兴趣和好奇心,以及自主学习的能力。他们能够在面对新的挑战时灵活适应,主动探索并积极寻找解决方案。

最新的核心素养理论推动教育界关注跨学科学习的培养。这要求教育者打破传统学科之间的界限,提供机会和资源,促进学生在不同领域中进行学习和思考。教育者应该设计具有跨学科特色的项目学习和实践活动,鼓励学生进行合作和交流,以获得更全面和深入的学习体验。

通过跨学科学习的实践,学生能够培养综合素质和创新能力,为未来的学习和职业发展奠定坚实基础。跨学科学习也有助于满足现实社会对人才的需求,培养具备综合思维和综合能力的学生,为解决复杂的现实问题做出贡献。

3. 个性化教育

最新核心素养理论强调个性化教育的重要性,该理论认为每位学生都具有独特的学习需求和潜力。理论强调因材施教,注重个体差异和特长的发现与发展。它倡导根据学生的兴趣、能力和学习风格设计个性化的教学方式,以满足每位学生的成长需求,激发他们的学习动力和创造力。个性化教育旨在根据学生的兴趣、能力和学习风格量身定制教学方法和学习计划,以最大程度地促进他们的发展和成长。

个性化教育的目标是提供学生需要的支持和挑战,以帮助他们充分发掘自己的潜能,并在学术、社交和情感层面上实现成功。这种教育方法注重学生的主动参与和自主学习,鼓励他们发展批判性思维、解决问题的能力和协作技巧。

在个性化教育中,教育者需要了解每位学生的背景、兴趣、学习风格和学习水平,并根据这些信息制订个性化的学习计划。这包括选择适合学生的教材和资源、提供额外的支持或挑战、安排小组活动和项目,以及及时反馈和评估学生的学习进展。

个性化教育的优势在于它能够满足不同学生的需求,激发他们的学习兴趣,并提高他们的学习成果。通过充分发掘学生的潜能和兴趣,个性化教育能够培养学生的创造性思维、问题解决能力和自主学习能力，为他们未来的职业和生活做好准备。

然而，实施个性化教育也面临一些挑战，如资源限制、教育者的专业发展需求和评估方法的改进等。因此，教育机构和政策制订者需要共同努力，提供支持和资源，促进个性化教育的实践和发展。

4. 实践和应用导向

最新核心素养理论强调实践和应用导向的学习，培养学生在真实情境中解决问题的能力。意味着学生不仅需要掌握知识和概念，还需能够将其应用于实际情境中解决问题。这种学习方式强调学生的主动参与和实际操作，促使他们在真实场景中运用所学知识和技能。通过项目学习、实践活动和社区参与等方式，学生能够将所学知识和技能应用于实际情境中，提升其实际操作和解决问题的能力。

实践和应用导向的学习注重培养学生的实际应用能力和解决问题的能力。它要求学生具备批判性思维、创新能力和团队合作精神，以应对现实生活中的挑战和复杂问题。

在这种学习模式下，学生必须参与到真实或模拟的实践活动中，如实地考察、实验研究、项目开发等。通过与实际情境的接触，学生能够将理论知识与实践技能相结合，培养实际应用能力和解决问题的能力。

实践和应用导向的学习有助于学生更好地理解抽象概念，培养他们的创造性思维和实际操作能力。同时，它也能够激发学生的兴趣和动机，使学习过程更具有意义和价值。

然而，实践和应用导向的学习也面临一些挑战。比如，教育机构需要提供充足的资源和设施支持实践活动；教育者需要具备相关领域的实践经验和专业知识，以指导学生的学习；评估方法也需要适应于学生在实践中所展示的能力和成果。

因此，教育机构和政策制订者需要关注并支持实践和应用导向的学习，提供必要的支持和资源，促进学生的实际操作能力和解决问题能力的发展。这样，学生将能够更好地应对未来的工作和生活挑战。

5. 技能培养

最新核心素养理论非常重视培养学生的软技能，也被称为综合能力或21世纪技能。软技能是指那些与学科知识无关的技能和能力，如沟通能力、协作能力、创造性思维、批判性思维、解决问题能力、领导力、适应能力等。这些软技能对学生的个人发展和职业成功同样至关重要，它们能够帮助学生更好地适应变化和挑战，具备终身学习的能力。

软技能在当今快速变化和复杂多样的社会环境中变得越来越重要。它们是学生成功发展和实现个人潜力所必需的关键技能。不仅在职业生涯中，软技能也在日常生活中以及在社交、人际关系和团队合作中起着重要作用。

培养学生的软技能可以帮助他们建立良好的人际关系,增强自信心,提高解决问题的能力和批判性思维的能力,以及适应快速变化的环境。这些技能还允许学生更好地与他人合作,培养团队合作、沟通和领导能力,以及培养创造性思维和创新能力。

教育机构和教育者可以通过各种教学策略和方法培养学生的软技能。比如,提供项目化学习和合作学习的机会,鼓励学生在小组中合作解决问题;引导学生参与实践活动,如实地考察、实验研究等,培养他们的实际操作能力和解决问题的能力;促进学生的批判性思维和创造性思维,通过讨论、辩论、案例分析等活动激发他们的思维。

软技能的培养也需要建立相应的评估机制,以便准确评估学生的软技能发展的情况,并提供及时的反馈和指导。这样可以帮助学生认识到自己的进步和成长,并为他们未来的学习和职业发展做好准备。

总之,最新核心素养理论的重点是将学科知识与软技能相结合,通过培养学生的软技能促进其全面发展以适应未来的挑战。

当代最新的核心素养理论为教育改革和发展提供了指导和借鉴,促进了教育的质量和效果的提升。它强调培养学生全面发展和终身学习能力,在不同层面上影响着教育体制、教学方法、评估方式等方面的改革,可以为学生未来的成长和发展奠定坚实基础。

二、当代最新核心素养理论

新核心素养理论包括了培养学生的综合能力和跨学科学习。它强调学生的综合发展,包括认知能力、批判思维、创新能力、沟通能力等方面。同时,它鼓励学生超越学科界限,进行跨学科地学习和应用知识,培养学生的综合思维和解决问题的能力。这个理论框架强调学生的个性化发展和实践导向的学习,使他们能够在真实情境中运用所学知识和技能,并具备适应未来社会变革的能力。

当代最新核心素养理论主要有以下四类:

(一)21世纪核心素养

21世纪核心素养是指在当代社会中,个体所需要具备的一组基本能力和品质。这些素养旨在适应快速变化和复杂多变的现实环境,以帮助个体在学术、职业和社会生活中取得成功。

21世纪核心素养理论提出了新的教育目标和能力要求,强调学生需要具备创新思维、信息素养、合作与沟通能力、问题解决能力和跨文化意识等核心素养,以适应当今快速变化的社会和职业需求。以下是 21 世纪核心素养的具体要求。

1. 创新思维

21 世纪核心素养强调培养学生的创新思维能力。创新是解决问题、推动社会发展和创造价值的关键能力。学生需要具备探索、想象、寻找新方法和解决方案的能力,以应对不断变化的挑战和需求。

2. 信息素养

信息素养是 21 世纪核心素养的重要组成部分。在信息时代,学生需要具备有效搜索、评估和利用信息的能力。他们需要了解信息的来源、准确性和可信度,并能运用信息进行思考、决策和创新。

3. 合作与沟通能力

在当今社会,合作与沟通是十分重要的能力。学生需要具备与他人合作、协作和团队工作的能力,同时也需要良好的沟通技巧,能够清晰表达自己的观点和理解他人的意见。

4. 问题解决能力

21 世纪核心素养强调培养学生的问题解决能力。学生需要具备分析问题、提出解决方案、实施和评估的能力。这包括批判性思维、逻辑推理和创造性地解决问题的能力。

5. 跨文化意识与全球视野

在全球化时代,跨文化意识和全球视野成为学生们的必备素质。学生需要具备尊重和理解不同文化、价值观和观点的能力。他们还需要了解全球问题和挑战,以便在全球舞台上作出积极贡献。

21 世纪核心素养强调学生在知识、技能、态度和价值观等多个方面的全面发展。培养这些核心素养可以帮助学生适应快速变化和复杂多变的社会环境,培养创新能力、合作能力、问题解决能力、全球意识和信息素养等关键能力。这些能力将成为学生未来成功的基石。

（二）PISA 核心素养

国际学生评估计划（Programme for Inte, PISA）核心素养理论强调学生在科学、数学和阅读三个领域的综合能力,同时注重跨学科的应用能力和学习动机。PISA 核心素养的评估框架包括认知素养、情感态度和行为素养等多个维度。

PISA 是国际学生的评估计划,旨在评估全球 15 岁学生的综合能力和核心素养。以下是 PISA 核心素养的具体要求。

1. 认知素养

PISA 核心素养强调学生在科学、数学和阅读三个领域的认知能力。这包括学生的基础知识和概念的理解、学科思维和问题解决能力等。认知素养要求学生能够应用所学知识和技能,理解和分析复杂的学科相关情境。

2. 情感态度

PISA 核心素养还关注学生在学习中的情感态度和学习动机。这包括学生的学习兴趣、自信心、学习目标和自我调节等方面。情感态度对于学生的学习成果、持续学习和终身发展具有重要影响。

3. 行为素养

PISA 核心素养强调学生在学习和社会参与方面的行为素养。这包括学生对学习任务的投入程度、合作与沟通能力、独立思考和创新能力等。行为素养使学生能够有效地应对各种学习和社会情境,并展现积极的参与和贡献。

PISA 核心素养的评估框架旨在全面了解学生的能力、态度和行为。通过量化评估和国际比较,PISA 提供了有关全球教育系统的信息,并为不同国家和地区在教育改革中制订政策提供指导。PISA 的结果对于教育决策者、教师和研究者具有重要参考价值,帮助他们更好地理解学生的学习状况和需求,改进教育质量并推动教育改革。

(三)国民教育核心素养

国民教育核心素养理论关注全体公民的素养需求,强调基础学科知识、道德情感素养、健康素养、创新创业能力、人际交往能力等核心素养的发展。该理论旨在培养终身学习者和积极参与社会的公民。

国民教育核心素养是指在不同领域中个体所需具备的基本能力和品质,它是培养学生综合发展的基石。国民教育核心素养包括但不限于以下几个方面。

1.语言素养

具备良好的听说读写能力,能够有效地进行沟通和表达,对于个人的社会交往和职业发展都至关重要。

2. 数学素养

掌握基本的数学知识和运算能力,能够应用数学方法解决实际问题。

3. 科学素养

具备科学思维和科学方法,能够理解科学知识,分析问题并提出合理的解释和预测,这对于培养创新精神和实践能力至关重要。

4. 信息素养

具备获取、评估和利用信息的能力,能够运用信息技术解决问题,从而提高学习效率和生活质量。

5．文化素养

了解和尊重不同文化背景,具备基本的人文社会科学知识和价值观,有助于培养学生的国际视野和文化包容性。

6．创新素养

具备创造性思维和解决问题的能力,能够面对挑战并提出创新的解决方案,是现代教育的重要目标。

7．身心素养

具备健康的生活方式和良好的身心状态,注重自我管理和情绪调适,是个人成长和成功的关键。

8．社会责任感

具备社会责任感,能够积极参与社会活动并为社会做出贡献。

核心素养的培养需要全面发展教育,注重知识和能力的融合,强调跨学科和综合性学习。通过多样化的教学方法和实践活动,学生可以在实际场景中培养和提升核心素养。同时,教师在教育过程中也扮演着重要的角色,需要具备相应的专业知识和教育技能,引导学生全面发展并实现个人潜能的最大化。

（四）国际文凭核心素养

国际文凭核心素养理论倡导学生全面发展,包括知识、概念、技能和行为四个维度。其中,知识是基础,概念是框架,技能是应用,行为是实践。IB 核心素养注重学生的批判性思维、自主学习、社会责任和跨文化意识等方面的培养。

国际文凭(International Baccalaureate,简称 IB)是一种国际性的教育课程,它旨在培养学生全面发展,并为他们的未来学习和职业生涯做好准备。在 IB 课程中,核心素养被称为"核心要素"(Core Elements),它包括以下三个部分。

1．理论知识

IB 课程鼓励学生广泛涉猎不同学科领域的知识,并帮助他们理解这些知识的深层含义。这有助于学生形成对多样性和复杂性世界的理解,并培养他们的批判思维能力。

2．批判性思维技巧

IB 强调培养学生的批判性思维能力,使他们能够评估不同观点和证据,并发展出独立的、有根据的观点。这涉及对信息的分析和评估,以及对问题和挑战的解决能力。

3．创新性实践

IB 鼓励学生积极运用所学知识和技能,通过实践来解决现实生活中的问题。学生被鼓励开展创造性的活动,并通过项目和研究来应用和展示他们的学习成果。

通过这些核心要素,IB 课程旨在培养学生作为全面发展个体的能力。它强调整体性学习,鼓励学生综合运用自己所学的知识和技能。同时,IB 课程也注重学生的个人和社会发展,倡导国际理解、跨文化交流和社会责任感。因此,IB 课程被认为是培养全球公民所需的核心素养的一种有效教育途径,旨在培养具备全球视野的公民。

这些最新的核心素养理论都强调学生的综合发展和能力培养,注重学生的认知、情感和行为层面。它们追求培养学生成为具有创新思维、适应变化、解决问题和参与社会的终身学习者。这些理论的实践指导教育工作者更好地设计课程、评估学生和提供教育支持,以实现学生全面发展的目标。

第二节　数学核心素养基本概述

数学核心素养是最新核心素养理论的重要组成部分,旨在培养学生在数学学习与应用中所需的关键能力。它强调了培养学生的数学思维能力和数学知识的重要性。数学思维能力包括逻辑思维、抽象思维、创造性思维和批判性思维,帮助学生解析问题、提出解决方案并进行严密推理。数学知识涵盖了数学的基本概念、原则和技巧,使学生能够理解数学的结构和模式,应用数学于其他学科和现实生活。通过多样化的教学策略和实践应用机会,数学核心素养培养学生的兴趣、主动性和实践能力,使他们能够在未来的学习与职业中成功发展。

一、数学核心素养的提出

数学核心素养是在国际教育领域中提出的一个概念,旨在强调数学学科中学生所需的核心能力和技能。这个概念首先由 OECD(经济合作与发展组织)的 PISA(国际学生评估计划)提出,并在后来的教育研究和实践中得到广泛关注和引用。数学核心素养这个概念的提出已经对教育改革和教学实践产生了积极的影响,推动了数学教育的变革和创新。

数学核心素养的提出是为了克服传统数学学科教学的局限性,鼓励学生发展全面的数学能力,将数学应用于实际情境中,并培养其解决问题和批判思维的能力,促进学生全面发展和应对现代社会的需求。传统数学学科教学通常注重记忆和应试,忽视了学生在实际应用和问题解决中的数学思维和能力。因此,数学核心素养提出了一种综合性的数学学习目标,强调学生在数学学习中培养一些核心能力。

二、数学核心素养的具体内容

(1)数量和数字。学生需要理解数字的概念、大小比较和数值运算,以及数字在日常生活中的应用。

（2）几何和空间。学生需要掌握几何图形的属性和关系，理解空间的概念和变换，以及应用几何知识解决问题。

（3）数据与统计。学生需要能够收集、组织和分析数据，理解统计概念和方法，并能够做出合理的推断和预测。

（4）代数和函数。学生需要掌握基本的代数概念和符号操作，理解函数的定义和性质，以及应用代数和函数解决实际问题。

（5）推理和证明。学生需要培养逻辑思维和推理能力，能够进行严密的数学证明和论证，并理解数学结论的有效性和可靠性。

（6）模式与关系。学生需要发现和描述模式与关系，能够建立数学模型，解决复杂问题，并将数学应用于其他学科和现实情境。

（7）抽象和符号。学生需要理解数学的抽象性和符号表示，能够运用符号和符号系统进行数学推理和计算。

这些内容涵盖了数学学科的核心领域，旨在培养学生的数学思维和数学知识，以便他们能够理解和应用数学在日常生活和职业发展中的重要性。

三、数学核心素养的内涵

数学核心素养是一个多维度的概念，涵盖了数学思维能力、数学知识和概念、实践和应用能力、沟通和合作能力，如图 2-4-2 所示。通过培养这些能力，个体可以更好地理解和应用数学，提高数学素养，并在学习、工作和生活中发挥更积极的作用。

图 2-4-2　数学素养结构图

（一）数学思维能力

数学核心素养的第一个方面是数学思维能力。这包括逻辑推理、抽象思维、创造性思维和批判性思维等多维度，使学生能够分析问题、提出解决方案，并进行严密推理和证明。学生通过学习数学,可以培养出具有逻辑推理和问题解决能力的思维方式。他们能够分析和评估问题,提出合理的解决方案,并进行严密的推理和证明。

数学思维能力是指人们在解决数学问题、理解数学概念和运用数学知识时所展现的思维方式和能力。它是数学学习中最基本和关键的能力之一,对于培养学生的数学素养和解决现实问题都至关重要。数学核心素养中数学思维能力可以通过以下措施的实施来实现。

1. 逻辑思维

逻辑思维是根据事实、规则和关系进行推理和判断的能力。而数学逻辑思维是指在解决数学问题和推理过程中运用逻辑规则和关系的思维能力。在数学中,逻辑思维帮助学生理清问题的关键信息和条件,以及确定合适的解决方法。以下是一些运用逻辑思维解决数学问题的教学情境:

在数学中,经常会遇到条件与结论之间的关系。通过运用逻辑思维,可以利用已知条件推断出结论的真实性。比如,如果已知某个命题是真的,而根据逻辑规律,如果这个命题蕴含着另一个命题,那么就可以得出这个蕴含命题也是真的。

案例 4-1、案例 4-2、案例 4-3 和案例 4-4 体现了逻辑思维的应用。

案例 4-1　如果 $x>5$,则 $x^2>25$(证明命题的正确性)

在解决这个问题时,需要使用逻辑思维来进行推理和判断。以下是一种可能的解决过程。

步骤 1　要明确问题的条件和结论。已知条件是"$x>5$",即 x 大于 5;结论是"$x^2>25$",即 x 的平方大于 25。

步骤 2　根据已知条件和数学规则进行推理。由于已知条件中的 x 大于 5,所以可以将其平方:$x>5 \Rightarrow x^2>25$。

步骤 3　应用逻辑规则来判断结论的正确性。在此案例中,结论是"$x^2>25$"。根据数学规则,可以知道如果一个数的大于 5,那么该数的平方也必大于 25。因此,结论是正确的。

通过此案例,可以看到逻辑思维在解决数学问题中的重要性。通过理清问题的条件和结论,并运用逻辑规则和推理,能够准确地判断命题的正确性,并得出合理的结论。这展示了数学逻辑思维在数学问题解决过程中的关键作用。

推理证明:通过观察图形中的已知条件,如边长或角度关系,以及应用几何定理和推理,可以使用逻辑思维构建证明步骤,演绎出两个三角形是全等的结论。

下面推理证明的案例体现了逻辑思维的应用。

案例 4-2　证明两个三角形全等

证明两个三角形是全等的时候,可以运用数学逻辑思维来构建证明步骤。以下是一种可能运用逻辑思维推理的过程。

步骤 1 假设有两个三角形△ABC 和△DEF,给出已知条件。

已知两个三角形的边长存在关系:边 AB 等于边 DE,边 BC 等于边 EF,边 AC 等于边 DF。

步骤 2 利用已知条件应用几何定理。使用边-边-边(SSS)准则:根据已知条件,三个对应的边都相等,所以可以得出两个三角形的三条边分别相等。

步骤 3 运用逻辑推理。如果两个三角形的三条边都相等,根据三角形全等的定义,可以推断出这两个三角形是全等的。

步骤 4 结论。根据以上的逻辑思维和推理,可以得出结论:△ABC 和△DEF 是全等的。

通过逻辑思维和推理,能够分析已知条件,应用几何定理,并从中得出结论。这种逻辑推理的过程确保了证明的准确性和逻辑的一致性。这样的证明过程可以应用于其他三角形全等的问题,以及其他数学证明的场景中。

问题解析:当遇到一个数学问题时,逻辑思维帮助分析问题并确定解决方案。比如,如果被问到一个复杂的代数方程的解,可以使用逻辑推理来将方程化简并运用合适的代数技巧,逐步推进到最后得到解的步骤。

下面问题解析的案例体现了逻辑思维的应用。

案例 4-3 解一元二次方程

解代数方程是数学逻辑思维的一个重要应用领域。解这个方程需要运用数学逻辑思维来进行推理和分析。下面是一种可能解一元二次方程的具体步骤。

步骤 1 将方程的形式标准化。将方程通过移项,使等式的右边变为 0,即得到 $ax^2+by+c=0$。

步骤 2 计算判别式。首先计算判别式 $\Delta=b^2-4ac$,如果 $\Delta>0$,则有两个实数解;如果 $\Delta=0$,则有一个实数解;如果 $\Delta<0$,则没有实数解。

步骤 3 求方程的解。根据一元二次方程的求根公式,得到方程的两个解:

$$x=\frac{-b\pm\sqrt{b^2-4ac}}{2a}。$$

以上是解一元二次方程的一般步骤,其中涉及的推理、分析和数学运算都需要数学逻辑思维的支持。在实际解题过程中,还可能涉及化简、因式分解、配方法等具体技巧,这些都需要运用数学逻辑思维来寻找最优的解决方案。

总结起来,解代数方程的过程是一个充满逻辑推理和数学运算的过程,需要运用数学逻辑思维来分析问题、推导解答,并进行合理的计算和判断。此案例展示了数学逻辑思维在解决数学问题中的重要性和应用价值。

数学证明中的反证法:反证法是一种常用的数学证明方法,它通过假设结论不成立来推导出与已知条件矛盾的结论,从而得出结论成立的论断。在使用反证法时,逻辑思维起到了至关重要的作用,确保推理的准确性和逻辑的严密性。比如,假设需要证明一个命题 p 是真的,但无法直接给出证明。可以运用反证法,即假设 p 是假的,然后通过逻辑推理分析这个假设的结果矛盾或不符合已知事实,从而推断出 p 必然为真。

下面反证法的案例体现了逻辑思维的应用。

案例 4-4 如果整数 m^2 是偶数,则整数 m 也是偶数

数学反证法是一种证明方法,它基于逻辑思维和推理。下面是一例数学反证法的应用。证明命题:如果一个整数的平方是偶数,则这个整数本身也是偶数。

步骤 1 假设相反的结论。假设存在一个整数 n 的平方为偶数,但 n 是奇数。即假设存在整数 n,使得 n^2 是偶数,但 n 是奇数。

步骤 2 根据假设推导结论。根据奇数和偶数的性质,可以知道奇数的平方仍然是奇数,即 $(2k+1)^2=4k^2+4k+1$,其中 k 是整数。

步骤 3 分析存在矛盾的结论。根据假设条件,n 是奇数,那么可以将 n 表示为 $n=2k+1$,其中 n 是整数。将假设条件代入 n 的平方,得到 $(2k+1)^2=4k^2+4k+1$。

然而,根据推导得到的 n^2 的表达式,可以看出 n^2 是奇数,与假设条件中 n^2 为偶数相矛盾。

步骤 4 得出正确的结论。若一个整数的平方是偶数,则这个整数本身也是偶数。

通过反证法,假设了一个否定命题的情况,并通过逻辑推理分析,发现这个假设会导致矛盾。因此,可以推断出原命题必然为真。此案例展示了数学反证法的应用。它通过构建假设,并通过逻辑推理和对已知事实的分析,从而推导出一个正确的结论。数学反证法在解决问题时常被用于证明各种命题,尤其是问题的唯一性、不存在性或特殊性质等。

此案例突显了数学逻辑思维在数学问题解决过程中的重要性。逻辑思维能够帮助学生分析问题、构建证明步骤、推导出结论,并确保数学推理的合理性和准确性。通过实际应用逻辑思维,让学生能够更好地理解和运用数学知识,提高解决复杂数学问题的能力。

2. 抽象思维

抽象思维是将具体问题和情境转化为抽象概念和符号表示的能力。学生需要能够抽象地看待数学问题,将其与不同情境和领域进行联系和应用。

数学抽象思维是指将具体的数学问题、概念或对象转化为抽象的符号、概念或模型,并通过对其特性和关系的推理和分析来解决问题。下面是一些常见的数学抽象思维分类及其相应的案例分析说明。

符号抽象:这种思维方式将实际问题中的对象或概念用符号表示。比如,在代数中,使用字母表示未知数或变量,以及使用数学符号表示运算关系和操作。比如,解方程时,将未知数用字母表示(如 x、y),将方程中的关系用等式或不等式表示,并运用代数运算将问题转化为求解方程的过程。

在数学抽象思维中,符号抽象是一个重要的概念。案例 4-5 展示了符号抽象在数学问题中的应用。

案例 4-5　水果的分配方法

有 3 个苹果和 4 个橙子,现在需要将它们都放入两个篮子中,每个篮子至少要有一个水果。问有多少种不同的分配方法?

步骤 1　建立符号系统表示问题。通过数学抽象思维,建立一个符号系统来表示这个问题。假设用字母 A 表示苹果,用字母 O 表示橙子,那么问题可以表示为一个字符串"AAAOOOO"。接着需要将这个字符串划分成两个部分,其中一部分表示一个篮子的水果数量,另一部分表示另一个篮子的水果数量。

比如,字符串"AAAOOOO"可以划分为"AAA|OOOO",表示第一个篮子中有 3 个苹果,第二个篮子中有 4 个橙子;也可以划分为"AA|AOOOO",表示第一个篮子中有 2 个苹果,第二个篮子中有 5 个水果。

步骤 2　根据分析找出问题类型。首先,在两个篮子中放入 1 个苹果和 1 个橙子不同的方式是一个简单的排列问题,有 2 种不同的放置方式。然后,通过进一步的分析可以发现这个问题实际上是一个组合问题,即从剩下 5 个水果中选出 2 个水果的组合方式。根据组合数学的知识,可以计算出这个问题的解为 $2C_5^2 = 20$,即有 20 种不同的分配方法。

在这个案例中,数学抽象思维的应用是将具体的问题转化为符号系统,并通过对符号系统的分析和推理得出解决方案。通过抽象,可以从具体情境中提取出数学结构和关系,从而忽略无关因素,简化问题的复杂性。这种能力使得能够将问题归纳为一般规律,寻找通用解决方法,并将其应用到更广泛的问题领域中。

模型抽象这种思维方式将实际问题中的对象或情境抽象成数学模型。数学模型抽象是将实际问题中的对象、情境或现象转化为数学模型的思维方式,是对实际问题的简化和形式化描述,通常利用数学语言和表达式来表示。比如,在物理学中,使用数学模型来描述物体的运动,如通过建立速度、加速度和时间的数学公式和方程来分析物体在运动中的位置。

案例 4-6 体现了数学抽象思维的应用。

案例 4-6　购物优惠策略

假设某个商店进行了一项购物优惠活动,满足以下条件:如果消费金额达到 100 元及以上,可以享受 8 折优惠;如果消费金额达到 200 元及以上,可以享受 7 折优惠。

可以使用数学模型来描述这个购物优惠策略。

步骤 1 将问题抽象。将问题中的关键信息进行抽象,如消费金额、优惠折扣等。将消费金额表示为 x 元,将优惠后的实际支付金额表示为 y 元。

步骤 2 建立分段函数模型。根据题目要求和条件,可以建立以下数学模型:

当 $x<100$ 时,$y=x$(没有优惠);

当 $100 \leqslant x<200$ 时,$y=0.8x$(享受 8 折优惠);

当 $x \geqslant 200$ 时,$y=0.7x$(享受 7 折优惠)。

使用数学模型进行分析。通过数学模型,可以计算在不同消费金额下的实际支付金额。比如,如果消费金额为 120 元,根据模型计算可得实际支付金额为 $0.8 \times 120=96$ 元。

步骤 2 验证分段函数模型。使用数学模型计算得到的实际支付金额可以与实际情况进行比较,以验证模型的准确性。比如,如果消费金额为 150 元,根据模型计算得到实际支付金额为 $0.8 \times 150=120$ 元,而实际情况也符合此结果。

通过建立数学模型,将购物优惠策略中的实际情境和对象抽象化为数学表达式和模型,以便进行分析、计算和预测。数学模型抽象能帮助更好地理解问题的本质、解决复杂的实际问题,并提供定量的预测和指导。

概念抽象这种思维方式将实际问题中的对象或现象抽象为数学概念。数学概念是从多个具体对象或情境中提炼出的共同特征和规律。比如,在几何学中,将不同形状的图形抽象为几何概念,如点、线、面,以及圆、三角形、正方形等。通过分析这些概念的性质和关系,推导出几何定理和推论。

案例 4-7 体现了数学抽象思维的应用。

案例 4-7 证明三角形的内角和等于 180°

证明三角形的内角和等于 180° 的抽象思维的步骤如下。

步骤 1 观察问题并形成假设。通过观察,发现三角形的内角和似乎有一个固定的特性,即无论三角形的形状如何,其内角和始终等于 180°。

步骤 2 抽象化。为了更好地理解和分析这个问题,可以使用符号和变量来表示三角形的内角,并将问题抽象化。假设三角形的三个内角分别为 A、B、C,则根据题目要求,目标是证明 $A+B+C=180°$。

步骤 3 运用已知事实和定理。借助已知的几何定理和事实,可以进行推理和分析。比如,已知直角三角形的两个内角和等于 90°,平行线与横穿它们的第三条线所形成的内角和为 180° 等。

步骤 4 推导和证明。通过逻辑推理和推导,可以运用这些已知事实和定理来证明三角形的内角和等于 180°。可以使用各种几何定理,如三角形的补角定理、平行线与横穿线定理等,利用这些定理和已知事实来推导出 $A+B+C=180°$。

步骤 5　总结和验证。当通过逻辑推理和推导证明出 $A+B+C=180°$,可以总结并验证了原来的假设,即三角形的内角和等于 $180°$。

通过抽象思维,将具体的几何图形和问题转化为符号和变量的抽象表示,利用已知事实和定理进行推理和分析,最终得到了对问题的解答。这个案例展示了数学抽象思维的应用,它通过将问题抽象化、运用符号和变量、利用已知事实和定理进行推理,从而解决了一个几何问题。在数学中,抽象思维是理解和掌握数学概念、定理和问题的重要工具之一。

抽象推理这种思维方式通过逻辑推理和推导,从已知事实和条件中得出新的结论。它基于数学的逻辑、推理和证明方法进行分析和推断。比如,利用演绎推理,从已知的数学公理和定理出发,逐步推导出更具体的结论。又如,从"所有 A 是 B"和"某个对象是 A"这两个前提出发,利用演绎推理可以得出结论"这个对象是 B"。

案例 4-8 体现了数学抽象思维的应用。

案例 4-8　证明奇数与奇数的和为偶数

假设已知以下条件:

已知 a 和 b 是奇数,证明 $a+b$ 是偶数。通过数学抽象推理的步骤如下。

步骤 1　提取已知条件。根据已知条件,知道 a 和 b 都是奇数,即存在整数 k 和 m,使得 $a=2k+1,b=2m+1$。

步骤 2　使用推理链和代数运算。可以利用推理链和代数运算来推导结论。

步骤 3　推理链。根据已知条件,可以推导出两个结论:

$a+b=(2k+1)+(2m+1)=2(k+m+1)$,其中 $k+m+1$ 是整数;

偶数加偶数等于偶数,即 $2(k+m+1)$ 是偶数。

结论:根据推导的结果,可以得出结论:奇数与奇数的和一定是偶数。

通过数学抽象推理,基于已知的条件和运用逻辑推理,从而得出新的结论。在这个案例中,利用了已知奇数的性质和代数运算,通过推理得出了奇数与奇数的和一定是偶数。这个案例展示了数学抽象推理在证明数学命题时的应用,它能够帮助学生从已知事实和条件中推导出新的数学结论。

当涉及数学抽象推理时,可以采用数学归纳法、推理链、反证法、构造证明等基本方法。在推理链中,使用已知的事实和逻辑关系建立一个由命题组成的链条,以推导出一个新的结论。比如,假设知道命题 A→B,并且命题 B→C 成立,就可以通过推理链得出结论 A→C。

数学归纳法是一种用于证明数学命题的重要推理方法。它基于两个基本步骤:首先,证明命题在某个特定情况下成立;然后,假设命题在某个特定情况下成立,并根据这个假设证明命题在下一个情况下也成立。比如,通过使用数学归纳法,可以证明自然数的等差数列和公式 $S_n = \dfrac{n(n+1)}{2}$（其中 nx 是首项,1 是末项,n 是项数）的正确性。

反证法是一种常见的数学推理方法,用于证明某个命题或结论的唯一性。它的推理过程是通过假设命题为假,然后通过逻辑推理来获取与已知事实或假设相矛盾的结论,从而证明命题为真。如要证明一个整数平方根的平方是非整数,可以采用反证法。

构造证明是一种通过明确地给出一个解决方案来证明命题的方法。在数学中,通常使用构造证明来证明存在性问题或存在性定理。比如,要证明存在两个互质的整数,可以通过构造出这样一对互质整数证明其存在性。

以上是一些常见的数学抽象推理的方法。这些推理方法在数学领域中被广泛应用,能够帮助学生理解和证明数学命题、定理和结论。数学抽象推理的核心是运用逻辑推理和已知事实进行分析和推导,以得出正确的结论,进而解决实际问题。

这些分类仅仅是常用的数学抽象思维,实际上数学抽象思维还可以涉及其他各种方面和形式,它在许多数学分支中都起着重要作用,如代数、几何、概率论等。它可以帮助学生建立数学模型、推导定理、解决问题,并促进了数学的发展和应用。数学抽象思维的应用也能够帮助学生理解和解决复杂的数学问题,并培养他们的逻辑推理能力和创造力。

3. 创造性思维

数学核心素养中的创造性思维是指运用独立、灵活和创新的思维方式来解决数学问题,发现新的数学模式、规律和解决方法。创造性思维是在解决问题中提出新颖、独特和富有创造性的想法和解决方案的能力,它涉及问题的重新构思、探索新的可能性和寻找创新解决方案。学生需要发展创造性思维,通过多种途径和方法来解决复杂的数学问题。以下概述了数学核心素养中创造性思维的分类和案例分析说明。

创新性问题解决:这种创造性思维涉及解决那些没有固定方法或标准答案的问题。它要求学生具备独立思考、灵活运用数学知识和技巧的能力,以创新的方式解决问题。比如,在一个数学竞赛中,给出一道具有挑战性的问题,学生需要通过自己的创新思维来找到解决方案。

案例 4-9 体现了创造性思维的应用。

案例 4-9　正方形分割成三角形和四边形的边长之比

有一块正方形薄片,边长为 1,要将其分割成无限多个三角形和四边形。其中,每个三角形的两个边长之比相同,并且每个四边形的对角线之比也相同。求这两个比的值。

步骤 1 假设三角形和四边形的边长之比。假设正方形薄片被分割成三角形和四边形,并且每个三角形的两条边长之比为 x,每个四边形的对角线之比为 y。

对于每个三角形,可以将其分割成两个直角三角形,通过观察,可以发现直角三角形的两条直角边长之比等于 x。

对于每个四边形,可以将其分割成两个直角三角形,通过观察,可以发现直角三角形的两条非直角边长之比等于 y。

步骤 2 求三角形和四边形的边长之比。现在需要找到 x 和 y 的具体值,使得上述条件满足。

考虑一个特殊情况,当正方形薄片被分割成一个等腰直角三角形和一个直角三角形。在这种情况下,等腰直角三角形的两条直角边长之比为 x,而直角三角形的两条非直角边长之比为 y。

根据勾股定理,可以得到等腰直角三角形的两条直角边分别为 $\frac{1}{2}$ 和 $\frac{1}{2}$,而直角三角形的两条非直角边分别为 $\frac{1}{2}$ 和 1。

通过比较长度可以得到:$x=\frac{1}{2} \div \frac{1}{2}=1$,$x=\frac{1}{2} \div 1=\frac{1}{2}$。

因此,解答为:每个三角形的两条边长之比为 1,每个四边形的对角线之比为 $\frac{1}{2}$。

通过创新性思维,可以将问题进行抽象,并通过观察和推导推断出等腰直角三角形和直角三角形的特殊情况。然后,在这个特殊情况下,利用已知条件得出了 x 和 y 的具体值。这个案例展示了数学创新性问题解决中的创造性思维,通过重新构思问题和推导得出新的结论。

寻找模式和规律:这种创造性思维涉及发现数学中的模式和规律,并运用它们来解决问题,它是一种常见的方法。寻找模式和规律这种方法可以帮助学生发现数学问题中隐藏的结构和关系,从而促进新的想法和解决方案的产生。学生需要培养观察力、归纳推理和模式识别的能力,从数据或问题中发现隐藏的模式和规律。比如,学生可以通过观察数列的递增规律或图形的对称性来推导出一般性的规律。

案例 4-10 是寻找模式和规律的案例。

案例 4-10 斐波那契数列

斐波那契数列是一个经典的数学序列,每个数字都是前两个数字的和。通过观察数列中的模式和规律,可以发现它的黄金比例特性和一些有趣的性质,如近似黄金比例的比值、平方和的关系等。

斐波那契数列是一个经典的数学模型,它由以下递归关系定义:

$F(0)=0$;

$F(1)=1$;

$F(n)=F(n-1)+F(n-2)$;

根据上述定义,斐波那契数列的前几个数字是:$0,1,1,2,\cdots,5,8,3,21,\cdots$

斐波那契数列模型可以被用于多种实际问题中,比如,斐波那契数列应用于金融领域,如股市分析和投资策略。一些技术指标,如斐波那契回调和扩展,利用斐波那契数列的比值关系来预测价格的反弹和延伸。又如,斐波那契数列被认为是一种具有美学和艺术价值的模型。许多艺术作品、建筑设计以及音乐中都蕴含了斐波那契数列的比例关系,这被认为是一种令人愉悦和谐的视觉或听觉效果。斐波那契数列模型是一种广泛应用于不同领域的数学模型。它的递归定义和特殊比例关系使其成为研究和应用的对象,并为解决各种实际问题提供了有用的思路。

这个案例展示了数学创造性思维中寻找模式和规律的重要性。通过观察、归纳和推理,学生可以发现隐藏在数学问题中的结构和关系,并进一步产生新的想法和解决方案。在数学中,推导一个公式是一种寻找模式和规律的过程。通过观察问题中的特殊情况、尝试不同的数值、列举数据表格等方法,可以帮助人们发现公式中的模式和规律,进而推导出整个公式。

探索性学习:这种创造性思维涉及通过探索和实践来发现数学概念和性质,并掌握它们的应用。学生需要具备自主学习和探索的能力,通过尝试、发现和验证来理解和掌握数学概念。如学生可以通过构建几何图形、探索数学游戏或进行实际问题建模来发现数学的实际应用和深入理解概念。

在数学创造性思维中,探索性学习是一种重要的方法。通过主动地提出问题、探索不同的途径和方法,人们可以发现新的数学概念、结论和解决方案。

案例 4-11 是探索性学习的案例。

案例 4-11 正弦函数的图像

正弦函数的图像是数学中一个非常重要且有趣的概念。通过探索性学习,可以发现正弦函数图像的特点、性质和变化规律。探究的具体步骤如下。

步骤 1 绘制正弦函数图像。可以通过计算一系列 x 值对应的正弦函数值,然后将这些点连线,得到正弦函数的图像。可以选择不同的 x 值范围和步长,观察图像的形状和变化,感受数学图形的韵律之美。

步骤 2 改变振幅和周期。通过调整正弦函数的振幅和周期,可以探索对图像的影响。观察振幅增加或减小时,正弦函数图像的伸缩变化;调整周期时,正弦函数图像的压缩或拉伸变化。可以进行多组实验,记录下观察到的规律和关系。

步骤 3　观察相位差。正弦函数的相位差是指在 x 轴方向上的平移量。通过改变相位差,可以观察到正弦函数图像的水平平移。可以选择不同的相位差值,并观察图像的变化。注意到相位差的不同取值会导致图像在 x 轴上的平移,进而深刻理解正弦函数的动态特性。

步骤 4　进行实际应用。正弦函数在自然界和工程应用中具有广泛的应用。通过探索性学习,可以将正弦函数的图像与具体问题联系起来。比如,探讨正弦函数在声波、振动等领域中的应用,并与图像进行对比和分析。

通过探索正弦函数的图像,学生可以深入理解正弦函数的特性和变化规律。在探索性学习的过程中,学生可以提出问题、观察现象、分析规律,加深对数学概念的理解,从而培养他们的数学创造性思维和探索性学习的能力。

创造性构造图形和模型:通过构造图形和模型,人们可以探索数学问题中的关系和性质。比如,在奇函数和偶函数图像特征时,可以通过构造不同奇函数和偶函数来观察它们的图像变化规律。

案例 4-12 是创造性构造图形和模型的案例。

案例 4-12　奇函数和偶函数图形的构造

在数学中,奇函数和偶函数是两种特殊的函数类型。奇函数关于原点对称,即 $f(-x)=-f(x)$;而偶函数关于 y 轴对称,即 $f(-x)=f(x)$。以下是展示创造性地构造奇函数和偶函数的图形的具体步骤:

步骤 1　奇偶函数的构造。选择构造一个以原点为对称中心的奇函数。一种典型的奇函数是正弦函数。你可以绘制正弦函数的图像,通过绘制负半轴的景象来展示其奇函数的性质。可以使用不同颜色的线条或填充突出正弦函数的图像,确保在原点处的对称性得到清晰的展示。

选择构造一个关于 y 轴对称的偶函数。一个典型的偶函数是余弦函数。可以绘制余弦函数的图像,通过绘制 y 轴的景象来展示其偶函数的性质。同样,使用不同颜色的线条或填充来突出余弦函数的图像,并确保 y 轴上的对称性得到准确的体现。

步骤 2　组合奇偶函数。可以创造性地将奇函数和偶函数组合在一起,以创建更复杂的函数图形。比如,可以考虑绘制一个既具有奇函数性质又具有偶函数性质的复合函数。这可以通过将奇函数和偶函数的图像进行组合、错位或重叠来实现。

步骤 3　给定条件下的构造。可以尝试在给定条件下构造奇函数和偶函数的图形,以展示不同情况下的创新性构造。比如,通过限制函数的定义域、引入额外的对称性或添加非线性变换等方法来创建特定条件下的奇函数和偶函数的图形。

通过创造性构造奇函数和偶函数的图形,可以帮助学生更好地理解奇偶函数的性质,并培养创造性思维和图像化数学思维。在设计图形时,要注意使用适当的颜色、线条和填充等视觉元素,确保图形清晰、易读且符合数学性质。

这个案例突出了数学创造性思维中探索性学习的重要性。通过主动地提出问题、尝试不同的途径和方法,学生可以深入理解数学的本质并拓展数学的应用领域。探索性学习激发了创造力和创新性思维,在数学领域中产生了许多重要的发现和突破。

创造性表达和交流。这种创造性思维,涉及将数学思想和解决方案以创新的方式表达和交流。学生需要培养有效的沟通和表达能力,能够用清晰、准确和富有创意的方式传达数学思想和解题过程。比如,学生可以运用图表、图像或故事来解释数学问题的解决过程,展示他们的创造性思维。

案例 4-13 是创造性表达和交流的案例。

案例 4-13　余弦函数的周期性

选择以余弦函数的周期性为主题的信息图表,以下是创新表达数学思想和解决方案的具体步骤。

步骤 1　背景色彩设计。使用渐变的蓝色背景色彩,从深蓝色逐渐转变为浅蓝色,以营造渐进性和流动感。

步骤 2　图表形状。绘制一个平滑的曲线图表,以表达余弦函数图像的周期性。曲线的起点为原点,逐渐上升并下降,再回到原点,然后重复这个周期。

步骤 3　绘制坐标轴。绘制 x 和 y 轴,通过直线和刻度标记来表示数值和单位。可以使用不同颜色的线条来区分坐标轴和曲线,以增强视觉层次感。

步骤 4　添加标题和标签。添加标题,如"余弦函数的周期性"。在图表上方添加 x 轴和 y 轴的标签,并标注余弦函数的数学表达式。

步骤 5　强调周期性。使用重复的几何形状(如圆、波浪线等)来突出强调周期性。这些几何形状可以嵌入在曲线图表中,或者放置在图表周围以增加视觉效果。

步骤 6　设置字体和图标。选择适合主题的字体和图标,以增强整体的视觉效果。比如,使用流畅和有弧度的字体,以及与三角函数相关的图标(如弧度符号、角度符号等),进一步丰富信息图表的表现力。

通过以上设计,信息图表突出了余弦函数的周期性特征。色彩、形状、线条和其他视觉元素有助于引起观众的注意力,并使其更直观地理解数学关系。重点在于使用这些视觉元素来呈现数学概念和关系的本质特征,使图表更富有创意和吸引力。

当然,在实际设计中可能需要考虑更多的细节和内容,以适应具体的需求和目标。但以上案例提供了一个基本的指引,帮助通过信息图表来表达数学关系,并通过视觉元素使其更加生动和易于理解。

此外,数学思想和解决方案可以通过故事的方式来表达,以增加感情和情节的吸引力,这样的表达方式能够激发学生学习数学的兴趣,使他们在阅读过程中更好地理解数学的应用;通过设计交互式演示,可以让观众亲身体验数学思想和解决方案,这种创新的表达方式能够提供更丰富、更实际的学习体验,激发学生自主学习和探索的欲望;通过制作数学模型或玩具,可以将抽象的数学概念转化为可触摸和可视的形式,这样的创新表达方式能够帮助学生以更直观、更有趣的方式理解和应用数学思想。

总之,这些案例展示了数学创造性思维中将数学思想和解决方案以创新的方式表达的方法。通过运用艺术、故事、交互式演示或制作模型等创新表达方式,可以使数学更具吸引力和可理解性,激发人们对数学的兴趣并培养创造性思维。

综上所述,这些分类展示了数学核心素养中创造性思维的不同方面和应用方式。创造性思维在数学学习中扮演着重要的角色,培养学生的创新能力和创造性思维是提高数学素养和解决实际问题的关键。

4. 批判性思维

在数学核心素养中,批判性思维是一项重要的技能。批判性思维是对已有知识、结论和方法进行评估和判断的能力。它涉及对问题和解决方案的分析、评估和推理,以产生合理的判断和决策。学生需要有辨别和评估数学推理和解决方案的能力,从而提出合理的质疑和改进。以下是对数学核心素养中批判性思维的一些常见分类。

分析和解读应用批判性思维。首先要求学生能够分析和解读数学问题。这包括识别问题的关键要素,从复杂的问题中提取出关键信息,理解和解释数学概念和表达式。数学批判性思维的分析和解读涉及对问题和信息的深入分析和理解。

案例 4-14 是分析和解读案例。

案例 4-14 某班男生和女生的人数

某班级中,男生和女生的人数比例为 3∶5,班级总人数为 80 人。问男生和女生各有多少人?

以求某班级男生和女生的人数为主题,以下是一个关于数学批判性思维分析和解读的具体步骤。

步骤 1 分析关键信息。需要识别并分析问题陈述中的关键信息。问题提到男生和女生的人数比例为 3∶5,班级总人数为 80 人。

步骤 2 解读关系和条件。根据问题,可以推断出男生和女生人数之间的比例关系。由于男生和女生人数比例为 3∶5,可以设男生人数为 $3x$,女生人数为 $5x$,

这里的 x 是一个未知数。

步骤 3　建立方程。根据已经设定的比例关系,可以建立一个方程来解决问题。男生人数与女生人数之和应该等于班级总人数 80,即 $3x+5x=80$。

步骤 4　解方程。使用代数方法来解决这个方程,并求解未知数 x 的值。将方程 $3x+5x=80$ 化简得 $8x=80$,然后除以 8 得到 $x=10$。

步骤 5　解释和回答问题。根据已经求解出的 x 值,可以得到男生人数为 $3x=3\times10=30$ 人,女生人数为 $5x=5\times10=50$ 人。

通过对问题陈述进行仔细地分析和解读,能够更好地理解问题的条件和要求,并利用数学方法进行求解。这种分析和解读的过程帮助学生识别关键信息、建立适当的数学模型,并最终回答问题。此案例示范了数学批判性思维在分析和解读问题时的重要作用。

在数学中,批判性思维的评估和比较是指对不同的解决方案、方法或论证进行评估和比较,以确定其有效性和合理性。这包括比较不同解决方案的优缺点,评估论证的逻辑合理性,判断推理是否正确。

案例 4-15 是评估和比较的案例。

案例 4-15　计算几何图形的面积

假设学生学习了了不同的方法来计算几何图形的面积,包括长方形、三角形和圆形。学习任务是评估和比较这些方法,以确定它们的优缺点和适用情况。

以求几何图形的面积主题,以下是数学批判性思维评估和比较的具体步骤:

步骤 1　评估方法。对于每种面积计算方法,在给定的条件下进行评估。以下是一些可能的评估标准。

(1)准确性。每种方法的计算结果是否准确,是否存在近似误差或舍入误差?

(2)适用性。每种方法适用于哪些几何图形,是否存在某些图形类型无法应用的限制?

(3)简便性。每种方法的计算过程是否简单易懂,是否需要依赖复杂的数学技巧或公式推导?

(4)通用性。每种方法是否适用于不同大小和形状的图形,是否存在特殊情况或限制条件?

步骤 2　比较方法。根据评估结果,进行各种方法之间的比较。以下是一些可能的比较方面。

(1)准确性 vs 简便性。某些方法可能更准确,但计算过程更复杂;而其他方法可能简单易懂,但在精确度上有一定限制。

(2)适用性 vs 通用性。某些方法适用于特定图形类型,但不适用于其他类型;而其他方法可能更通用,适用于各种图形。

（3）效率 vs 精度。某些方法可能计算速度快，但在精度方面有一定损失；而其他方法可能更精确，但计算时间较长。

步骤 3　得出结论。基于评估和比较的结果，得出结论并作出决策。你可以回答以下问题。

（1）对于不同类型的几何图形，哪种方法更适合？

（2）在特定情况下，优先考虑哪种方法？

（3）是否有必要根据具体需求综合使用多种方法？

通过评估和比较几何图形的面积计算方法，学生能够确定每种方法的优势和限制，并据此做出适当的选择。这种批判性思维的评估和比较过程有助于你理解和应用不同方法的优点和局限性，并提高解决问题的灵活性和准确性。

数学批判性思维的推理和推断是指通过分析问题、评估证据和进行逻辑推理来解决数学问题或探索数学概念的过程。批判性思维需要能够进行逻辑推理和推断，从已知信息中得出合理的结论。这包括使用归纳和演绎推理，运用条件和定理进行推断，进行反证法和推理链的构建。

案例 4-16 是推理和推断的案例体现了批判性思维的应用。

案例 4-16　推理和判断数列

假设有数列：$2,5,8,11,14,\cdots$，通过观察这个数列，使用数学批判性思维进行推理和推断。

以观察已知数列为主题，以下是一个关于数学批判性思维推理和推断的具体步骤：

步骤 1　观察数列中的数字差异。可以发现每个数字之间的差异是 3，也就是说，每个数字都比前一个数字增加了 3。根据这个模式，学生可以预测下一个数字将是 17。

步骤 2　检查推测的正确性。可以继续计算数列中的下一个数字来验证以上推测。$14+3=17$，结果与我们的推测一致。

步骤 3　推断结论。基于观察到的模式和推理，可以得出结论：给定的数列是以 3 为公差的等差数列。

在这个案例中，数学批判性思维涉及观察、推理和推断。通过仔细观察数列中的数字差异，能够推断出规律，并使用该规律来预测下一个数字。然后，通过计算验证了之前的推测，从而使学生对数列的特征有了更深入的理解。

批判性思维在解决数学问题和做出决策时也起着关键作用。这包括能够提出合适的问题，制订解决方案的计划，评估可能的结果和选择最佳解决方案。数学批判性思维在问题解决和决策过程中发挥着关键作用。

案例 4-17 是问题解决和决策的案例。

案例 4-17　购买电视机的决策

假设需要购买一台新的电视,然而预算有限。在多个商店看到了众多品牌和型号的电视,并且它们在价格、尺寸和功能上各有千秋。

以购买电视机的决策为主题,以下是关于运用数学批判性思维问题的解决和决策的具体步骤:

步骤1　分析需求。需要明确自己的需求,比如电视的尺寸、分辨率、显示技术等。这涉及对不同电视规格和功能的了解和评估。

步骤2　收集信息。通过研究不同品牌和型号的电视,查看产品规格和用户评价,以及比较各个商店的价格和促销活动,收集尽可能多的信息其目的是为决策提供全面的数据支持。

步骤3　评估选项。根据收集到的信息,利用批判性思维评估不同的电视选项。考虑价格、功能、质量等因素,并将它们与人的需求相匹配。

步骤4　购买决策。基于评估的结果和个人偏好,做出决策选择最适合你需求的电视。这可能涉及权衡不同因素,如性能、价格和品牌信誉以及售后服务等。

在这个案例中,数学批判性思维帮助你分析和理解不同电视选项的特征,并评估它们与你需求的匹配程度。通过收集信息、比较和权衡不同因素,你能够做出理性的决策,选择最合适的电视购买。

需要说明的是,尽管这个案例中涉及价格和数值,但数学批判性思维并不仅限于纯粹的数学问题,它可以应用于各种问题解决和决策的情境。

批判性思维涉及对自己的思维过程进行反思和评估,以提高解决问题的效果。这包括识别自己的思维偏见和错误,认识到自己的认知局限性,并寻找改进思维方式的方法。数学批判性思维不仅涉及问题解决和推理推断,还包括对自身思维过程的反思和元认知能力的提升。

案例 4-18 是反思和元认知的案例。

案例 4-18　解决复杂的数学问题

假设在解决一个复杂的数学问题,但遇到了困难。

以解决复杂的数学问题为主题,以下是一个关于数学批判性思维反思和元认知的具体步骤如下。

步骤1　反思。主要表现在以下几个方面。

(1)意识到挑战。首先,意识到自己在解决问题时遇到了难题或困难。你注意到自己感到困惑、迷茫或无法找到解决方案。这就是一个明确的信号。

(2)分析思维过程。接下来,开始反思自己的思维过程。思考自己是如何尝试解决问题的,是否遇到了错误或误导的想法,以及哪些方面需要进一步地思考和理解。

（3）发现错误和改进。通过反思，可能会发现自己在问题解决过程中犯了一些错误或存在一些偏见。客观评估自己的推理和推断是否合理，并检查思维中的逻辑漏洞或潜在的错误假设。然后，纠正错误，调整思路，或寻找新的方法和策略。

步骤 2　元认知。主要表现在以下几个方面。

（1）监控自己的思维。在问题解决过程中，开始监控和观察自己的思维过程。意识到自己是如何思考和推理的，以及哪些策略或方法对自己有效。

（2）调整策略和方法。基于元认知的观察和评估，可能会决定调整自己的策略和方法。可以尝试新的思维技巧、采取不同的路径或使用其他解决问题的方法，以期达到更好的效果。

（3）提高思维效果。通过元认知，可以让自己的思维过程更加高效和有效。可以通过提升自己的注意力、集中力和灵活性，并采取措施来提高自己的数学批判性思维能力。

在这个案例中，数学批判性思维的反思和元认知涉及对自己思维过程的观察、分析和调整。通过反思和元认知，学生能够识别思维中的错误和偏见，并进行必要的改进和调整，以提高自己的数学问题解决能力。

这些分类强调了批判性思维在数学核心素养中的重要性。能够运用分析、评估、推理和反思等技能，可以帮助学生更准确地理解数学概念和解决问题，同时也培养了批判性思维的能力，进一步提高数学学习和应用的质量。

数学思维能力的培养需要通过多样化的数学学习和教学策略来实现。比如，引导学生进行探究性学习，让他们从事实、例子和问题中发现数学规律和原则；鼓励学生进行合作学习和讨论，促进彼此之间的思维碰撞和交流；提供具有挑战性的问题和项目，激发学生的创造性思维和解决问题的能力。通过培养数学思维能力，学生可以更好地理解数学的逻辑结构，应用数学知识解决实际问题，并在日常生活和职业发展中展示出创新、批判和深度思考的能力。

（二）数学知识和概念

数学核心素养的第二个方面是数学知识和概念，数学知识和概念是数学核心素养的重要组成部分。这包括数学基本知识、数学概念和数学原理的掌握。学生需要掌握数学的基础概念，如数字、代数、几何和统计等，以及数学的基本操作和计算技巧。他们还需要理解数学中的关键原理和定理，并能够将其应用于实际问题的解决中。数学核心素养中数学知识和概念可以通过以下措施来实现。

1. 数学知识

数学知识涵盖了广泛的领域，包括但不限于以下方面：

（1）数字与运算。涉及整数、分数、小数、百分数等数的表示、比较、计算和运算法则。以下是数学核心素养中数字与运算的常见类型。

加法:计算两个整数的和。比如,计算 $7+5$,将两个数相加,得到 12。

减法:计算两个小数的差。比如,计算 $9.8-3.2$,将被减数减去减数,得到 6.6。

乘法:计算两个分数的乘积。比如,计算 $\frac{2}{3}\times\frac{4}{5}$,将分子相乘得到新的分子,分母相乘得到新的分母,得到 $\frac{8}{15}$。

除法:计算两个小数的商。比如,计算 $7.5\div2.5$,将被除数除以除数,得到 3。

百分数:计算百分数的值。比如,计算 20% 相当于一个数的多少。将 20% 转化为小数,并乘以这个数,得到对应的值。

这些涉及了不同的数字与运算,从基本的加减乘除到百分数的计算。通过运用数学知识和概念,可以进行精确的数字计算,并应用于日常生活中的问题和情境。数学核心素养的发展将帮助学生掌握数字与运算的技巧,提高数学运算的准确性和效率,从而在各个领域中发挥重要作用。

(2) 代数与方程。包括代数表达式、方程、不等式、函数以及与之相关的变量、系数、因子等概念。以下是数学核心素养中代数与方程的参考举例。

解一元线性方程:考虑方程 $2x+3=7$,需要通过运用逆运算来解出 x 的值。首先,将 3 从方程两边减去,然后将结果除以 2,得到 $x=2$。

解二次方程:考虑方程 $x^2-5x+6=0$,可以使用因式分解或应用求根公式来找到 x 的解。通过因式分解,可以将方程写为 $(x-2)(x-3)=0$,因此 x 的值可以是 2 或 3。

解一元线性不等式:考虑不等式 $3x-5<10$,要解这个不等式,我们需要将不等式两边加上 5,并除以 3,以找出 x 的取值范围。结果是 $x<5$。

解一元分式方程:考虑方程 $\frac{2x+1}{x+3}=\frac{3}{4}$,需要通过交叉乘法或通分的方法来解出 x 的值。通过通分,可以得到 $8x+4=3x+9$,然后通过正常的代数运算得到 $x=1$,最后检验 $x=1$ 是方程的解。

这些类型展示了数学核心素养中代数与方程的应用。通过运用代数知识和技巧,可以解决包括一元线性方程、二次方程、不等式和分式方程在内的各种代数问题。这些技能对于解决实际问题、建立模型以及进行数学推理和论证都很重要,是数学核心素养的重要组成部分。

(3) 几何与空间。涉及平面几何和立体几何的基本概念,如点、直线、平面、角度、三角形、圆等,并探索它们之间的关系和性质。以下是数学核心素养中几何与空间的常见类型。

　　计算图形的面积:考虑一个矩形,长为 8 cm,宽为 5 cm。应用矩形的面积公式 $S=长×宽=8×5=40$,计算出这个矩形的面积为 40 cm²。

　　判断三角形的相似性:考虑两个三角形,其中一个三角形的边长分别为 3 cm、4 cm、5 cm,而另一个三角形的边长是原来三角形的两倍。可以通过比较两个三角形的边长关系来判断它们是否相似。

　　计算球体的体积:考虑一个半径为 6 cm 的球体,应用球体体积的公式 $V=\frac{3}{4}\pi r^3$,其中 π 是圆周率,约等于 3.14,计算出这个球体的体积约为 904.32 cm³。

　　探索平行线和交叉线的关系:通过绘制多边形和直线,可以观察直线是如何与平行线和交叉线相交的。进一步观察并推理,学生能够发现平行线之间的夹角是相等的。

　　这些类型展示了数学核心素养中几何与空间的应用。通过运用几何知识和技巧,学生能够计算图形的面积、判断三角形的相似性、计算球体的体积等,并探索几何形状和直线之间的关系。这些技能对于理解和分析空间形状、推导几何定理以及将几何应用于实际问题都非常重要。

　　(4) 数据与统计。涉及数据的收集、整理、呈现和分析,以及概率与统计的基本概念,如平均数、中位数、范围、概率等。以下是数学核心素养中数据与统计的常见类型。

　　数据收集与呈现:考虑对一个班级学生的身高进行调查,并将收集到的数据制作成柱状图或折线图来展示学生的身高分布情况。

　　平均数的计算:考虑对一组数据进行分析,如 10、12、15、18、20,可以计算这些数据的平均数(即总和除以数量)来了解数据的中心趋势。

　　中位数的确定:考虑对一组数据进行排序,如 5、7、8、9、12,可以找到中间的数值(中位数),在这个例子中,中位数为 8。

　　范围的计算:考虑一组数据的最大值和最小值,如 10、14、21、17,可以计算出数据的范围(即最大值减去最小值)为 11。

　　概率的计算:考虑一个掷骰子的情景,计算掷骰子得到一个特定数字的概率。比如,计算掷一次骰子得到 3 的概率为 $\frac{1}{6}$。

　　这些类型都展示了数学核心素养中数据与统计的应用。通过运用数据收集、呈现和分析的技巧,我们能够理解数据的分布、计算平均数和中位数、确定数据的范围,并计算事件的概率。这些技能对于数据分析、实验设计以及有效地利用统计信息都非常重要。

（5）函数与图像。具体包括函数的定义、图像的绘制、函数图像的性质和变化趋势等。以下是数学核心素养中函数与图像的常见类型。

绘制线性函数的图像：考虑函数 $y=2x+3$，在坐标系中绘制出该线性函数的图像。通过选择不同的 x 值，计算对应的 y 值，并将这些点连接起来，得到一条直线。

分析二次函数的图像：考虑函数 $y=x^2$，在坐标系中绘制出该二次函数的图像。观察并分析图像的形状、开口方向和顶点位置。

探索正弦函数的图像：考虑函数 $y=\sin x$，在坐标系中绘制出该正弦函数的图像。观察并分析图像的周期性、振幅和波动特征。

研究指数函数的图像：考虑函数 $y=2^x$，在坐标系中绘制出该指数函数的图像。观察并分析图像的增长速度、上升趋势和渐进线。

绘制离散函数的图像：考虑一个离散函数，如 $f(x)=\{1,3,5,2\}$，在坐标系中绘制出该函数的图像。将每个定义域值与对应的值连接起来，形成离散的数据点。

这些类型展示了数学核心素养中函数与图像的应用。通过观察、分析和绘制函数的图像，我们可以理解函数的特征、形状和变化趋势。这有助于在实际问题中使用函数模型进行预测、优化和解释。同时，通过探索不同类型的函数图像，能够培养对数学概念和关系的直观理解和感知。

除了数学的基本知识，数学核心素养还包括对概念的理解和应用能力。这涉及运用数学知识进行问题解决、推理和论证，以及将数学应用于实际生活和其他学科领域中。数学核心素养的培养旨在提高学习者基本的数学思维能力、解决问题的能力和扩展数学知识的能力。这有助于学生发展数学素养，培养他们的逻辑思维、分析思考和创造性问题解决能力。

（三）实践和应用

数学核心素养强调将数学知识和概念应用于实际问题解决和现实生活中的情境，实践和应用是数学核心素养的关键组成部分。数学核心素养的培养还需要注重实践和应用，学生需要有机会将所学的数学知识和技能应用于实际情境中，解决真实的问题。这样可以帮助学生理解数学的意义和应用，并将其与其他学科和现实生活相连接起来。数学核心素养中实践和应用策略可通过以下措施来实现。

1. 数学教学实践

实践是数学核心素养的重要组成部分，它包括将数学知识和概念应用于实际问题中。通过实践，学生能够亲身经历数学在实际中的运用和价值。这包括进行数学实验、观察和测量，以及解决实际问题和情境中的数学挑战。实践能够帮助学生探索数学的应用和发现数学的重要性。以下项目展示了如何通过数学教学实践培养数学核心素养。

（1）预算管理。数学核心素养使学生能够制定和管理个人或家庭的预算。通过计算收入、支出和储蓄，可以合理规划财务，并做出理性的决策。

（2）量化数据。数学核心素养使学生能够获取、分析和解释数据。在商业决策、科学研究和社会科学领域，量化数据对于问题解决和决策至关重要。通过应用统计学和概率论等数学工具，可以从数据中提取有用的信息。

（3）时间管理。数学核心素养帮助学生有效管理时间。通过制订计划和时间表，可以合理安排任务和活动，提高效率和生产力。

（4）测量和单位转换。数学核心素养使学生能够进行测量和单位转换。在日常生活中，经常需要测量长度、重量、时间等物理量，并进行不同单位之间的转换。

（5）投资和利息计算。数学核心素养使学生能够理解和计算投资和利息。通过应用基本的利息计算公式，可以评估投资回报率和财务风险。

这些项目展示了数学教学实践在数学核心素养中的重要性，它们帮助教师将数学知识应用于实际生活中，提高学生的决策能力和问题解决能力。

2. 数学知识应用

应用数学知识和概念是将数学运用到实际问题中的能力。这包括将数学模型应用于实际情境、解决实际问题，并从数学的角度分析和解释现实世界的现象。应用数学需要将数学与其他领域（如科学、工程、经济等）的知识结合起来，以实现具体的目标和解决实际的挑战。在数学核心素养的培养过程中，数学知识的应用广泛涉及各个领域和其他科学。以下项目展示了如何通过数学知识应用培养数学核心素养。

（1）财务规划。通过应用数学知识，可以在个人和商业财务规划中做出更明智的决策。如计算贷款利率、投资回报率或者计划退休储蓄。

（2）统计分析。数学知识在统计学中具有重要意义。通过这些知识，可以收集、整理和解释数据，从而得出有关模式、趋势和关联性的信息。这对于市场调研、社会科学研究和决策制订都非常重要。

（3）工程设计。在工程领域，数学知识的应用非常广泛。比如，在建筑设计中，使用几何知识来计算结构的稳定性和安全性；在电气工程中，应用数学模型来优化电力系统的效率。这些都是数学在工程领域不可或缺的应用。

（4）生命科学研究。数学知识在生命科学研究中也起着重要作用。比如，基因组学中的序列分析、药物疗效的数学模型和生态系统的数学建模等领域都需要运用数学知识。

（5）金融风险管理。数学知识在金融领域中的应用也非常重要。金融机构利用数学模型来评估和管理金融风险，如通过收益率的统计分析来预测股市的波动。

因此,数学为金融稳定提供了坚实的保障。

通过以上项目只体现了数学知识应用的一小部分,说明了数学核心素养对各个领域的重要性。通过运用数学知识解决实际问题,学生可以更好地理解和解决复杂的现实世界挑战,并更智慧地创造未来。

总之,数学核心素养中的实践和应用有助于培养学生的数学思维和创新能力,使他们能够将数学应用于实际情境中,解决复杂问题,并形成数学的全面理解和使用能力。同时,实践和应用还有助于增强学生的信息收集和处理能力,培养他们的批判性思维和创造性解决问题的能力。通过实际实践和应用,学生能够更好地理解和欣赏数学的价值,并将其运用到日常生活和职业发展中。

（四）沟通和合作

沟通和合作是数学核心素养中不可或缺的组成部分,它们在数学学习和问题解决过程中起着重要的作用。培养学生在数学学习和应用中的沟通能力和团队合作能力,使他们能够有效交流和合作解决数学问题。数学核心素养中沟通和合作策略可以通过以下方式来实现。

1. 沟通数学思想

通过有效的沟通,学生能够清晰地表达自己的数学思想和理解,并与他人分享和交流。这有助于加深对数学概念的理解,并促进思维的发展。学生可以通过口头表达、写作、图形表示等方式进行数学思想的沟通。

沟通数学思想是数学核心素养中的重要方面,以下方式展示了如何在数学学习和问题解决中有效地沟通数学思想:

（1）口头表达。学生可以参与小组讨论或班级讨论,通过口头表达来分享他们对数学问题的解决方法和思考过程。学生可以清晰地陈述他们所采取的步骤、策略和推理,并解释他们为什么这样做。通过这种方式,学生不仅加深了对问题的理解,还能够与他人交流和接受反馈,达到共同提升的目标。

（2）写作。学生可以通过写作的方式来沟通他们的数学思想。学生可以写下他们的解决方法、策略和思考过程,并解释其背后的数学原理和概念。写作可以帮助学生整理和组织他们的思维,并更准确地表达他们的数学思想。

（3）图形表示。学生可以使用图形表示来沟通他们的数学思想。比如,学生可以绘制图表、图形或图像来说明他们的解决方法和发现的规律。这种可视化的表达方式有助于学生更直观地呈现他们的数学思想,使他人更易于理解。

（4）交流与合作。学生在小组或团队中合作解决数学问题时,通过交流和讨论,他们可以相互分享他们的数学思想和方法。在这个过程中,学生不仅需要表达自己的观点,还要倾听和理解他人的观点。这种合作性的沟通促进了共同学习和思维的发展。

（5）口头演示。学生可以进行口头演示来沟通他们的数学思想。学生可以使用幻灯片、板书或实际物体等来展示他们的解决方法和推理过程。这种方式可以帮助学生更生动地传达他们的数学思想，促进更深层次的理解和思考。

学生通过以上不同的方式来沟通他们的数学思想，如口头表达、写作、图形表示和演示等。这种有效的沟通有助于学生更好地理解数学概念、加深对问题的思考，并与他人分享他们的数学思维。

2. 合作解决问题

合作解决数学问题有助于培养学生的团队合作和协作精神。在小组或团队中，学生可以共同探讨问题，互相交流意见和思路，共同寻找解决方案。通过合作解决问题，学生可以不仅仅学习数学知识，还能培养解决问题和合作能力。

合作解决问题是数学核心素养中的重要方面。以下方式展示了如何通过合作解决问题来培养学生的团队合作和协作精神。

（1）小组讨论。将学生分成小组，提供他们一个数学问题或挑战。每个小组成员可以贡献自己的思路和解决方法，并与组内其他成员共同讨论和比较不同的方法。通过分享和讨论，学生可以借鉴并吸收其他人的观点，从而共同找到最佳的解决方案。

（2）项目合作。分配学生一个复杂的数学项目，要求他们组成团队并共同合作解决。每个团队成员可以负责不同的部分，并在整个项目过程中相互合作和交流，共同完成项目的各个阶段。这种合作性的项目可以培养学生的团队合作能力和责任感。

（3）探究式学习。让学生参与到数学问题的探究过程中，鼓励他们互相合作并共同解决问题。学生可以在小组中共同讨论和探索问题，并尝试不同的方法和策略。通过合作解决问题，他们可以发现和掌握一些共同的数学概念和模式，并增强解决问题的能力。

（4）实践项目。组织学生进行实践性的数学项目，如设计和建造一个模型、制作一个游戏或解决一个实际问题。在这样的项目中，学生需要分工合作，共同解决各种数学问题，并展示他们的成果。这种实践项目可以培养学生的创造力和团队协作精神。

（5）考试准备。在考试前，组织学生进行小组复习和讨论。学生可以共同解决一些复杂的数学题目，并相互提供帮助和支持。这种合作形式能够加强他们对数学知识的理解，并为考试做好准备。

通过以上合作解决问题的方式，学生可以不仅学会数学知识和技能，还能培养团队合作和协作精神，提高解决问题的能力和思维水平。

3. 解释和阐述数学概念

沟通和合作可以帮助学生更好地解释和阐述数学概念。通过将数学知识用简单明了的语言解释给他人听或写下来，学生不仅加深了自己对概念的理解，也有助于他人更好地理解数学概念。

在沟通和合作策略中，通过解释和阐述数学概念可以有效地培养中职生的数学核心素养。以下方式展示如何通过解释和阐述数学概念来培养学生的团队合作和协作精神。

（1）清晰表达。在解释数学概念时，使用简洁明了的语言，避免使用过于专业或晦涩的术语。确保学生能够理解所讲解的内容，并鼓励他们提问和表达自己的理解。比如，以购物为例解释比例的概念，说明价格和数量之间的比例关系，如果每个苹果的价格是 2 元，那么 4 个苹果的价格就是 8 元。

（2）可视化展示。利用图表、图形或模型等可视化工具，在解释数学概念时提供直观的展示。这有助于学生更好地理解抽象的数学概念，培养他们的几何思维和空间想象能力。比如，通过掷骰子解释概率问题，掷骰子过程中可视化展示六个面上的数字和相应的概率分布，使学生理解每个数字出现的可能性。又如，通过图表和具体的数值解释速度和时间的线性函数关系，使用图表展示两个变量之间的关系。

（3）多个角度。通过多个角度和不同方法解释数学概念，帮助学生从不同的视角理解概念。比如，在传授平方根概念时，可以介绍几何解释、代数求解和实际应用等多个角度。

（4）实例分析。给出具体的例子，让学生通过实例分析来理解数学概念。通过对实际问题的解析和运算，帮助学生将抽象的概念与实际应用相结合，培养他们的问题解决能力。比如，解释正方形的性质，可以通过正方形的瓷砖铺设，分析它的四条边相等、四个角度都是直角的特点。

（5）合作学习。通过小组合作学习的方式，学生相互交流和讨论数学概念。在合作过程中，学生可以共同解决问题、互相启发和分享自己的理解，从而培养彼此之间的合作能力和团队合作精神。比如，让学生选择一个数学概念，并在小组中展示和解释该概念。学生可以使用图示、图表、演算和实例等多种方式展示，并与其他小组成员讨论和交流。

（6）反思总结。鼓励学生在学习过程中进行反思和总结，通过回顾自己的学习经验和感悟，加深对数学概念的理解。同时，教师也可以提供指导和反馈，帮助学生发现和纠正错误，并提升他们的数学表达和阐述能力。比如，学生可以在小组内分享自己对分段函数概念的总结和理解。每个小组成员可以用口头或书面形式表达自己的思考，并与其他小组成员分享经验和见解。这种互相交流和展示可以促进思维碰撞,加深对分段概念的理解。

通过以上解释和阐述数学概念的方式,学生将能够更全面地理解和应用数学概念,提高他们的数学核心素养,包括数学思维能力、数学推理能力、数学表达能力和数学应用能力等。同时,学生们也通过彼此的解释和阐述,提高了表达能力和理解能力,促进了他对数学知识的综合应用和理解。

4. 反思与批判性思维

在合作和沟通过程中,学生经常需要评估和分析自己和他人的解决方法和策略。这培养了学生的反思意识和批判性思维能力,帮助他们发展更深层次的数学思维。

反思与批判性思维是数学核心素养中的重要能力。以下方式展示了如何在数学学习和问题解决中培养学生的反思和批判性思维。

(1)解决问题的策略评估。给学生一个数学问题,并要求他们列出解决问题的不同策略。然后,引导学生对这些策略进行评估和比较,讨论每种策略的优缺点和适用情况。通过这个过程,学生可以培养对策略思考的能力,以及对数学方法和技巧的批判性评估。

(2)推理和证明分析。向学生展示一个数学定理、公式或问题,要求他们分析和评估所给的证明过程或推理链条的有效性。学生需要审视推理步骤是否正确、漏洞是否存在,以及是否能提供更为严谨或简洁的证明。通过这个过程,他们可以培养对数学推理的批判性思维和分析能力。

(3)错误分析和修正。给学生提供一个存在错误的数学解答或解决步骤,要求他们分析其中的错误,并提供修正建议。学生需要仔细审查错误的原因,找出该如何纠正,并解释为什么纠正是正确的。通过这个过程,学生可以培养对错误和改进的反思能力,提高他们的数学理解和问题解决能力。

(4)选择性思考和决策分析。给学生一系列数学问题或决策情境,要求他们根据特定条件或标准进行选择并解释他们的选择。学生需要运用批判性思维来评估每个选项的优缺点,并基于逻辑和数学原则做出决策。通过这个过程,学生可以培养面对选择和决策时的批判性思维和分析能力。

(5)数学实践的反思。在数学实践中,如解决问题、探究数学概念等,学生被鼓励反思自己的思考过程和解决方法。他们需要问自己为什么选择某种方法,它是否有效,或者是否还有其他更好的方法。通过这样的反思,学生可以不断改进自己的数学思维和解决问题的能力。

通过以上方式中反思与批判性思维的应用,学生可以发展自己的批判性思维和分析能力,提高数学学习和问题解决的质量和效果。

5. 探究式学习

合作和沟通鼓励学生进行探究式学习,通过互动和讨论,共同发现和构建数学概念和规律。这种学习方式激发了学生的好奇心和求知欲,促使他们积极参与学习过程。

在数学核心素养中,沟通和合作可以与探究式学习相结合,共同促进学生的数学理解和思维能力。以下方式展示了如何在探究式学习中应用沟通和合作。

(1)探究性小组项目。将学生分成小组,给予他们一个开放性的数学问题或挑战。每个小组成员可以独立探索并尝试解决问题,然后通过合作和讨论,分享他们的思路和解决方法。小组成员可以互相学习和借鉴,共同构建更全面和深入的理解。

(2)交流与分享结果。在探究过程中,鼓励学生及时交流和分享他们的发现和想法。这可以通过小组会议、展示、报告或者在线协作平台来实现。学生可以互相倾听和提供反馈,讨论彼此的观点和方法,促进集体的学习和进步。

(3)合作解决难题。给学生一个复杂的数学难题,要求他们在小组内共同合作解决。学生可以共享信息、交流思路,并共同制订解决策略。他们可以互相支持、并提供帮助和建议,共同克服困难并找到解决方案。这种合作性的学习培养了学生的团队合作和问题解决能力。

(4)反思和批判性思维讨论。在探究过程结束后,鼓励学生进行反思和批判性思维讨论。学生可以回顾整个过程,并分享他们的思考、决策和改进的想法。他们可以探讨问题的意义、方法的局限性以及可能的改进方向,从而增强批判性思维和自主学习能力。

(5)合作建立模型或解决实际问题。组织学生合作建立数学模型或解决实际问题。他们可以在小组中共同开展调查、数据分析或实验操作,并通过合作和讨论共同发现问题的解决思路。学生可以共同制订计划、收集数据、分析结果,并最终呈现他们的成果和结论。

通过以上方式的探究式学习,学生不仅能够主动参与问题解决和数学探究的过程,还能通过沟通和合作与他人交流、分享和学习。这样的学习方式激发了学生的好奇心和求知欲,培养了他们的团队合作、沟通和批判性思维能力。

总之,沟通和合作是数学核心素养中不可或缺的重要能力。它们不仅有助于学生掌握数学知识和技能,还培养了学生的团队合作、沟通和批判性思维能力,使他们能够更好地应对数学问题和日常生活中的挑战。

综上所述,数学核心素养理论强调了学生在数学学习中所需的关键能力和技能,以及数学在解决实际问题和应用中的重要性,帮助他们在数学学习和应用中取得成功。数学核心素养的培养包括数学思维能力和数学知识的掌握,强调学生在数学领域中的逻辑思维、问题解决能力和数学应用能力的发展。多样化的教学策略和实践应用的机会,促进学生可以全面发展数学核心素养,为未来的学业和职业做好准备。

　　学生应该接触到各种数学问题和情境,并被鼓励运用数学知识和思维解决问题。教育者可以引导学生进行探究性学习,激发他们的好奇心和求知欲,并帮助建立学习数学的兴趣和信心。通过多样化的教学方法和实践应用的机会,可以促进学生数学核心素养的全面发展,为他们未来的学习和职业做好准备。

第五章　中职生数学核心素养的
培养与教育策略

中职数学核心素养是指学生在中等职业教育阶段所具备的数学能力和素养。它强调学生在数学领域的综合发展，涵盖了数学知识、数学技能和数学思维能力等方面。中职数学学科核心素养的培养是职业教育学界和数学教育界的重要议题。它强调学生在数学领域的全面发展，涵盖了数学思维能力、问题解决能力、数学沟通能力和数学应用能力等方面。

据此，中职数学教师应该注重学科核心素养培养的重要性，采取多种有效的教学策略，如启发式教学、情境教学、实践性任务等，以提高中职生在数学领域的综合素养和能力。具体可以通过以下策略来实施：激发学生对数学的兴趣和好奇心，培养他们对数学的积极态度；设计富有挑战性和启发性的问题，引导学生进行探究式学习，这样的学习方式可以培养学生的问题解决能力和创新思维能力；鼓励学生合作学习，通过小组讨论和团队项目等形式，培养学生学科学习的合作能力和沟通能力；提供数学学习过程中的反思与批判性思维的机会，帮助中职生理解数学的逻辑和推理过程，并培养他们的批判性思维能力；安排学科实践活动，如数学建模和真实世界问题的解决，以帮助中职生将数学应用于实际生活中，并培养他们的数学应用能力。

第一节　中职生数学知识素养的培养与策略

中职生的数学知识素养的培养策略包括：建立扎实的基础知识、提供实际应用的学习机会、鼓励探究和解决问题能力的训练、提供反馈和评价的机制。首先，要确保学生掌握数学的基础概念和技巧，通过系统地教学和练习来建立扎实的基础知识。其次，要提供实际应用的学习机会，让学生将数学知识应用于实际生活中的问题和情境中，加深他们对数学的理解和运用能力。同时，鼓励学生主动探究和解决问题，培养他们的思维能力和解决复杂问题的能力。最后，及时提供反馈和评价，帮助学生认识自己的优点和不足之处，并进行进一步的改进和提高。这些策略旨在全面提升中职生的数学知识素养，使他们具备应对日常生活和职业发展中的数学挑战的能力，为他们的未来发展奠定坚实的基础。

一、中职数学知识素养的主要内容

中职生应掌握与其专业相关的基础数学知识,如数与代数、几何与测量、统计与概率等。同时,还需要了解数学的应用领域,如金融、商务、工程技术等,以便将数学知识应用到实际问题中。中职生数学知识素养主要包括以下几个方面。

(一)基本数与代数知识

中职生应熟练掌握基本数学概念和运算规则,包括整数、分数、小数、百分数等的运算与转化。此外,中职生还应具备代数表达式的理解和使用能力,能够解决基础的代数方程和不等式问题。

(二)几何与测量知识

中职生应具备扎实的平面几何和立体几何的基本知识,包括图形的性质和分类、几何变换、计算图形的面积、体积和周长等。另外,中职生还需要了解并能够使用测量单位进行实际问题的计算和判断。

(三)统计与概率知识

中职生应了解统计和概率的基本概念和应用。他们需要能够收集数据、制作统计表和图表,并能够对数据进行分析和解读。此外,中职生还应具备基本的概率计算和事件判断的能力。

(四)数学应用知识

中职生应了解数学在实际生活和工作中的应用,能够通过数学方法解决日常问题。这包括金融数学、商务数学、工程技术数学等方面的知识和技能,以满足他们未来职业发展的需求。

中职生的数学知识素养培养需要学科教师注重基础知识的教学,通过实际问题的探究和解决,激发学生的兴趣和动力。同时,教师还可以借助辅助工具和技术手段,如计算器、电子表格软件等,提升学生的计算和应用能力。通过这样的培养,中职生能够具备扎实的数学知识基础,为他们未来的职业发展和进一步学习打下坚实的基础。

二、中职数学知识素养的培养及教育策略

中职数学知识素养的培养旨在帮助学生掌握基础数学知识,培养他们的数学思维和问题解决能力,并将数学应用于实际生活和职业领域。为此,中职数学教师

需要采取多样化的教学方法和策略。通过这些教学方法和策略,使中职生的数学知识素养可以得到全面地提升,同时能够将所学的数学知识应用到实际生活和职业领域,为他们的未来发展打下坚实的数学基础。

为了培养和提升中职生的数学知识素养,学科教师可以采取以下教育策略及其有效措施来实现。

(一)实际应用导向

将数学与实际应用相结合,通过解决实际问题来激发学生的学习兴趣。教师可以设计具体的场景和案例,引导中职生将数学知识应用到实际情境中,培养他们的应用能力。

实际应用导向是培养中职生数学知识素养的重要方法,可以帮助他们将数学知识运用到实际生活和职业领域中。可以采取以下措施通过实际应用导向实现中职生的数学知识素养的培养。

1. 财务管理

教师可以引导中职生学习财务管理中的基本概念和技巧,如预算编制、税收计算、投资分析等。通过实际的财务案例,运用数学知识进行分析和决策,使中职生可以了解财务管理在实际生活中的应用。

2. 数据分析

教师可以传授中职生如何收集和分析实际数据。中职生根据自己的兴趣和爱好选择一个感兴趣的主题,如人口统计、销售数据等,收集相关数据并进行处理和分析。通过这样的实际数据分析项目,中职生可以运用统计和概率知识,发现数据之间的关系和趋势,并得出合理的结论。

3. 工程设计

教师可以引导中职生进行工程设计项目,如设计一个建筑物的平面图、绘制一个电路图等。中职生需要运用几何和测量知识,考虑各种约束条件,并提出合理的设计方案。通过这样的实际应用导向项目,中职生可以将数学知识应用到实际工程问题中,培养他们的创造力和解决问题的能力。

4. 商业模拟

教师可以组织中职生参加商业模拟活动,如开设一个虚拟的小企业或零售店铺。中职生需要管理经营活动,考虑成本、利润和销售策略等因素,并运用数学知识进行预测和决策。通过这样的商业模拟活动,中职生可以将数学应用于实际的商业环境,了解经济规律和运作机制。

5. 职业实践项目

教师可以安排中职生进行职业实践项目,如在实习场所或企业进行数学相关的工作。中职生可以应用数学知识解决实际问题,并与实际工作人员合作,了解数学在职业领域中的重要性和应用价值。

通过实际应用导向的学习方式,中职生可以将数学知识与实际生活和职业领域联系起来,培养他们的数学应用能力和解决问题的能力。这样的学习方式可以增强中职生对数学的兴趣,提高他们的学习动力,并培养他们在职业领域中运用数学知识的能力。

实践性和应用性的教学可以帮助中职生理解数学知识的实际意义和应用场景。通过解决与职业相关的实际问题和案例,中职生能够将数学知识运用到实际情境中,提高他们的数学应用能力。案例 5-1 和案例 5-2 体现了以实际应用为导向中职生的数学知识素养的培养策略。

案例 5-1 财务管理

在中职财务管理课程中,教师可以设计一个充满实践性和应用性的教学案例。假设学生要开展一个小型企业的经营项目,他们需要制订预算、计算成本以及分析盈亏等相关财务事项。

教学过程中,教师可以引导学生了解预算编制的重要性,并让他们分组制订自己的预算计划。学生需要考虑各项支出、销售收入和利润目标,并运用相关数学知识进行计算和预测。此外,学生还需要利用统计数据和概率分析来评估风险和利润的可能性。

通过此实际应用导向案例,中职生不仅能够学习和应用数学知识,如预算编制、成本分析和统计分析等,而且能够培养他们的团队合作和沟通能力,同时提升他们的财务管理素养。

案例 5-2 工程测量

在中职工程课程中,教师可以设计一个实践性和应用性的教学案例,关于建筑物的测量和设计。学生需要应用测量技术和数学知识来测量建筑物的尺寸、面积和体积等。

教学过程中,教师可以组织学生进行实地考察,并指导他们使用测量工具和仪器进行测量。学生需要运用几何知识计算建筑物的面积和体积,同时也需要运用三角函数等数学工具来解决实际测量中遇到的问题。

通过此实际应用导向案例,中职生不仅能够学习和应用几何和数学知识,还能够培养他们的实践操作能力、团队合作和问题解决能力。同时,他们还能够体验到数学在工程测量中的实际应用,提高他们的应用数学素养。

以上两则案例展示了中职数学知识素养培养的实践性和应用性教学方法。这两则案例通过将数学知识与实际问题相结合,激发学生的学习兴趣和动力,促进他们的实践能力和综合素养的发展。同时,也能够为中职生今后的就业和职业发展奠定坚实的数学基础。

（二）问题驱动学习

通过提出有挑战性的问题，鼓励学生主动思考、探索和解决问题。教师可以引导中职生提出自己的学科问题，并提供相应的解决路径和方法，培养他们学科方面问题的解决能力和创新思维。

问题驱动学习是一种以问题为导向的学习方法，能够培养中职生的数学知识素养。可以采取以下措施通过问题驱动学习实现中职生的数学知识素养的培养。

1. 实际问题解决

引导中职生通过解决实际问题来学习数学知识。教师可以设计与中职生日常生活和职业领域相关的问题，并指导他们运用数学知识和技巧来解决问题。比如，研究金融方面的问题，如存款利率、贷款计算等，通过数学模型来分析解决从而增，强他们对数学实用性的认识。

2. 数学建模项目

组织中职生进行数学建模项目，让他们选择一个现实生活中的问题，然后通过数学建模来解决。中职生需要收集数据、应用数学概念和技巧进行分析，并给出解决方案。这样的项目可以帮助中职生理解数学在实际问题中的应用，并培养他们的问题解决能力，同时加深他们对数学概念的理解和应用。

3. 探究性学习

以探究性学习的方式引导中职生发现和探索数学概念。教师可以提出一个引人思考的问题，然后引导中职生通过思考、实验和讨论来理解和发现数学原理。如通过观察图形、尝试不同的数值等方式来研究几何图形的性质。

4. 数学模拟实验

使用数学模拟器或计算机程序进行数学实验。引导中职生在模拟环境中进行各种数学实验，探索不同情况下的结果和变化规律。如使用几何模拟器来观察不同的图形变换，了解几何变换的性质和规律。

5. 提出数学问题

鼓励中职生自己提出数学问题，并尝试解决它们。中职生可以选择一个感兴趣的主题，思考如何用数学方法来解答相关问题，并进行独立或协作的研究。这样的活动能培养中职生的创造力和独立思考能力，并提高他们对数学概念的理解。

以上措施中，中职生通过问题驱动的学习活动，积极探索和运用数学知识解决实际问题，培养了他们的数学思维和解决问题的能力。这样的学习方式可以增强中职生对数学的兴趣，并将数学与实际应用相结合，提高他们的数学知识素养。

启发式教学和问题驱动学习可以激发中职生的探究兴趣和主动学习能力。中职数学教师可以引导学生提出问题、思考解决方法,并通过合作学习和讨论促进他们之间的知识共享和交流,从而实现更深层次的学习效果。案例 5-3 和案例 5-4 体现了以问题驱动学习培养中职生的数学知识素养的策略。

案例 5-3　家庭预算规划

在中职数学课程中,教师可以设计一个问题驱动的案例,引导学生通过家庭预算规划来应用数学知识。

教学过程中,教师可以向学生提出问题:"如何合理规划家庭收入和支出,确保家庭财务的健康发展?"学生需要运用数学知识,如四则运算、百分比计算等,来制订和计算家庭收入和支出的比例和预算。

每位学生可以选择一个虚拟的家庭场景,包括收入来源、固定开支、灵活开支等。他们需要计算每月的收入和支出比例,并制订预算计划。同时,学生还可以考虑投资、储蓄和贷款等方面的数学计算,以促进家庭财务的增长和长远规划。

通过此问题驱动学习案例,中职生不仅能够学习和应用数学知识,也能够培养他们的问题解决能力、实践能力和创新思维。此外,这个案例还能够帮助学生了解个人理财和财务管理的重要性,提高他们的经济素养。

这样的问题驱动学习案例不仅能够使中职生积极参与,主动思考和解决问题,同时也能够将数学知识与实际生活联系起来,培养学生的综合素养和应用能力。

案例 5-4　日常生活中的金融决策

问题:假如你最近收到了一笔意外奖金,你将如何决定如何合理利用这笔额外的资金?

教学过程具体如下。

(1)引入问题。教师向学生提出上述问题,激发学生对金融决策的兴趣和思考。

(2)小组探究。学生分为小组,讨论和研究该问题。他们需要考虑不同的选项和可能性,如存款、投资、购买等。

(3)数据分析。学生根据不同的选择,收集并分析相关数据。比如,学生需要了解各类银行储蓄账户的利率和风险,或者研究股票市场的走势和潜在风险。

(4)数学计算。学生运用数学知识进行计算和比较。比如,学生可以计算不同存款方案下的利息收入,或者估算投资回报率。

(5)解决方案和展示。学生根据数据和计算结果,制订自己的解决方案,并向其他小组展示和解释他们的决策过程和理由。

(6)反思与讨论。教师引导学生进行反思和讨论,总结各小组的决策过程和结果。学生可以分享他们的经验和教训,并从彼此的决策中学习。

通过此问题驱动学习的案例,中职生不仅能够应用数学知识解决金融决策问题,还能培养他们的问题解决能力、数据分析技巧和团队合作精神。同时,中职生还能加深对数学在日常生活中的重要性和应用的认识,提高他们的金融素养和数学素养。为他们的未来财务健康打下坚实的基础。

（三）合作学习

鼓励学生进行合作学习,通过小组讨论、团队项目等形式,促进他们之间的交流和合作。在合作学习中,中职生可以互相借鉴和启发,共同解决问题,提高他们的沟通能力和团队合作精神。

合作学习是通过小组合作、互助学习和交流讨论等方式来培养中职生的数学知识素养的有效方法。可以采取以下措施通过合作学习方式实现中职生的数学知识素养的培养。

1. 小组解题活动

可以将中职生分成若干小组,每个小组合作解决一个数学问题或题目。在解题过程中,中职生可以相互交流和讨论,分享解题思路和策略,共同解决问题。这种合作学习环境可以促使中职生互相学习,相互支持,并且从不同观点和方法中学到更多,从而增强解决问题的能力。

2. 互相评价和反馈

中职生在小组内互相评价和反馈彼此的解题过程和答案。他们可以分享对他人的思考方式的观察和理解,指出可能的误区或不足点,并提供建设性的反馈。这样的评价和反馈可以帮助中职生理解自己的错误和不足之处,并促使他们思考改进的方向。

3. 共同设计问题

中职生可以一起设计数学问题,并邀请其他小组或整个班级解决。在这个过程中,中职生需要思考不同难度级别的问题,并根据他们的理解和知识来设计问题。这样的活动可以激发中职生的创造力和思维能力,同时也加深了对数学概念的理解。

4. 学习小组讨论

教师可以组织中职生参加学习小组讨论。在讨论中,中职生共同探讨和解决一个数学概念或技能,分享彼此的理解和经验。这种互动和合作可以促进中职生对数学概念的深入理解,并帮助他们更好地掌握数学知识。

5. 项目合作

教师可以要求中职生组成小组,共同完成数学项目。比如,可以合作设计和制作数学模型、数据收集和分析、制作数学游戏等。通过这些项目合作,中职生应用数学知识解决实际问题,能够培养创造力和解决问题的能力。

通过合作学习,中职生可以相互学习、分享思路和经验,培养彼此之间的合作精神和团队意识。这样的学习环境有助于激发中职生对数学学习的兴趣,提高他们的数学知识素养,并培养他们的批判性思维和解决问题的能力。案例 5-5 和案例 5-6 体现了以合作学习方式培养中职生的数学知识素养的策略。

案例 5-5　商品折扣计算

问题:一家商场打折促销,对不同种类的商品都有不同的折扣率。你和你的小组成员想要购买不同种类的商品,请计算每个人需要支付的最终总金额。

教学过程具体如下。

(1)引入问题。教师向学生介绍上述问题,激发学生对商品折扣计算的兴趣和思考。

(2)小组分工。学生分为小组,每个小组成员负责计算一种商品的折扣。比如,小组 A 负责计算服装的折扣,小组 B 负责计算电子产品的折扣等。

(3)数据收集。学生根据商场提供的折扣信息,收集各种商品的原价和折扣率。

(4)计算任务。学生根据收集到的数据进行计算,计算每种商品的折扣金额和最终售价,从中锻炼了他们对数据的分析和处理能力。

(5)合作讨论。小组成员之间交流并比较自己的计算结果,确保计算的准确性和一致性。

(6)汇总和展示。每个小组将自己的计算结果汇总,计算出每个人需要支付的最终总金额,并向其他小组展示和解释他们的计算过程。

(7)反思与讨论。教师引导学生进行反思和讨论,总结各小组的计算过程和结果。学生可以分享他们的经验和方法,并从彼此的计算中学习,从而提升自己的数学素养和实践能力。

通过此合作学习案例,中职生不仅能够应用数学知识进行商品折扣计算,还能培养他们的合作精神、沟通能力和团队合作能力。同时,中职生还能加深对数学在日常生活中的应用的理解,提高他们的数学素养和实践能力。

案例 5-6　商业活动中的盈亏分析

问题:你和你的小组成员决定一起开展一个小型商业活动。你们需要选择一个产品或服务,并进行盈亏分析,确定最佳的经营策略。

教学过程具体如下。

(1)引入问题。教师向学生提出上述问题,激发学生对商业活动和盈亏分析的兴趣。

(2)小组合作。学生分为小组,讨论和研究该问题。他们可以共同选择商业活动的产品或服务,并理解如何进行盈亏分析。

（3）数据收集。学生需要收集有关该产品或服务的市场需求、成本和价格等相关数据。他们可以通过调查问卷、网络搜索、采访等方式获取数据。

（4）数据分析和计算。学生根据收集到的数据，运用数学知识进行盈亏分析。他们可以计算成本、定价、销售量、利润等指标，并展示数据结果，并使分析结果一目了然。

（5）解决方案和展示。学生根据数据分析的结果，制订自己的经营策略和盈利预测，并向其他小组展示和解释他们的决策过程和理由。

（6）反思与讨论。教师引导学生进行反思和讨论，总结各小组的决策过程和结果。学生可以分享他们的经验和教训，并从彼此的决策中学习。

通过此合作学习案例，中职生能够共同合作、协商和解决问题，培养他们的团队合作能力、沟通技巧和创新思维。同时，中职生还能加深对数学在商业活动中的重要性和应用的认识，提高他们的商业素养和数学素养，并为他们未来的职业生涯下坚实的基础。

（四）多元化教学资源

利用多种教学资源，如计算器、电子表格软件、在线学习平台等，丰富教学内容和方式。这些工具可以帮助中职生更好地理解和应用数学知识，增强他们的计算和数据分析能力。

多元化教学资源是培养中职学生数学知识素养的重要手段之一。可以采取以下措施通过使用多元化的教学资源来实现中职生的数学知识素养的培养。

1. 数学应用软件和在线工具

教师可以引入各种数学应用软件和在线工具，如几何绘图软件、数据分析工具和数学模拟器等。通过这些工具，中职生可以进行实际的数学探索和应用，帮助他们更好地理解和应用抽象的数学概念，并提升他们的数学思维能力。

2. 视频教学资源

教师可以使用优质的数学教学视频资源，如在线教学平台、YouTube上的数学教学频道等。通过观看视频，中职生可以通过视觉和听觉方式理解数学知识，并在自己的节奏下学习和回顾，从而加深对数学知识的理解。

3. 数学游戏和互动活动

教师可以引入数学游戏和互动活动，让中职生在轻松有趣的环境中学习数学。如使用数学卡片游戏、数独挑战、数学拼图等游戏，培养中职生的逻辑思维和问题解决能力。

4. 实际生活中的数学应用

教师可以与中职生一起探索数学在日常生活和职业领域的实际应用。比如，通过参观工厂、商店、金融机构等场所，了解数学在生产、零售和金融方面的应用，并让中职生实际应用数学知识解决相关问题，从而增强他们的实践能力。

5. 合作学习和小组讨论

教师可以组织中职生进行小组合作学习和讨论，鼓励他们共同解决数学问题。中职生可以相互交流和分享解题思路，促进彼此的学习和理解。

通过使用多元化的教学资源，可以提供不同形式和方式的学习材料和活动，满足中职生的不同学习需求和兴趣，激发他们对数学学习的兴趣和动力，并提高他们的数学知识素养。同时，这些资源也可以帮助中职生将数学与实际生活和职业领域联系起来，提升他们的数学应用能力和解决问题的能力。

此外，教师还可以利用辅助工具和技术，如计算器、电子表格软件等，提高学生的计算和数据分析能力。案例 5-7 和案例 5-8 是利用多元化教学资源培养中职生数学知识素养的策略。

案例 5-7　车辆油耗与行驶距离的关系

教学资源：计算器、电子表格软件、互联网搜索、实地考察

教学过程具体如下。

（1）引入问题。教师向学生提出问题，探讨车辆的油耗和行驶距离之间的关系。学生可以通过自己的观察和经验，提出猜测和假设，为后续探究奠定基础。

（2）数据收集。学生可以在实际生活中观察、记录不同车辆的油耗和行驶距离数据。他们还可以利用互联网搜索，找到相关的统计数据和研究成果，拓宽数据来源。

（3）数据分析与展示。学生可以利用计算器和电子表格软件，对收集到的数据进行处理和分析。比如，计算平均油耗、每公里油耗等指标，并利用电子表格软件制作相应的图表和统计图，直观展示数据分析结果。

（4）实地考察。学生可以进行实地考察，参观汽车展览、汽车厂商或者汽车维修店等场所。在这些场所，他们可以了解到不同车型、引擎技术对于油耗的影响，丰富自己的知识和数据来源。

（5）解释与讨论。学生根据数据分析的结果，对车辆油耗与行驶距离的关系进行解释和讨论。他们可以就研究结果进行同组或全班的交流和对比，共同探讨可能的影响因素和解决方案。

通过使用多元化教学资源，中职生能够更加直观地理解数学知识在实际生活中的应用。计算器和电子表格软件可以帮助中职生进行大量数据的计算和分析，提高他们的数据处理能力和计算技巧。互联网搜索和实地考察可以帮助中职生扩展知识来源，了解实际情况和最新研究成果。

通过此多元化教学资源使用案例不仅可以提高中职生的数学素养，还可以培

养他们的数据分析能力、科学探究精神和信息获取能力。通过多元化教学资源的运用,中职生将能够更加全面地理解和应用数学知识,为未来的学习和职业发展做好准备。

案例 5-8　数据分析与电子表格

在中职统计与概率课程中,教师可以利用电子表格软件作为多元化教学资源来培养学生的数据分析能力和实践能力。

教学过程具体如下。

(1) 引入概念。教师引入数据分析的概念,并解释电子表格软件在数据处理和分析方面的应用。

(2) 数据收集。学生与小组合作,选择一个感兴趣的主题或问题,并收集相关的数据。如调查同学们的兴趣爱好、体重身高等信息,以此积累原始数据。

(3) 数据输入和整理。学生使用电子表格软件,将收集到的数据输入电子表格中,并进行整理和格式化,以便进行后续的数据分析。

(4) 数据分析和可视化。学生通过电子表格软件,运用各种函数和工具对数据进行分析。比如,计算平均值、中位数、众数等统计指标,并使用图表功能进行数据可视化展示。

(5) 结果解释和讨论。学生根据数据分析结果,解释他们的发现,并与其他小组分享和讨论。他们可以比较不同数据集之间的差异,探索相关性等。

由这则案例可知,中职生运用电子表格软件进行数据分析和可视化,能够培养他们的计算、分析和问题解决能力。同时,他们也能够理解数据在实际生活中的应用,并加深对数学在数据处理和统计分析中的重要性和应用的认识。

(五) 反馈和评价

及时给予学生学习反馈和评价,帮助他们了解自己的学习情况和进步,激发他们对数学学习的兴趣和动力。教师可以通过作业、考试、项目评估等方式进行评价,为中职生提供针对性的指导和支持。

反馈和评价在中职数学教育中扮演着重要的角色,可以帮助中职生了解他们的学习进步,指导他们的学习方向,并促进他们的进一步发展。可以采取以下措施通过反馈和评价来实现中职生的数学知识素养的培养。

1. 反馈和评价在日常学习中的应用

教师可以定期提供中职生作业的反馈和评价。这种反馈不仅关注于学生的得分和错误,还涉及他们的解题过程、思考方法和解决问题的策略。比如,教师可以给出具体的解题建议,鼓励中职生理解和纠正错误,提供额外的练习机会,并与之讨论他们的思考过程。

2．合作学习中的反馈和评价

在合作学习中,中职生可以互相提供反馈和评价。比如,学生组成小组,一起完成数学问题,并对彼此的解答进行讨论和评价。这种合作学习环境可以促使中职生相互学习,分享解题思路,并通过交流不同的解决方法来加深对数学概念和技能的理解。

3．问题驱动的学习中的反馈和评价

问题驱动学习是一种以问题为导向的学习方法。在这种方法中,中职生独立或合作解决现实生活中的数学问题,并根据解决问题的过程和结果进行反馈和评价。教师可以为中职生提供指导,促使他们深入分析问题、制订解决计划,并评估他们的解决方案的有效性。

4．实践性和应用性评价

除了传统的书面考试,教师还可以通过实践性和应用性评价来促进中职生的数学素养培养。比如,组织中职生参与数学建模、数据分析或实际问题解决的项目,将所学的数学知识运用到实际场景中,并根据实际表现来评价他们的能力和理解程度。

这些措施都强调了反馈和评价在中职数学教育中的重要性。通过及时的反馈和个性化的评价,教师可以帮助中职生发展数学思维和解决问题的能力,鼓励他们积极参与学习,并提供个体化的支持和指导。同时,中职生也可以从互相的反馈和评价中学习,通过合作和讨论深化对数学概念和技能的理解。案例 5-9 和案例 5-10 是通过反馈和评价活动培养中职生数学知识素养的案例。

案例 5-9　几何推理

问题:给定一个已知的几何图形,你需要运用几何推理和证明方法来验证图形的性质。

教学过程具体如下。

(1) 引入问题。教师向学生展示一个几何图形,提出一个关于该图形的几何性质的问题。如一个平行四边形的对角线是否相等。吸引学生的注意力,激发他们探索的欲望

(2) 学生探究。学生分组讨论和分析给定问题,并尝试利用几何推理和证明方法来验证该性质。

(3) 解决方案呈现。学生将他们的解决方案呈现给其他小组,并解释他们的推理和证明过程。

(4) 反馈和评价。教师提供及时的反馈和评价,鼓励学生思考和改进他们的解决方案。教师可以针对学生的推理过程、逻辑连贯性、证明的有效性等方面进行评价,可以帮助他们认识到自己的进步和成长。

(5)总结和讨论。教师引导学生进行总结和讨论,总结各小组的解决方案和证明过程,并分享不同的思路和策略。学生可以从彼此的解决方案中学习和借鉴,进一步提升他们的几何推理能力,以及如何将这些原则应用到其他问题中。

通过此反馈和评价案例,中职生能够运用几何推理和证明方法来验证图形的性质,培养他们的推理和证明能力。同时,教师的反馈和评价可以帮助中职生理解自己的错误和不足之处,并激发他们继续思考和改进的动力。这样的反馈和评价过程有助于提高中职生的数学思维和问题解决能力。

案例 5-10　代数知识学习

先假设有一位中职数学老师在教授代数知识时,他采用了分层反馈和评价的措施来满足不同中职生的学习需求,从而激发他们的学习潜能。

(1)分组学习。老师将中职生分成几个小组,每组根据他们的数学水平进行划分。这样可以确保每个小组内的中职生在同一水平线上,并能够更好地互相学习和促进成长。

(2)分层练习。老师为每个小组提供针对其水平的不同难度的练习题。较强的组别会得到具有挑战性的问题,而较弱的组别则会获得渐进式的练习题。这样可以确保每个中职生都能在适合自己水平的题目上有所进展,并帮助他们逐步建立自信心,巩固知识点。

(3)及时批改和反馈。老师在中职生提交作业后,及时批改并给予详细的反馈。对于表现优异的中职生,老师会提供更深入的解析和引导。对于需要额外帮助的中职生,老师会指出错误,并给予相应的讲解和建议。这样,中职生能够及时了解自己的错误,并更好地理解问题。

(4)小组内部合作与互助。在小组学习中,老师鼓励中职生之间相互合作和互助。能力较强的中职生可以充当导师角色,为能力较弱的中职生提供指导和解答。这种合作和互助学习可以促进中职生之间的交流与合作,加深对代数知识的理解和掌握。

(5)定期评估与调整。老师定期评估中职生的学习情况,并根据评估结果进行相应的调整。如果发现某些中职生在学习中存在困难,老师会提供额外的支持和辅导。如果某些中职生进步迅速,老师会给予更高水平的挑战,鼓励他们继续探索和挑战自我。

通过以上分层反馈和评价措施的应用,中职数学老师能够满足不同中职生的学习需求,帮助他们提高代数知识的掌握水平。每位中职生都能够在适合自己水平的环境中学习,并通过小组合作和互助共同进步。这种个性化的反馈和评价策略有助于激发中职生的学习兴趣,提高数学知识的素养和解题能力。

通过以上教育对策和教学方法的实施,可以帮助中职生建立坚实的数学基础,培养其主动探究数学问题和解决问题的能力,并帮助他们认识自己的学习进展和不足之处,有效地培养和提升中职生的数学知识素养。这将为他们今后的职业发展和继续学习奠定坚实的基础,提高他们在数学领域的综合能力和竞争力,为日常生活和职业发展中的数学挑战做好准备。

第二节 中职生数学技能素养的培养与策略

中职数学技能素养是指中职生在数学领域所具备的技能和能力。它包括掌握数学基本概念和运算技巧,熟练应用解题方法,理解数学应用的实际意义,以及具备问题分析和解决能力。中职生通过系统的数学教育和实践性的学习活动,培养数学思维和推理能力,运用数学知识解决现实问题,为未来职业发展奠定坚实的数学基础。

一、中职数学技能素养的具体要求

中职数学技能素养是指中职生在数学领域所具备的技能和能力。它包括掌握数学基本概念、运算技巧和解题方法,理解数学应用的实际意义,以及运用数学知识进行问题分析和解决的能力。具体要求如下。

(一)数学基本概念的掌握

中职生应该掌握基本的数学概念,如数值、代数式、方程等。他们应该能够理解并正确运用这些概念,以有效地进行数学计算和推理。

(二)运算技巧和解题方法的熟练应用

中职生应该能够熟练运用各种数学运算技巧,包括四则运算、代数运算、几何运算等。他们还应该掌握解决各种数学问题的方法和策略,如问题分析、建立数学模型、运用数学知识解决实际问题等。

(三)数学应用的实际意义理解

中职生应该理解数学在实际生活和职业领域中的应用意义。他们应该能够将数学知识与实际问题联系起来,并运用数学技能解决实际问题。这包括财务管理、数据分析、工程设计、商业经营等各个领域。

(四)问题分析和解决能力的培养

中职生应该具备良好的问题分析和解决能力。他们应该能够识别和理解数学问题,并运用适当的数学方法和策略进行解答。这包括对问题进行分析、提出假设、验证解决方案的有效性等。

(五)数学思维和推理能力的培养

中职生应该培养数学思维和推理能力。他们应该能够运用逻辑推理、归纳与演绎等思维方式,优化解题过程,发现和应用数学规律,并进行数学证明和推理。

中职数学技能素养的培养需要通过系统的数学教育和实践性的学习活动来实现。教师可以采用多元化的教学方法,如问题驱动学习、合作学习、实际应用导向等,结合反馈和评价,帮助中职生全面发展数学技能素养。

二、中职数学技能素养的培养及教育策略

中职数学技能素养的培养需要教师采用多元化的教学方法和评价方式。通过问题驱动学习、合作学习和实际应用导向等教学策略,学生可以将数学知识与实际生活和职业领域联系起来。同时,通过提供及时的反馈和评价,教师能够帮助学生了解学习进展,发现错误和不足,并提供相应的指导和支持。中职生通过实际应用、解决问题和合作学习等活动,培养数学技能素养,提高数学应用能力,为他们未来的职业和学术发展打下坚实的基础。

中职数学技能素养的培养需要采用一系列有效的教育策略,以帮助他们全面发展数学技能和知识。为了培养和提升中职生的数学技能素养,学科教师可以采取以下教育策略来实现。

(一)多元化教学资源

提供多样化的教学资源,包括数学应用软件、在线工具、视频教学资源等。通过使用这些资源,中职生可以以多种形式和方式接触数学知识,增强他们的兴趣和参与度。

教师可以利用多媒体资源,如图表、动画、视频等,来呈现数学概念和解决问题的方法。通过视觉和听觉的方式呈现信息,有助于中职生更好地理解和记忆知识点。此外,教师还可以引入互动工具,如在线教学平台、互动白板等,鼓励中职生积极参与,提高学习的主动性和趣味性。

多元化教学资源策略可以帮助培养中职生的数学技能素养。可以采取以下措施通过使用多元化教学资源来实现中职生的数学技能素养的培养。

1. 绘图工具和软件

利用绘图工具和软件(如 Geogebra、Desmos 等),让中职生通过绘制图形、观察图像等方式来理解和应用数学知识。比如,使用动态几何软件让学生探索几何

变换,或者使用函数绘图工具来分析函数图像的特性。

案例 5-11 展示了使用绘图工具和软件来培养中职数学技能素养。

案例 5-11　利用动态几何软件进行几何变换的探索

目标:帮助学生理解几何变换的概念和性质,培养他们的空间思维和几何推理能力。

实施步骤具体如下。

(1) 引入概念。在课堂上引入几何变换的概念,如平移、旋转、镜像和放缩等,给学生提供相应的定义和示例,并帮助他们建立起对这些概念的初步认识。

(2) 探索活动。让学生在电脑或平板上安装动态几何软件(如 Geogebra),并指导他们进行实际操作,加深对几何概念的理解。

(3) 平移。要求学生选择一个图形,并通过拖动的方式来进行平移操作。观察并记录图形的变化,在实践中探索平移的性质和规律。

(4) 旋转。要求学生选择一个图形,并通过旋转的方式来进行操作。探讨旋转的中心、角度和方向对图形的影响,并尝试得出有价值的结论。

(5) 镜像。要求学生选择一个图形,并进行镜像操作。观察图形的变化,讨论镜像轴的位置、方向和特性。

(6) 放缩。要求学生选择一个图形,并进行放缩操作。观察图形的变化,讨论放缩因子对图形的影响,包括大小和形状的改变。

(7) 总结讨论。在探索活动结束后,组织学生进行总结讨论。引导他们回顾所进行的操作和观察到的现象,总结几何变换的性质、规律和特点。促进学生对几何变换的理解和认识。

(8) 拓展活动。根据学生的能力和兴趣,可以设计一些拓展活动来进一步应用几何变换。比如,让学生尝试通过平移、旋转、镜像等操作来构建一幅画或设计一个简单的建筑物。通过实际创作,巩固和运用所学的几何变换知识。

通过利用动态几何软件进行几何变换的探索,中职生可以直观地观察和分析图形的特性和变化,加深对几何变换概念的理解。此外,中职生还能够培养空间思维、几何推理和问题解决的能力,提升他们的数学技能素养。

2. 数学游戏和拓展活动

引入数学游戏和拓展活动,让中职生在轻松愉快的氛围中学习数学。通过数学益智游戏、数学竞赛、数学谜题等,激发学生的兴趣和动力,提高他们对数学问题的解决能力。

案例 5-12 展示了如何通过开展数学游戏和拓展活动来培养中职数学技能素养。

案例 5-12　使用数学游戏进行概率计算

目标:通过玩数学游戏,帮助学生理解和运用概率计算的概念,培养他们的数学思维和问题解决能力。

实施步骤具体如下。

(1)引入概念。在课堂上引入概率计算的概念,如事件、样本空间、随机变量等,并给学生提供相应的定义和示例,确保学生能够准确把握这些概念的内涵。

(2)游戏规则介绍。选择一种适合学生的数学游戏,如骰子游戏或扑克牌游戏。简单介绍游戏规则,确保学生都能充分理解并投入到游戏中。

(3)游戏实践。让学生分组开展游戏实践,进行多轮游戏。在每一轮游戏结束后,学生需要记录各种情况(如赢的次数、输的次数、特定事件发生的次数等)。

(4)数据统计与分析。学生根据记录的数据进行统计和分析,计算各种事件发生的概率。引导学生讨论结果,思考为什么会得到这样的概率,并培养他们对概率计算的理解和思考。

(5)总结讨论。在游戏结束后,组织学生进行总结讨论。引导他们回顾所进行的游戏和数据分析过程,总结概率计算的方法、规律和特点。鼓励学生分享自己的观察和发现,促进彼此之间的学习交流与思想的碰撞。

(6)拓展活动。根据学生的能力和兴趣,可以设计一些拓展活动来进一步应用概率计算。比如,让学生设计自己的数学游戏,并通过统计和分析来计算各种事件的概率。这样不仅加深了对概率计算的理解,还培养了学生的创造力和问题解决能力。

通过使用数学游戏进行概率计算,中职生在实践中应用和探索概率知识,可以提高他们的数学思维和问题解决能力。此外,这种活动还能够增加中职生的兴趣和参与度,激发他们对数学的好奇心和探索欲望,从而有效地培养中职生的数学技能素养。

3. 数学实验和模拟

设计数学实验和模拟情境,让中职生通过观察和实践来理解和应用数学概念。比如,进行投掷实验来讨论概率问题,或者使用电子秤和温度计来进行测量实验。以此加深对数学概念的认识与应用。

案例 5-13 展示了如何通过开展数学实验和模拟来培养中职数学技能素养。

案例 5-13 使用数学实验和模拟进行统计分析

目标:通过数学实验和模拟,帮助学生理解和应用统计分析的概念,培养他们的数据处理和问题解决能力。

实施步骤:

(1)引入概念。在课堂上引入统计分析的概念,如数据收集、数据整理、图表绘制、中心倾向和离散程度等,并给学生提供相应的定义和示例,以增强他们的认识。

（2）实验设计。选择一个适合学生的统计实验，如抛硬币实验或掷骰子实验。根据实验的目标，设计实验过程和记录数据的方法。

（3）进行实验。让学生进行实际的实验操作，收集数据并记录。确保学生按照实验设计进行实验，并记录所得的数据。

（4）数据整理与分析。引导学生根据实验数据进行数据整理和分析，包括计算频数、制作频率分布表和绘制直方图等。引导学生运用统计分析的方法和工具进行数据处理，并分析数据的中心倾向和离散程度。

（5）总结讨论。在实验结束后，组织学生进行总结讨论。引导他们回顾实验过程和数据分析的结果，总结统计分析的方法、规律和应用领域。鼓励学生分享自己的观察和发现，促进彼此之间的学习交流。

（6）拓展活动。根据学生的能力和兴趣，可以设计一些拓展活动来进一步应用统计分析。比如，让学生设计自己的统计实验，并利用模拟工具（如 Excel 或统计软件）进行模拟分析。这样不仅加深了对统计分析的理解，还培养了学生的创造力和问题解决能力。

通过使用数学实验和模拟进行统计分析，中职生可以在实践中应用和探索统计知识，提高他们的数据处理和问题解决能力。这种活动能够让中职生亲身体验数据收集和分析的过程，培养他们的科学思维和批判性思维，从而有效地培养中职学生的数学技能素养。

4. 网络资源和在线课程

利用网络资源和在线课程拓宽中职生的数学学习渠道。通过让中职生自主搜索和学习相关数学知识，提高他们的信息检索和获取能力。同时，还可以利用在线教育平台提供的学习资源和课程，让中职生根据自己的兴趣和需求进行学习。

案例 5-14 展示了如何通过使用网络资源和在线课程来培养中职数学技能素养。

案例 5-14　代数学习

目标：通过利用在线数学教育平台，帮助学生系统地学习和应用代数知识，提高他们的代数运算和问题解决能力。

实施步骤具体如下。

（1）平台选择。选取一个适合中职生学习需求的在线数学教育平台，如 KhanAcademy、Mathway 或其他认可的平台。

（2）注册和选择课程。学生注册账号，并选择与代数相关的课程。根据学生的水平和需求，可以选择基础代数、线性方程和不等式、多项式函数等级别适宜的课程。

（3）视频学习。学生观看平台提供的教学视频，理解和掌握代数概念和解题方法。视频通常包括讲解和示范,以帮助学生更好地理解和应用代数知识。

(4)练习和测试。学生通过在线平台进行练习和测试,巩固和检验他们所学的代数知识和技能。这些练习和测试通常可根据学生的回答情况进行自适应调整,以提供个性化的练习和评估。

(5)问题解答和辅导。学生可以在平台上寻求问题解答和辅导。平台通常提供教师或志愿者的支持,学生可以就自己遇到的代数问题向他们请教并获得指导。

(6)总结讨论。引导学生在每块学习单元结束后进行总结和讨论。让学生回顾所学的代数知识和技能,并思考如何将其应用到实际问题中。鼓励学生分享学习心得和体会,促进彼此之间的学习交流。

(7)拓展活动。根据学生的能力和兴趣,可以设计一些拓展活动来进一步应用代数知识。比如,让学生通过平台提供的在线工具进行代数建模和问题求解,或者给予学生一些代数研究课题,鼓励他们深入探究和发现代数的应用领域。

通过利用网络资源和在线课程进行代数学习,中职生可以根据自己的节奏和需求学习代数知识,并在互动的学习环境中获得实时反馈和指导。这种学习方式不仅提供了广泛的学习资源,还培养了中职生的自主学习能力和信息获取能力,从而有效地提升他们的数学技能素养。

5.视频教学和教学示范

使用视频教学和教学示范来呈现数学概念和解题方法。通过观看教学视频和示范视频,中职生可以更直观地理解和掌握数学知识。同时,还可以结合视频教学和实际操作,让中职生在观看的同时动手实践,提高他们的学习效果。

案例5-15是使用视频教学和教学示范来培养中职数学技能素养的措施。

案例5-15 几何形状的认知与构建

目标:通过视频教学和教学示范,帮助学生认知和理解不同几何形状的特征,培养他们的几何思维和问题解决能力。

实施步骤具体如下。

(1)引入概念。在课堂上引入不同几何形状的概念,如线段、角、三角形、四边形等,并给学生提供相应的定义和示例,以激发学生的兴趣。

(2)视频教学。准备一些精心制作的视频教学资源,展示不同几何形状的特征和性质。通过动画、图像和示例,让学生直观地了解几何形状的定义及其重要特征。

(3)教学示范。在实际演示中,教师可以通过视频示范的方式展示如何使用工具(如直尺、量角器)构建各种几何形状,如正方形、等腰三角形等。学生可以观察教师的示范并模仿进行实际操作。

(4)学生练习。让学生根据所学几何形状的特征和构建方法,自主进行练习和实践。教师可以提供一些练习题目,让学生应用所学知识来解答,并给予及时的指导和反馈。

（5）总结讨论。在学生练习结束后,组织学生进行总结讨论。引导他们回顾所学几何形状的特征和构建方法,总结几何形状的规律和性质。鼓励学生分享自己的观察和发现,促进彼此之间的学习交流。

（6）拓展活动。根据学生的能力和兴趣,可以设计一些拓展活动来进一步扩展几何形状的应用。比如,让学生利用所学几何形状设计一个简单的建筑平面图,或者让学生在实际环境中观察和识别不同几何形状的实例,以加深学生对几何形状应用的理解。

通过使用视频教学和教学示范进行几何形状的认知与构建,中职生可以通过视觉和操作的方式更直观地理解几何形状的特征和构建方法。这种教学方式可以激发学生的兴趣和想象力,加深他们对几何形状的认识和应用能力,从而有效地提升中职学生的数学技能素养。

以上是使用常见的多元化教学资源的具体措施,教师可以根据具体情况和中职生需求选择合适的教学措施。这些具体措施能够丰富教学内容,提高中职生的学习兴趣和参与度,从而有效地培养中职学生的数学技能素养。

（二）实践性和应用性教学

将数学知识应用到实际生活和职业领域中,培养学生的实际应用能力。通过数学建模、数据分析、项目合作等实践性任务,让中职生将所学的数学知识运用到解决实际问题中。

在教学中引入实际应用的问题是培养中职生数学技能素养的重要方法之一。教师可以设计与中职生生活和职业相关的问题,让他们运用数学知识进行分析和解决。实际问题让中职生将数学知识应用到实际场景中,这样不仅可以加深中职生对数学概念的理解,还可以培养他们的问题解决能力和创造思维。

中职数学技能素养的培养需要注重实践性和应用性教学策略,可以采取以下措施通过实际问题导向的学习源来实现中职生的数学技能素养的培养。

1. 问题导向

将数学知识与实际问题联系起来,以问题为导向进行学习。引入与中职生生活和职业相关的实际问题,让他们运用数学知识进行分析和解决。比如,讨论家庭预算管理、购物优惠比较、工作时间计算等实际问题,鼓励中职生运用所学的数学知识进行实际操作和解决。以下五种途径展示了如何通过问题为导向来培养中职生的数学技能素养。

（1）基于视频教学和教学示范。教师可以制作或利用现有的视频资源,展示数学知识的应用场景和解题过程。比如,通过录制实际生活中的测量、图形绘制、数据分析等实例,让学生观察和学习如何运用数学概念和方法解决问题。

(2)利用网络资源和在线课程。引导学生利用互联网上的数学学习资源,如在线教学平台、数字图书馆、数学学习网站等,进行自主学习和讨论。教师可以指导学生搜索和筛选相关内容,并通过在线讨论和互动来深化学习。

(3)进行数学实验和模拟。设计数学实验和模拟活动,让学生通过实际操作和观察,理解数学概念和原理。比如,在统计学中,引导学生设计调查问卷并进行数据收集和分析,以了解某一问题的统计特征。

(4)运用数学游戏和拓展活动。通过数学游戏和拓展活动,增加学生对数学的兴趣和参与度。比如,使用数学拼图游戏来培养几何思维和空间想象能力,或者组织数学竞赛和挑战活动,鼓励学生运用数学知识解决问题。

(5)利用绘图工具和软件。教师可以引导学生使用绘图工具和数学软件,如Geogebra等,进行几何图形的绘制和变换、数据的可视化、函数的探索等。这样可以加深学生对数学概念和方法的理解,并提高他们的创造性和实践能力。

通过以上途径,中职生不仅可以获得丰富的数学知识,还能够培养自主学习和问题解决的能力,提高数学技能素养。同时,教师在教学过程中也可以根据中职生的实际情况进行差异化教学和个性化指导,促进他们全面发展。

2. 项目驱动学习

通过项目设计和实施,让中职生在解决实际问题的过程中运用数学知识和技能。教师可以组织中职生分组或个人完成一个小项目,要求他们运用数学知识进行数据收集、处理和分析。比如,设计一个民意调查问卷,并利用统计方法对数据进行分析和解读,从而得出有意义的结论。

项目驱动学习是一种以项目为核心的学习方法,通过实际项目的设计和实施,可以培养中职生的数学技能素养。以下五个实际项目展示了如何通过项目驱动学习培养中职生的数学技能素养。

(1)建筑设计项目。扮演建筑设计师的角色,学生通过设计一个房屋或建筑物,运用几何、比例和测量等数学知识,计算面积、体积、角度等参数,并解决与建筑设计相关的数学问题。

(2)金融投资项目。扮演投资顾问的角色,学生通过对股票、基金等金融产品的分析和计算,运用利率、百分数、比例、统计等数学知识,进行投资收益、风险评估和资产配置等方面的决策。

(3)制作食谱项目。设计和制作一个食谱,学生可以运用比例、分数、测量等数学知识,计算食材的比例、烹饪时间、热量等参数,并解决与食品制作相关的数学问题,如调整食谱的分量、计算食材的成本等,从而培养对食品科学的理解。

(4)社区调查项目。选择一个社区问题进行调查和分析,学生可以应用统计学和数据分析的方法,收集和整理数据,并运用图表、图像、统计指标等数学工具,分析问题的成因、趋势和解决方案。

(5)科学实验项目。设计和实施一个科学实验,学生可以运用数学模型和数据分析方法,分析实验结果、提取规律并进行预测,从而培养数学建模和科学研究的能力。

在这些项目中,中职生需要自主思考和解决问题,运用数学知识和技能进行实际操作,培养了数学应用能力、创新思维和团队合作精神。教师在项目中担任指导者的角色,引导中职生进行学习和探究,及时给予反馈和指导,促进学生的成长和发展。

3. 模拟实验和观察

使用模拟实验和观察的方式让中职生直观地了解数学概念和原理。比如,在统计学中,通过模拟抛硬币、掷骰子等实验,让中职生亲自体验随机事件的规律和概率计算的应用。

模拟实验和观察是培养中职学生数学技能素养的有效方法之一。以下五种模拟实验展示了如何通过模拟实验和观察活动培养中职生的数学技能素养。

(1)金融市场模拟交易。参与一个虚拟的股票交易市场,通过模拟购买和出售股票,观察和分析股票价格的波动和变化趋势。学生可以运用数学概率和统计知识,预测股票价格的可能走势,并制订相应的投资策略这不仅锻炼了他们的数,学应用能力,也提高了他们的经济意识。

(2)体积测量模拟实验。进行一系列模拟实验,使用不同形状和大小的容器,如立方体、圆柱体、锥体等,倒入或量取液体或颗粒物质,观察和测量它们的体积。通过这些实验,学生可以深入理解几何体的体积计算公式,并应用到实际问题中。

(3)等速直线运动观察实验。设计并进行等速直线运动的观察实验,比如,在平滑的斜面上放置小车,在固定时间内测量小车所走过的距离。通过观察实验数据,并运用运动学公式,学生可以计算小车的速度、加速度等参数,并体验到数学知识在物理世界中的应用。

(4)数据收集和统计分析观察。选择一个感兴趣的现象或问题,如天气变化、交通流量、商品价格波动等,进行一段时间内的数据收集,并利用统计学方法进行数据的整理、描述和分析。通过观察和分析数据,学生能够掌握统计概念、数据处理技巧,并提出合理的结论和预测。

(5)几何变换模拟实验。使用几何软件或绘图工具,模拟几何图形的平移、旋转、反射和放缩等变换操作。通过实验观察和推理,学生可以探索几何变换的规律和性质,加深对几何变换的认识和理解,从而培养学生空间想象力和创新思维。

通过这些模拟实验和观察,中职生能够亲身参与实践活动,加深对数学知识和技能的理解和应用。同时,这样的实验和观察也能激发中职生的探究兴趣,培养他们的观察力、逻辑思维和解决问题的能力。教师需要引导中职生进行实验设计、数据分析和结果解释,以及进行讨论和反思,从而促进他们的学习和发展。

4. 创新性解决问题

鼓励中职生运用创新思维和数学知识解决问题。提供一些开放性的问题,引导中职生进行探索和研究,培养他们的问题解决能力和创造力。比如,让中职生设计一个简单的游戏规则,并分析其中涉及的数学原理和算法。

创新性解决问题是培养中职学生数学技能素养的重要部分。以下四种途径展示了如何通过创新性解决问题来培养中职生的数学技能素养。

(1) 设计数学游戏。鼓励学生设计并制作自己的数学游戏,如数独、数学迷宫、数学谜题等。通过设计这些游戏,学生需要运用数学知识和逻辑思维,同时培养创造性和解决问题的能力。这样的游戏可以激发学生对数学的兴趣,提高他们的数学技能素养。

(2) 数学建模竞赛。组织数学建模竞赛活动,要求学生团队解决一个真实的问题或场景,并提出创新的数学模型和解决方案。学生需要收集和分析相关数据,提出假设,运用合适的数学方法和工具进行建模和分析,最终给出预测或决策。这样的竞赛活动可以培养学生的数学建模能力和创新思维让他们的解决实际问题的过程中,体验到数学的实用性和魅力。

(3) 发现数学规律。观察和研究一系列数学问题或模式,并尝试发现其中的规律。比如,学生可以观察数字序列的变化规律,探索图形的特征和性质,或者发现数学公式和关系。通过这样的探索活动,学生可以培养自主学习和问题解决的能力,以及创新思维。

(4) 数学项目设计。选择一个数学主题,并设计一个与其相关的创新项目。比如,引导学生设计一个数学展览,通过展示数学原理、应用场景和实践项目,展现数学的美和实用性。或者设计一个数学模型或算法,解决某个实际问题,如物流优化、路径规划等。这样的项目设计可以激发学生的创造力和实践,让他们在实际操作中深入理解数学知识的应用价值。

通过这四种途径,不仅使中职生掌握了数学基础知识和技能,而且能够将其灵活地运用于实际问题中,挑战传统的解决方法,并寻求新的、富有创造性的解决方案。在此过程中,中职生将发展出数学建模、问题求解和创新思维的能力,提高他们的数学技能素养。此外,创新性解决问题也激发了中职生对数学的兴趣和动力,促使他们在数学学习中投入更多努力,进一步提升其数学素养水平。因此,培养中职生的创新性解决问题能力对于他们的数学技能素养的培养具有重要意义。

5. 实践操作和技能训练

注重中职生的实践操作和技能训练,使他们能够熟练运用数学工具和技巧解决实际问题。教师可以设计一些实践活动,如计算器使用技巧训练、图形绘制与测量、数据处理软件的应用等,帮助中职生掌握实际应用中所需的数学技能。

实践操作和技能训练是培养中职学生数学技能素养的重要手段。以下五类实践活动展示了如何通过实践操作和技能训练来培养中职生的数学技能素养。

(1)实际测量与计算。进行实际测量活动,如测量长度、面积、体积等,并进行相应的计算。比如,测量教室的长宽高,计算出其面积和体积。通过实际操作,学生可以理解并应用数学测量知识,培养准确度和精度的意识。

(2)图形绘制与变换。使用纸笔或计算机绘图软件,进行图形的绘制和变换。比如,绘制平面几何图形,如三角形、四边形等,并进行平移、旋转、镜像等操作。通过实际操作,学生可以加深对几何概念和性质的理解,并提高图形处理和空间想象能力,为日后解决更为复杂的几何问题打下坚实的基础。

(3)数据分析与统计。进行数据收集和处理活动,如调查问卷、实验结果、统计数据等。学生需要运用统计方法和工具,如频数表、条形图、折线图等,对数据进行分析和呈现。通过实践操作,学生可以掌握统计学概念和技巧,培养数据分析和解释的能力。

(4)计算器和电脑软件应用。通过使用计算器和电脑软件,进行数学计算和问题求解。比如,学生可以使用计算器进行复杂数字运算,使用电子表格软件进行数据处理和图表制作。通过实践操作,学生可以熟练运用计算工具,提高计算效率和准确性,为日后的学习和工作打下了坚实的基础。

(5)数学建模和问题解决。进行数学建模和实际问题的求解。学生需要掌握问题分析、建模和求解的基本步骤,运用数学知识和方法解决实际问题。比如,学生可以模拟物理实验、优化生产过程等场景,展示并应用他们的数学技能,并从中培养他们解决实际问题的技能。

通过实践操作和技能训练,中职生将数学知识应用于实际情境中,培养实践能力和应用技巧。教师可以提供相关的实践任务和案例,并进行适当的指导和反馈,以促进中职生的学习和成长。

6. 行业实践和实习经验

与行业合作或组织实习活动,让中职生在实际场景中应用数学知识。中职生通过参观企业、工厂等场所,了解实际生产和管理中的数学运用,或者参与实习项目,将数学知识应用于实际工作中。

行业实践和实习经验可以帮助中职生将数学技能应用于实际工作场景,提升他们的数学技能素养。以下五种实习或实践活动展示了如何通过行业实践和实习经验来培养中职生的数学技能素养。

(1)金融实习。参加银行、证券公司或保险机构的实习,从事财务管理、投资分析或风险评估等相关工作。学生可以运用数学知识和方法,进行数据分析、计算利润、评估风险等,从而培养他们的数学技能素养,并了解金融行业的实际运作。

(2) 工程实践。在工程公司或制造企业进行实习,参与产品设计、维修和优化等工作。学生需要运用几何、代数等数学知识,进行测量、绘图、计算等操作,解决实际工程问题,提高数学应用能力和实践技能。

(3) 数据分析实践。加入市场调研公司或数据科学团队,从事数据收集、清洗、分析和可视化等工作。中职生需要运用统计学和数据分析的方法,处理大量的数据并提取有价值的信息,培养数据分析和解释的能力,并熟练掌握数据分析软件和工具,以提升数据处理的效率和准确性。

(4) 制造业实习。在制造业企业进行实习,参与生产过程的规划、控制和优化等工作。学生需要运用数学模型和算法,进行生产计划、库存管理、工艺改进等方面的分析和决策,提高操作技能和应用能力,以增强对生产流程的理解和掌握。

(5) 研究实践。加入数学实验室,参与学科研究项目的设计和实施。学生需要运用数学建模和实验设计的方法,解决科学问题,分析实验数据,并进行结果验证和解释,培养科学思维和科研能力。

通过行业实践和实习经验,中职生可以亲身体验并应用数学知识到实际工作中,增强他们的职业意识和就业竞争力。同时,工作场景也提供了中职生与专业人士交流合作的机会,使他们能够更好地理解和应用数学在实际行业中的重要性。教师可以引导中职生选择适合自己兴趣和专业的实习机会,并在实习期间提供指导和支持,以促进他们的学习和成长。

通过实践性和应用性教学策略,中职生能够将所学的数学知识与实际问题和情境联系起来,培养解决问题和应用数学的能力。这样的教学策略能够提升中职学生的数学技能素养,并促使他们更好地将所学的数学知识应用于未来的职业和生活中。

(三) 问题驱动学习

问题驱动学习是一种以问题为核心进行学习的方法。以问题为导向,鼓励中职生主动探索和解决数学问题。引导中职生提出问题、制订解决方案,并通过合作学习、讨论和研究来解决问题。这样的学习方式可以培养学生的问题分析和解决能力,提高他们的数学思维和推理能力。

通过实际问题的探究和解决,培养中职生的数学技能素养。它强调中职生的主动参与和自主学习,通过面临和解决真实的问题,学会应用数学知识和技能,提高解决问题的能力和创新思维。可以采取以下措施通过问题驱动学习来实现中职生的数学技能素养的培养。

1. 设计真实且具有挑战性的问题

确保问题与学生的日常生活、职业发展或感兴趣的领域相关。问题应该具有一定的难度,能够激发中职生思考和探究的欲望。问题驱动学习让中职生直接面对真实的问题和情境,学会将数学知识和技能应用于实际场景。通过这样的实践操作,中职生能够更好地理解数学的意义和效果,并培养实际解决问题的能力。

比如,学生被要求设计一个健康饮食计划,以确保人体摄取足够的营养。问题可以是:根据个人需求,每天应摄取多少蛋白质、碳水化合物和脂肪?学生需要了解不同食物的营养成分,并使用数学计算来确定每种食物的推荐摄入量。

又如,学生被要求设计一个城市交通方案,以减少交通拥堵和行程时间。问题可以是:如何安排红绿灯的时长,以最小化交通堵塞?学生可以使用图论和最短路径算法等数学概念来解决该问题。

这些问题都涉及实际生活中的情境,需要中职生运用数学知识和技能来解决。通过这样的问题驱动学习,中职生能够将数学应用于实际问题中,并培养他们的分析、解决问题和合作能力,从而达到培养中职生的数学技能素养的目的。

2. 引导学生进行问题分析与解决

教师可以引导中职生对问题进行分析,找出关键信息和要求,并将问题分解成若干个小问题。这有助于中职生理清问题结构,确定所需的数学知识和技能。问题驱动学习鼓励中职生提出新颖的问题和解决方案,培养创新思维和创造力。中职生需要在解决问题的过程中思考和尝试不同的方法和策略,发展独立思考和问题解决的能力。

比如,学生被要求建立一个数学模型,用于解释和预测某种现象或问题。问题是:选择一个实际问题,如人口增长、传染病扩散或股票市场变动,并建立一个数学模型来描述和预测该问题的发展。学生需要搜集数据、选择合适的数学模型,并进行模型验证和分析。这样不仅锻炼了他们的数学技能,也提高了他们解决实际问题的能力。

又如,学生被要求设计一个环境保护项目,以减少对地球的负面影响。问题是:选择一个环境问题(如塑料污染或气候变化),并提出解决方案。学生需要了解问题的原因和影响,并提出具体的行动计划。这需要他们运用跨学科的知识进行。

在这些问题的解决过程中,中职生需要运用问题解决的技巧,如分析、推理、创造和评估等,以解决实际问题。他们将面临各种挑战和决策,并在解决问题的过程中不断学习和成长,从而提升自己的数学素养和综合能力。

3. 提供资源和指导

为中职生提供多样化的资源,如书籍、网络资料、实验设备等,以便他们收集和整理相关信息。同时,教师在学习过程中提供必要的指导和支持,帮助中职生解决困难和理解复杂的概念。

比如，提供适合学生学习和研究问题的资源和工具。这包括图书馆、在线数据库、电子书籍、视频课程等。学生可以使用这些资源来获取相关信息、深入研究问题，并获取必要的背景知识。

又如，帮助学生在解决问题的过程中提供指导和反馈。可以提供建议、回答问题，并对学生的解决方案进行评估和改进。可以帮助学生了解自己的进展并提供改进的机会。同时，也可以帮助他们更好地调整和改进解决问题的方法和策略。

这些资源和指导的举例可以促进中职生进行问题驱动学习，并提供支持和引导，以确保他们能够有效地解决问题并取得进展。同时，教师和指导者也需要扮演着重要的角色，在整个学习过程中给予中职生关键的帮助和反馈。

4. 鼓励合作学习和讨论

促进学生之间的合作学习，鼓励他们分享观点、交流想法，并相互支持和挑战。通过合作学习和讨论，中职生可以从不同的角度获得新的见解，并加深对问题的理解。问题驱动学习鼓励中职生在小组或团队中合作解决问题，培养团队合作和沟通能力。学生之间需要共享信息、交流观点和分工合作，形成合作意识和团队精神。

比如，将学生组成小组，合作设计数学游戏，如数独、拼图或数学迷宫。中职生需要讨论规则、难度级别和解决方案，并共同解决设计过程中的问题。通过这个项目，学生可以运用数学知识来设计游戏，并提高他们的合作和创造能力。

又如，学生分组，选择一个产品或服务，并设计一个广告宣传活动。学生需要讨论目标受众、宣传策略和推广渠道，并共同解决广告制作和推广过程中的问题。通过这个项目，学生可以发展他们的创意思维和团队合作能力。

通过这些合作学习和讨论活动，中职生可以在解决问题的过程中相互支持和学习，培养他们的合作精神、沟通能力和解决问题的能力。同时，教师也可以充当参与者和指导者的角色，促进中职生的合作和讨论，并提供必要的支持和指导，进而帮助他们克服合作过程的困难。

5. 引导学生运用数学知识和技能解决问题

在问题驱动学习中，中职生需要将数学知识和技能应用于解决实际问题。教师可以提供具体的数学方法和技巧，并引导中职生运用它们来分析和解决问题。问题驱动学习还鼓励学科之间的融合与交叉，帮助中职生将数学与其他学科进行有机结合。中职生可以从多个学科的角度来探索和解决问题，培养综合素养和多元思维。

比如，学生被要求计划地面铺设项目，如室内地板、瓷砖或草坪。问题是：如果已知区域的长度和宽度，需要计算所需材料的总量，并确定最佳的铺设方案。学生可以使用数学概念如面积、周长和单位换算来解决该问题。

又如,学生被要求收集一组数据,并进行统计分析。问题是:需要计算数据的平均值、中位数、范围和标准差,并解释数据的含义和趋势。学生可以使用数学技能如求和、平均值和方差来解决该问题。

在以上问题的解决过程,中职生可以运用数学知识和技能解决实际问题,提高他们的数学应用能力和解决问题的能力。教师可以引导中职生运用适当的数学概念和技巧,并提供支持和指导,以确保他们能有效地解决问题并应用数学知识。

6. 促进反思和总结

引导中职生在解决问题后进行反思和总结,让他们思考解决问题的过程、策略的有效性以及遇到的困难和挑战。这有助于中职生加深对数学概念的理解,并提高问题解决的能力。

比如,设计一个反思问卷,让学生回答与他们的问题驱动学习经历相关的问题。如"你在解决问题的过程中遇到了哪些困难? 如何克服这些困难? 你学到了什么?"学生可以用文字或图形方式回答,并对自己的学习过程进行总结和评估。这种方法不仅能够增强学生的自我认知,还能够促进他们对数学知识的深入掌握和灵活应用。

又如,组织学习展览活动,让学生展示在问题驱动学习中完成的项目和成果。学生可以准备海报、展示板、展示文稿或多媒体展示,向其他人展示他们的学习过程和解决问题的步骤。这将激发学生自我反思和总结,并增加对他们学习成果的认识。

通过这些反思和总结的活动,中职生可以深入思考和总结自己的学习经验,发现自己的成长和需要改进的地方,并为未来的学习提供指导和启发。教师可以提供适当的指导和反馈,帮助中职生发现自己的强项和改进的方向,并鼓励他们追求更高的学习目标,从而实现个人的成长和发展。

7. 提供及时反馈和评估

为中职生提供及时的反馈和评估,让他们了解自己的学习进展和不足之处。教师可以给予肯定和建设性的指导,帮助中职生改进和进一步提高数学技能素养。

比如,定期与学生进行一对一或小组反馈会议,讨论他们数学学习中问题的解决过程和学习成果。教师可以给予积极的肯定和鼓励,并提供具体的建议和改进意见,帮助学生针对性地调整他们的学科学习方法和策略。

又如,鼓励学生进行自我评价和反思,以促进他们深入思考学习数学的过程和成果。学生可以编写自我评估报告或反思日记,回顾他们的问题解决经验、挑战和学到的新学科知识。这有助于学生发现学科学习的成长和改进的方向。

这些及时的反馈和评估方法可以帮助中职生跟踪他们的学习进展,发现自己的强项和改进的方向。教师可以提供具体的建议、鼓励中职生思考和尝试新策略,并为他们的学习提供指导和支持。

总之,问题驱动学习是一种富有挑战性和激励性的学习方法,可以促进中职生数学技能素养的全面发展。通过以上策略的运用,问题驱动学习可以激发中职生的学习热情和主动性,培养他们的数学技能素养,并提高他们解决问题的能力和创新思维。教师在问题驱动学习中,其角色是引导者和促进者,需要为中职生提供适当的问题和支持,引导他们积极参与,并及时给予反馈和指导,以推动其学习和成长。同时,教师需要鼓励中职生积极参与,提出问题并分析问题背景,收集和整理相关信息,寻求资源和合作,运用数学知识和方法进行分析和推断,并给出有理据的解决方案,确保学生能够在学习的道路上不断前进。

(四)合作学习和互助学习

组织学生进行小组合作学习和互助学习,通过交流和讨论来深化对数学概念的理解。中职生可以相互提供反馈和评价,分享解题思路和策略,促进彼此之间的学习和成长。

合作学习是通过小组合作的方式进行学习和交流。教师可以组织中职生进行小组讨论和合作,共同解决数学问题。在合作学习中,中职生可以相互借鉴和帮助,共同探讨解题思路,提高问题解决和推理能力。此外,合作学习还能培养中职生的团队合作能力和沟通能力,提升学习效果。

可以采取以下措施通过合作学习和互助学习来实现中职生的数学技能素养的培养。

1. 小组合作学习

将中职生分成小组,在小组内共同解决数学问题或完成数学任务。中职生可以相互交流、讨论和分享思路,互相帮助和纠正错误。教师可以设定适当的小组任务,并提供明确的指导和评估。

比如,学生分组进行数学探索,如解决数学谜题或进行数学实验。小组成员可以共同讨论,提出解决方案并进行评估。这种活动可以培养学生的解决问题的能力、逻辑思考能力和合作精神。

又如,学生分组解决一个实际问题,并应用数学知识和技能找到解决方案。问题可以涉及成本计算、尺寸测量、资源分配等等。小组成员可以合作讨论策略,分工合作并共同解决问题。这样的活动可以帮助学生将数学应用于真实情景中,提高他们的问题解决能力。

通过这些小组合作学习的活动,中职生可以共同合作,互相学习和支持,并以更有趣和具体的方式应用数学知识。教师可以提供指导,促进组内合作和互动,并提供有效的反馈和评估来帮助中职生不断改进和成长。这样的教学方法使数学学习变得更加生动有趣。

2. 角色分工合作

在小组合作学习中,给每个学生分配一个特定的角色,如组长、记录员、时间管理者等。不同的角色有不同的职责和任务,可以促进学生之间的互动和合作,同时培养团队合作和分工合作的能力。

比如,学生分成小组,每个小组负责讲解一个特定的数学概念或技能。其中一个学生可以担任教师角色,负责撰写教案和设计教学材料。其他组员担任学生角色,并参与课堂讨论、解决问题和接受指导。通过扮演不同角色,学生能够深入理解和运用数学知识,并提高他们的沟通和教学能力。

又如,学生分成小组,负责设计和制作一个数学游戏。其中一个学生可以担任项目经理角色,负责协调团队活动,并确定游戏规则和难度级别。其他学生可以负责游戏内容的设计、测试和改进。通过这种分工合作,学生能够运用数学知识和技能来设计有趣的游戏,并提高他们的创造力和团队合作能力。

通过角色分工合作的方式,中职生可以在实际问题中运用数学知识和技能,并提高他们的沟通、合作和问题解决能力。教师可以提供指导和支持,促进中职生的合作和学习成长。

3. 互助学习伙伴

建立互助学习伙伴关系,在学生之间配对,互相帮助和支持。中职生可以互相解释和讲解理解的数学概念,提供反馈和纠正错误,共同解决问题。教师可以根据中职生的水平和需求进行合理的配对,以确保每位学生都能从中受益。

比如,互助学习伙伴可以一起运用数学知识和技能解决实际生活中的问题,如制订购物清单、预算规划等。通过实际问题的解决,学生可以将数学知识应用到实际情境中,提升数学技能。

又如,互助学习伙伴可以共同参与数学活动,如游戏、解决问题等。他们可以互相讨论和交流,分享彼此的思路和解决方法,从而提高数学思维和解题能力。

这些方式旨在鼓励中职生通过与互助学习伙伴合作学习,共同提高数学技能素养。通过积极合作、交流和反思,中职生将能够更深入地理解数学概念和解题方法,并提高解决问题的能力,以促进学生的全面发展。

4. 共享学习资源

鼓励中职生在合作学习中共享学习资源,如笔记、学习材料、解题思路等。这样可以促进学生之间相互学习和借鉴,拓宽视野,加深对数学概念和方法的理解。

比如,学生可以分享数学应用软件和工具的使用经验和心得。如可以推荐一些数学练习APP或在线计算器,帮助其他学生提高数学技能。

又如,学生可以共享数学竞赛的相关资料和题目。这些资料包括竞赛试题、解析和经验分享。通过参与数学竞赛,学生可以提高数学技能和解题能力。

通过共享学习资源,中职生可以相互学习和借鉴,扩大数学学习的广度和深度。这促进了中职生的自主学习和合作学习,提高数学技能素养的培养效果。

5. 教师的角色转换

教师在合作学习中需要扮演指导者和引导者的角色,提供必要的支持和指导。然而,也应鼓励中职生更多地主动探索和解决问题,教师可以适时转变角色,成为学生之间合作学习的参与者和协调者。

比如,教师可以提供问题引导,帮助学生开始解决数学问题。这些问题引导可以引导学生思考关键概念、找出解题途径、设计解决方案等。教师可以通过提问、提示、示范等方式来引导学生的思考和探索。

又如,教师可以促进学生之间的数学交流和讨论,在小组合作学习中设立分享和讨论的环节。教师可以引导学生彼此解释和表达自己的思路、方法和策略,鼓励他们交流数学想法和解题思路,从而实现知识的共建和共享。

通过扮演指导者或引导者的角色,教师能够引导和支持中职生在合作学习中培养数学技能素养。教师的指导和引导能够促进中职生的自主学习和合作学习,提高他们的问题解决能力和数学思维水平。这种教学方式的实施,无疑将为学生的全面发展和终身学习尊定坚实的基础。

6. 反思和讨论

引导学生在合作学习结束后进行反思和讨论,分享彼此的经验和领悟。这有助于中职生思考合作学习的效果和价值,从中获得启示,进一步改进和提升数学技能素养。

比如,教师可以引导学生对数学项目进行评价和反思。学生可以围绕项目的设计、执行和结果等方面进行讨论,评估项目的有效性和改进空间。通过项目评价,学生能够深入理解数学概念和解决问题的能力,并提高创新性思维和团队合作能力。

又如,教师可以组织学生讨论数学的历史背景和发展过程。学生可以了解数学的起源、重要人物和里程碑事件,以及它们对现代数学的影响。通过对数学历史的讨论,学生可以更好地理解数学的本质和应用,并培养他们对数学的兴趣和好奇心。

通过反思和讨论,中职生可以思考数学的本质、解题的策略和方法,并借助同伴的意见和经验共同提高。这种交流和合作的过程可以培养中职生的批判性思维、沟通能力和团队合作精神,进一步提升他们的数学技能素养。

通过合作学习和互助学习的策略,中职生不仅能够相互学习和借鉴,共同解决数学问题,还可以培养团队合作、沟通和领导能力,提高数学技能素养的全面发展。教师在实施过程中,应合理组织学习活动,提供适当的引导和支持,并及时给予中职生反馈和评价,以确保学习过程的有效性和深度。

（五）反馈和评价

及时给予学生反馈和评价，帮助他们了解学习进展和发现不足。数学教师可以通过检查作业、观察课堂表现、个别指导等方式提供个性化的反馈和评价，并给予肯定和鼓励，以激发中职生的学习动力和积极性。

数学教师在教学过程中要及时给予中职生反馈和评价，帮助他们发现错误和改进。通过正面的鼓励和建设性的指导，激励中职生积极参与学科学习，以及提高他们对数学知识的认识和理解。此外，数学教师还可以通过定期的测试和考试，对学生的学习成果进行评价，帮助中职生发现自己学科的不足并调整学习策略。

可以采取以下措施通过反馈和评价来实现中职生的数学技能素养的培养。

1. 及时而具体地反馈

教师应该给予学生及时反馈，特别是在他们完成数学问题或任务后。反馈应该具体而明确，指出学生的正确和错误之处，甚至提供改进建议。这样的反馈可以帮助学生了解他们的强项和改进的空间。

比如，教师可以在学生完成数学练习或作业后，立即批改并与学生进行讨论。教师可以指出学生的错误，并解释正确的解题方法。这种即时的反馈可以帮助学生及时发现和纠正错误，加深对数学概念的理解，从而更有效地调整学习方法，提升解题技能。

又如，教师可以在课堂上随时给予学生口头反馈。当学生回答问题或解决数学问题时，教师可以立即给予评价和反馈，鼓励正确的做法，指出错误并提供改进的建议。这种及时的口头反馈可以帮助学生加深对数学概念的理解和运用能力。

通过及时反馈，教师能够帮助中职生准确了解他们的学习进展和难题，并及时提供指导和支持，帮助他们加深对数学知识和技能的理解和掌握。这种及时的反馈可以激发学生的学习兴趣和动力，促进他们的数学技能素养的培养。

2. 分层反馈和评价

教师可以根据学生的不同程度和能力给予分层的反馈和评价。对于初级水平的学生，数学教师可以着重指出他们的错误，并提供详细的解释和示范。对于中级和高级水平的学生，数学教师可以更加注重挑战性问题的评价和思维过程的深度和广度。

比如，在小组合作学习活动中，数学教师可以根据学生在小组中的表现给予分层反馈和评价。如鼓励并肯定在小组中发挥积极作用的学生，同时提供额外的支持和指导给需要更多帮助的学生。这种分层反馈可以促进学生之间相互学习和帮助，并提高整个小组的学科学习效果。

又如，在解答数学问题时，教师可以根据问题的复杂度和难度给予不同程度的评价。对于简单的数学问题,教师可以关注学生的正确性和基本解题方法的运用。对于更复杂的数学问题,教师可以注重学生的推理、逻辑思维和创新性解决问题的能力。

通过分层反馈和评价,数学教师可以更好地满足中职生的学科学习需求和水平差异,个性化地提供指导和支持,促进他们的数学技能素养的培养。这种个性化的反馈和评价有助于提升中职生的数学学习自信心和动力,并帮助他们在数学学习中取得更好的成果。

3. 个别反馈和辅导

教师可以与学生进行个别会议,讨论他们的数学工作和解题过程。在这样的辅导中,数学教师可以提供有针对性的反馈,以满足学生的特定需求和困难。个别的反馈和辅导可以帮助中职生更好地理解和克服数学难题。

比如,教师可以针对学生在解答数学问题中的常见错误进行个别反馈。通过仔细解析学生的错误,数学教师可以指出他们在理解概念、运用公式或解题步骤上的困难,并给予相应的指导和示范,帮助他们纠正并避免这些错误。

又如,数学教师可以预留一定时间与学生进行个别答疑和辅导。在这个时间里,学生可以与教师面对面交流和讨论自己在数学学习中遇到的困难和问题。教师也可以针对学生的具体学科问题提供解答、示范和指导,帮助学生克服学习障碍,提高解题能力。

通过个别反馈和辅导,教师能够更具针对性地帮助中职生解决数学学习中的问题和困难,提供个性化的指导和支持。这种个别化的反馈和辅导可以提高中职生对数学的理解和兴趣,同时激发他们在数学学习中的自信心和动力,促进数学技能素养的培养。

4. 合作学习伙伴的互相反馈

教师可以鼓励学生互相给予反馈,特别是在合作学习活动中。学生可以彼此检查和评价对方的解答和思路,并提供建设性的意见和建议。这有助于学生发现自己的错误,以及借鉴他人的思考方法和解题策略,从而提升他们的数学思维。

比如,学生与同学组队,相互讨论和解答数学问题。他们可以互相提问、分享解题思路和解决方法,帮助对方理解和应用数学知识。

又如,在合作学习小组中,学生可以共同解决数学问题,并进行讨论和反思。他们可以相互分享解决思路、发现问题的关键点和解题策略的优缺点,从而提高自己的数学思维水平。

通过以上合作学习伙伴的互相反馈,合作学习可以帮助中职生相互合作、相互学习、相互提升,从而培养他们的数学技能素养。同时,这也促进了他们的团队合作能力、沟通能力和批判性思维能力的发展,为他们未来的学术和职业生涯打下坚实的基础。

5. 自我评价和反思

教师可以引导学生进行自我评价和反思。学生可以回顾他们的数学工作,评估他们的解题过程和成果,并提出改进的建议。这样的自我评价和反思可以培养了中职生对自己的认知和自主学习的能力。

比如,学生对自己的错题进行分析。引导他们找出错误的原因,如数学概念理解不清、计算错误等,并思考如何避免这些错误。同时,他们也可以寻求老师或同学的帮助,解决自己的疑惑和困惑,从而改进自己的学习方法。

又如,学生可以通过自我评价来评估自己的数学技能素养。他们可以思考自己在数学知识、解题能力和数学思维等方面的优势和不足,并制订相应的学习计划和策略。

通过自我评价和反思,中职生可以主动发现自己的数学学习问题和不足,及时调整学科学习策略,提高数学技能素养。同时,这也培养了他们的自我管理能力、批判性思维和学习动机,对他们未来的学习和发展有着积极的影响。

总之,通过以上反馈和评价措施的实施,教师能够帮助中职生更好地理解和应用数学知识和技能。反馈和评价可以帮助中职生发现和纠正错误,提供指导和支持,激发他们的学习动力和求知欲,进一步提升数学技能素养。不过,教师需要提供一些数学习题范例和数学模型答案,供中职生参考和比较。这些范例可以展示正确的解题思路和方法,以及应用数学概念的方式。中职生可以通过与范例比较和分析,了解自己的错误和不足之处,并改善解题习惯和技巧。

评价培养中职生数学技能素养的策略需要考察他们的参与度、数学技能提升、实践能力培养、创新思维培养、合作与互助学习以及学习成果展示等方面的表现。

综上所述,通过采用多元化教学资源、实践性和应用性教学、问题驱动学习、合作学习和有效的反馈与评价等策略,旨在激发中职生的数学学习热情,对数学的兴趣和理解,并促进将数学知识应用于实际生活和职业领域,提高他们的数学技能,并培养实践能力、创新思维和问题解决能力,从而达到全面培养中职生的数学技能素养的目的,为他们未来的数学学习和职业发展打下坚实的基础。

第三节　中职生数学思维素养的培养与策略

中职生数学思维素养的培养对他们未来的职业发展和生活能力具有重要影响。数学思维是一种关键的综合能力,它不仅能够培养中职生的逻辑思考和问题解决能力,还能够培养他们的创新思维和抽象思维能力。这些素养在各行各业都具有广泛的应用,无论是在科学研究、工程设计、金融分析还是日常生活中,都需要运用数学思维进行分析和决策。因此,培养中职生的数学思维素养可以使他们更好地适应未来的职业需求,并提高他们的生活质量。

中职生数学思维素养的培养还有助于培养他们的创新精神和问题解决能力。随着社会的不断变化和发展,创新已经成为推动社会进步的核心要素之一。而数学思维正是培养创新精神和问题解决能力的关键。通过培养中职生的数学思维素养,他们将能够培养出对问题的敏锐观察和分析能力,学会提出创造性的解决方案,并能够运用数学知识和技巧进行实际操作。这样的培养将使他们在面对各种挑战和困难时能够更加积极主动地寻找解决办法,并具备创新解决问题的能力。

一、中职生数学思维素养的具体要求

中职生数学思维素养是指中等职业教育阶段学生在数学学习中发展的思维能力和素养之和。它涵盖了中职生在数学领域内的逻辑思维、创新思维、抽象思维和启发式思维等方面的能力和素养。通过培养探究精神和创新意识,中职生能够独立思考和解决实际问题,发展批判性思维和创造性思维。具体而言,中职生数学思维素养包括以下几个方面:

(一)逻辑思维

中职生应具备良好的逻辑思维能力,能够理清问题的关系,并运用逻辑推理和证明技巧来解决数学问题。他们能够分析问题的关系,提出合理的论证和结论,并能够准确地表达自己的思想和观点。

(二)创新思维

中职生应培养创新思维能力,能够提出独特的解决方法和观点。他们能够运用数学知识和技能,灵活地思考和解决问题,寻找新颖的解决途径,并能够将创新思维应用到实际情境中。

(三)抽象思维

中职生应具备较强的抽象思维能力,能够从具体问题中提取出数学概念和模式,并将其应用到更广泛的情境中。他们需要具备将具体问题抽象为一般性规律和原则的能力,以及将抽象的数学概念应用到具体问题中的能力。

(四)启发式思维

中职生应培养启发式思维能力,能够在解决复杂的数学问题时灵活地运用各种策略和方法。他们需要具备尝试和实验的能力,在探索中发现并解决问题,并能够有效地使用所学的数学知识和技巧。

总之,中职生数学思维素养的具体要求旨在培养中职生的思维能力和素养,以及解决问题的能力,使之能运用数学知识和技能进行分析、推理、解决问题,并具备灵活应变和创新思维的能力。通过培养中职生的数学思维素养,他们将能够提高扎实的数学思维能力,提高逻辑思维、创新思维、抽象思维和启发式思维等方面的素养,以更好地应对数学学习和实际问题的挑战。

二、中职生数学思维素养的培养及教育策略

中职生数学思维素养的培养是一个综合性的过程,需要采用多种教育策略来实施。这些策略可以包括合作学习、问题驱动学习、实践操作和技能训练、创新性解决问题、模拟实验和观察、项目驱动学习以及实际问题导向的学习等。为了培养和提升中职生的数学思维素养,学科教师可以采取以下教育策略及其有效措施来实现。

(一)问题驱动学习

问题驱动学习注重学生在解决问题的过程中主动思考、探索和构建知识,而不仅是被动地接受知识。学生通过面临挑战性的问题,探索和应用数学知识和技能来解决问题,培养了他们的逻辑思维、创新思维、抽象思维和启发式思维等数学思维能力。

问题驱动学习是一种教育策略。通过提出具有挑战性的问题来激发中职生的思维和学习兴趣,培养他们的数学思维素养。鼓励中职生主动思考和解决问题,培养他们的逻辑思维和解决问题的能力。

通过问题驱动学习是培养中职生数学思维素养的一种有效方法。以下项目展示了如何通过问题驱动学习来培养中职生的数学思维素养。

1. 旅行问题

要求学生计划一次家庭度假的旅行,包括预算、行程安排、交通方式等。通过这个旅行问题,中职生需要运用数学知识和技能,如比较不同交通方式的费用与时间、计算预算等。在解决问题的过程中,中职生需要进行数据分析、预测和决策,并能够灵活思考和提出解决方案。这样的综合性问题能够培养中职生的创新思维和解决问题的能力,同时提高他们对数学知识的理解和应用能力。

2. 消费比较问题

要求学生在购物中进行价格比较和折扣计算,以确定最佳购买选择。通过这个消费比较问题,中职生需要运用折扣计算、百分比计算等数学知识,并能够进行数据分析和比较,从而做出最经济合理的购买决策。这个问题能够培养中职生的

逻辑思维和抽象思维能力,同时提高他们的实际问题解决能力。

3. 金融投资方案

要求学生研究多样化的金融投资方案,包括股票、基金、保险、债券等。在研究这些金融投资方案中,中职生需要进行数据分析、比较和计算,以确定最佳的投资组合。他们需要运用数学知识和技能,如百分比计算、利率计算、复利计算等,培养逻辑思维和抽象思维能力,为今后的投资决策奠定坚实基础。

4. 交通规划优化

要求学生研究并提出一个城市交通规划方案,以解决交通拥堵和效率低下的问题。在研究交通规划优化方案中,中职生需要考虑到交通流量、道路容量以及公共交通等因素,运用数学模型和算法来优化交通规划。他们需要进行数据分析、建模和计算,培养启发式思维和创新思维能力,为城市交通的可持续发展贡献智慧和力量。

5. 经营农场

学生被要求模拟经营一个农场,考虑到作物种植、投资和收益等因素。在这个模拟经营农场中,中职生需要运用数学知识和技能,如面积计算、成本估计、收益预测等,进行农场规划和经营决策。他们需要进行数据分析、比较和计算,培养实际问题解决能力和创新思维能力。

6. 房屋装修设计

学生被要求设计一个房屋的布局和装修方案,考虑到不同房间的尺寸、家具摆放、材料选择等。在这个房屋装修设计中,中职生需要考虑到数学测量、比例、几何和预算等方面的知识,运用逻辑思维和创新思维来解决问题。他们需要计算和估计房间的面积、墙壁的涂料用量,并进行预算和费用比较。

通过这些项目问题的驱动,中职生能够将数学知识与实际问题联系起来,运用数学思维解决复杂的现实问题。教师在案例学习中发挥指导和支持的作用,鼓励中职生主动思考和探索,并及时给予反馈和评价。问题驱动学习项目能够培养中职生的逻辑思维、创新思维、抽象思维和启发式思维等数学思维素养。

案例5-16展示了如何通过问题驱动学习来培养中职生的数学思维素养。

案例5-16 问题驱动学习项目

(1)背景。某中职学校的数学教师发现学生对数学知识的应用能力较弱,并且对于抽象的概念和定理缺乏实际运用的意识。为了提高学生的数学思维能力和应用能力,数学教师决定开展一个问题驱动学习项目。

(2)项目目标。通过解决实际问题,激发学生的数学思维,培养他们的问题解决能力、创新能力和合作能力。

(3)项目步骤具体如下。

　　第一,引入问题。数学教师引入一个有挑战性的实际问题,又与学生生活相关或者与所学专业领域相关的问题。该问题需要涉及数学知识的应用。

　　第二,探究与分析。学生以小组形式对问题进行深入探究和分析。他们需要梳理问题的关键点和目标,明确所需的数学知识和技巧。

　　第三,学习与实践。学生自主学习和运用所需的数学知识和技巧,通过丰富的练习和实践活动来解决问题。他们可以使用图表、数据分析、建模等方法进行探索和验证。

　　第四,团队合作与讨论。在解决问题的过程中,学生需要与小组成员进行合作,并进行讨论和交流。他们可以分享不同的解决思路、方法和策略,互相学习和启发。

　　第五,结果呈现。每个小组将解决方案以报告、演示或展示的形式向班级或校内展示。学生可以使用图表、图像、文字说明等方式,清晰地表达问题的分析过程、解决思路和结果。

　　(4)讨论与反馈。在展示结束后,数学教师组织学生进行讨论和反馈。学生可以提出问题、给予建议,促进生生之间的交流和学习,也有助于他们相互学习,共同进步。

　　(5)总结反思。在项目结束后,数学教师带领学生进行总结和反思。学生可以回顾整个项目过程,分享自己的经验、困惑和收获,以及对数学思维的提升和应用的认识。通过总结反思,学生们能够更深刻地认识到数学思维的重要性。

　　项目效果评估:

　　通过这个问题驱动学习项目,学生将得到以下益处:

　　学生通过实际问题的解决,将抽象的数学知识转化为实际应用能力,加深对数学概念和原理的理解和记忆;

　　学生培养了问题分析的能力、创新思维和合作能力,提高了解决实际问题的能力;

　　学生通过项目展示和讨论,提升了表达和沟通能力,并从他人的反馈和建议中学习和改进;

　　学生增强了对数学应用的兴趣和热情,加深了对数学思维素养的认识。

　　数学教师可以通过观察学生在项目中的表现、评价他们的报告和演示,以及组织讨论来评估项目的效果。同时,可以邀请学生进行反馈,了解他们在项目中的收获和成长。

　　通过问题驱动学习,中职生不仅将数学知识与实际问题联系起来,还能培养他们的探索精神、自主学习能力和解决问题的能力。教师可以引导中职生在解决问题的过程中思考和讨论,鼓励他们提出自己的解决方案和观点,并及时给予反馈和评价。问题驱动学习能够激发中职生的学习热情,提高他们的数学思维素养和实践能力,为他们的未来职业生涯打下坚实的基础。

(二)合作学习

合作学习是一种培养学生数学思维素养的有效方法。它通过组织学生之间的合作和互动,共同解决数学问题,促进他们的数学思维能力的发展。通过合作学习,中职生可以相互交流和学习,拓展自己的思维方式,培养实践能力和团队合作能力。合作学习主要有小组讨论和项目学习两种形式。

1.小组讨论

将学生分组,每个小组有不同的角色,如组长、记录员、时间管理者等。他们一起研究和解答预先设定的数学问题,并根据各自的角色完成任务。在小组讨论中,中职生可以互相激励,相互补充知识,集思广益,共同解决问题。这样的学习环境可以创造出相互合作的氛围,培养中职生的数学思维素养。

当中职生进行小组讨论时,可以选择一些具有一定挑战性和启发性的数学问题作为讨论的话题。案例 5-17 是通过小组讨论方式解决实际问题来培养中职生的数学思维素养的案例。

案例 5-17 制订合理的销售策略小组讨论

(1)问题描述。假设中职学校要举办一场慈善义卖活动,学生们需要计划如何提高募集善款的效果。他们需要确定合适的物品售价、分析销售数量与收入之间的关系,以及制订合理的销售策略。

(2)组建小组。为了促进互动和合作,将学生分成多个小组,每个小组有 5~6 名成员。每个小组分配一个小组长,负责组织和引导讨论,确保每位成员都能参与并引导讨论朝着建设性的方向发展。

(3)讨论过程。小组成员共同讨论以下问题:①如何确定物品的售价? ②如何分析销售数量与收入之间的关系? ③如何制订合理的销售策略? 针对以上几个问题,小组成员可以互相交流和分享自己的想法,彼此辩论和批判,以达成共识和解决问题。

(4)结果呈现。每个小组根据讨论结果,整理出他们认为最合理的售价、销售数量与收入的关系图表以及销售策略。然后,每个小组可以向全班进行陈述和展示,并互相评价和提供反馈,以此促进知识的共享和经验的交流。

(5)反馈与评价。学生们可以互相评价和反馈其他小组的解决方案。教师也可以提供指导和评价,鼓励学生们思考更深入的问题,如利润最大化、成本控制等。

通过这样的小组讨论,中职生可以锻炼他们的团队合作能力、批判性思维和问题解决能力。同时,他们也将数学知识应用于实际问题中,培养了数学思维和创造力。这种案例的讨论过程可以激发学生的学习热情,提高他们对数学的兴趣和理解。

2. 项目学习

将学生分组,选择一个数学相关的实际问题或项目,然后共同研究、分析和解决这个问题。在整个项目学习过程中,中职生可以通过合作来收集数据、设计实验、进行数据分析等。他们将自己的数学知识应用于真实的情境中,从而提高他们的数学思维素养。

项目学习是培养中职生数学思维素养的另一种有效方法,案例5-18是通过项目学习解决实际问题来培养中职生的数学思维素养的案例。

案例5-18　建模解决实际问题

(1)问题描述。假设中职学校的体育馆要举办一场篮球比赛,需要设计一个合适的比赛计分系统。学生们需要考虑比赛规则、计分方式以及计分板的设计和制作。

(2)组建小组。将学生分成若干小组,每个小组有5~6名成员。每个小组分配一个小组长,负责组织和引导项目学习的过程。

(3)项目学习过程。小组成员共同进行以下步骤:①研究和了解篮球比赛的规则和计分方式;②分析各种计分系统的设计和功能,并讨论其优缺点;③设计一套适用于学校体育馆的计分系统,包括计分板的制作和计分规则的设定;④利用数学知识解决与计分相关的问题,如计算比赛得分、记录比赛进程等确保计分系统的准确性和可靠性。

(4)结果呈现。每个小组根据项目学习过程中的研究和讨论,完成自己设计的计分系统,并进行展示。他们可以向全班展示计分板的功能和使用方法,并解释设计思路和数学原理的应用。

(5)反馈与评价。学生们可以相互评价和提供反馈,讨论各组所设计的计分系统的优缺点以及改进的可能性。教师可以提供指导和评价,鼓励学生们深入思考和解决更复杂的问题,如计分规则的灵活性、计算精确度等。

通过这样的项目学习,中职生可以结合实际问题,运用数学知识进行建模和解决问题。他们将数学应用于真实情境中,培养了数学思维和创造力。同时,项目学习也促进了学生的团队合作能力、沟通技巧和解决问题的能力。这种案例的学习过程可以激发中职生的学习兴趣和动力,提高他们对数学的理解和应用能力。

总之,合作学习是培养中职生数学思维素养的一种有效方式,不仅帮助他们建立团队合作精神,而且鼓励他们彼此交流、分享和批判性思考。通过组织学生之间的合作和互动,激发中职生的思维能力和创造力,并通过实际问题和项目的解决来提升他们的数学应用能力,为他们的未来发展尊定坚实的基础。

（三）实践操作和技能训练

提供多种实践和技能训练的机会，让学生通过反复实践操作，提升数学技能和解题能力。通过实践操作和技能训练，中职生可以巩固和应用所学的知识。实践操作和技能训练是一种以实际操作为基础的学习方式，通过中职生的亲身参与和实践，掌握数学知识，并将其应用于实际问题中。这种学习方式可以培养中职生的动手能力、解决问题的能力和创新思维，从而提高他们的数学思维素养。

实践操作和技能训练是培养中职生数学思维素养的重要方法之一。通过实际操作和技能训练，中职生可以将数学知识应用于实际问题中，并通过实践来提高他们的数学思维能力。学校可以配备数学实验室，提供各种实验设备和工具，鼓励学生进行实践操作和技能训练。常见的实践操作和技能训练是数学实验室的活动和数学建模。

1．数学实验活动

学生可以借助尺子、量角器等工具进行几何图形的测量和构造实验。他们可以学习如何测量线段的长度、角度的大小，并通过实践应用几何原理解决实际问题。在实验过程中，学生需要观察、记录、分析和解释实验结果，培养他们的观察能力、实验设计能力和问题解决能力，为他们的数学学习之路打下坚实的基础。

当中职生进行数学实验活动时，可以选择一些具有一定挑战性和启发性的实验任务。案例 5-19 是通过数学实验活动解决实际问题来培养中职生的数学思维素养的案例。

案例 5-19　测量与数据分析的实验

（1）实验目标。学生们将通过实验，探索测量和数据分析在数学中的应用，培养他们的观察能力、数据处理能力和数学思维。

（2）实验过程具体如下。

第一，实验准备。学生分成小组，每个小组 5～6 名成员。每个小组分配一名实验管理员，负责组织实验和记录数据。准备实验所需的测量工具，如尺子、天平、计算器等，以便于进行精确的实验操作。

第二，实验步骤。给学生提供一个实验任务，如测量物体的质量和体积，并进行数据分析；学生按照实验要求进行测量，记录数据，并将数据整理成表格或图表形式；学生进行数据分析，如计算平均值、最大值、最小值，绘制统计图表等；学生讨论实验结果，解释数据的意义和相关性，以及与数学概念之间的联系。

第三，结果呈现。每个小组根据实验结果，整理出实验报告或展示，并向全班进行陈述。他们可以展示数据表格、统计图表，并解释实验结果和数学原理的应用。

第四,反馈与评价。学生之间可以相互评价和提供反馈,讨论各组的实验设计和数据分析过程的优缺点及改进的空间。教师也可以提供指导和评价,鼓励学生们深入思考和分析更复杂的问题,如误差分析、可靠性评估等。

通过这样的数学实验室活动,中职生可以将数学知识应用于实际问题中,并通过实践来提高他们的观察能力、数据处理能力和数学思维。中职生不仅可以掌握测量技巧,还能理解数据的意义和相关性,培养实验设计和数据分析的能力。这种数学实验过程可以激发中职生的学习兴趣和动力,提高他们对数学的理解和应用能力。

2. 数学建模竞赛

组织学生参加数学建模竞赛,通过实际问题的建模和解决来培养他们的数学思维素养。比赛中,中职生需要团队合作,分析问题、制订模型、进行计算和数据分析,并给出解决方案和结论。这样的竞赛可以激发中职生的竞争意识和求知欲,同时也提高他们的数学建模和解决实际问题的能力。

数学建模竞赛是培养中职生数学思维素养的一种有挑战性和实践性的方式。案例 5-20 是通过数学建模竞赛解决实际问题来培养中职生的数学思维素养的案例。

案例 5-20　解决实际问题的数学建模竞赛

(1)竞赛目标。学生们将通过参加数学建模竞赛,培养他们的数学建模能力、解决问题的能力和团队合作精神。

(2)竞赛过程。

第一,竞赛组队。学生分成小组,每个小组 5～6 名成员。每个小组选择一个感兴趣的实际问题,例如交通拥堵、资源管理、环境保护等。

第二,问题研究与建模。首先,小组成员需要深入了解所选问题的背景和相关领域的知识;随后,收集和整理相关数据,并进行数据预处理;最后,建立数学模型,包括方程、图表、算法等,来描述和解决问题。

第三,模型求解与结果分析。小组成员根据建立的数学模型,进行模型求解和结果分析。他们可以使用数学软件、编程工具或手工计算等方法进行模型求解,并分析结果的可行性和有效性,确保模型的实用性和可靠性。

第四,报告与陈述。小组根据竞赛要求,撰写综合报告,并进行陈述。报告应包括问题描述、模型建立和求解方法、结果分析以及结论等。

第五,反馈与评价。学生们可以相互评价和提供反馈,讨论各组报告的优缺点以及改进的可能性。同时,教师和评委也会对各组的报告和陈述进行评价和指导,鼓励学生们思考更深入的问题,如模型的精确性、稳健性等,激发他们对知识的不懈追求和对真理的深刻洞察。

通过参加数学建模竞赛,中职生可以将数学知识应用于实际问题的建模和解决中,并培养他们的数学思维和创新能力。这个过程不仅可以提高中职生的团队合作和沟通能力,还能锻炼他们的问题分析和解决能力。此外,参加竞赛还可以激发中职生的学习兴趣和动力,提高他们对数学应用的理解和意识。

总之,实践操作和技能训练是培养中职生数学思维素养的重要方法。通过亲身实践和技能训练,中职生能够将数学知识应用于实际问题中,提高他们的动手能力、解决问题的能力和创新思维。这种学习方式可以使中职生更加深入地理解数学的应用和意义,并为其将来的职业发展打下坚实的基础。

（四）创新性解决问题

创新性解决问题是指学生在解决问题过程中,能够运用数学知识和技能,灵活运用不同的策略和方法,产生独特和创新的解决方案。鼓励中职生运用创新思维,提出独特的解决方法和观点。可以设置开放性的问题,让中职生尝试不同的解题思路,培养他们的创造性思维和解决问题的能力。

创新性解决问题是培养中职生数学思维素养的重要方面之一。它涉及运用数学知识和技能,思考和解决真实世界中的问题,并发展出独特和创新的解决方案。这就要求中职生具备探索性思维、创造性思维和批判性思维,能够提出新的观点、理念和方法,并将它们应用于实际问题中。创新性解决问题的培养有效措施为提供开放式问题、提供多样化的解决方法、激励团队合作。

1. 提供开放式问题

教师可以设定一些开放式的问题,引导学生自由思考和探索解决方案。这样可以激发学生的创造性思维和解决问题的动力。

通过开放式问题培养中职生数学思维素养是一种鼓励学生自主思考和探索的方法。案例 5-21 是通过开放式问题培养中职生数学思维素养的案例。

案例 5-21　公交线路规划

（1）问题描述。假设你是一个城市的交通规划师,负责设计新的公交线路系统。你需要考虑如何连接不同的地点,并最大程度地提高公交系统的效率和便利性。

（2）学生任务。学生以小组形式解决以下问题:

在给定的城市地图上标出各个重要地点(学校、商业区、居民区等);

设计一条或多条公交线路,将各个地点连接起来;

考虑乘客需求、交通状况、时间成本等因素,优化公交线路的规划方案。

（3）解决过程。学生需要通过团队合作和独立思考,运用数学知识和技能解决问题。他们可以使用几何知识设计最短路径或最有效路径,进行数据分析和模型建立来预测乘客数量和需求。

（4）结果呈现。每个小组需要整理并展示学生的公交线路规划方案。他们可以使用地图、图表或演示文稿等形式来展示线路设计和结果分析。

（5）反馈与评价。学生们可以相互评论和提供反馈，讨论各组规划方案的优缺点及改进的可能性。教师也可以提供指导和评价，鼓励学生们思考更深入的问题，如交通流量的影响、换乘策略的优化等。

通过这样的开放式问题，中职生可以自主思考、探索问题，并运用数学知识解决实际问题。中职生将面临设计线路、优化路径、预测需求等挑战，培养了他们的探索性思维、创造性思维和解决问题的能力。同时，也促进了生生之间的合作和沟通能力，培养了他们的团队合作精神和领导能力。这种开放式问题培养的过程可以激发中职生的学习兴趣和动力，提高他们对数学应用的理解和意识，从而提升整体的数学素养。

2. 提供多样化的解决方法

鼓励学生尝试不同的解决方法和策略，培养他们的灵活性和探索性思维。中职生可以尝试使用数学模型、数学软件、编程工具等来解决问题。

采用多样化的解决方法是培养中职生数学思维素养的有效方法之一。案例 5-22 是通过提供多样化的解决方法培养中职生数学思维素养的案例。

案例 5-22 数学游戏设计

（1）问题描述。学生被要求设计一个有趣的数学游戏，以帮助其他同学巩固和应用数学知识。游戏可以涉及各种数学概念，如计算、几何、代数等。

（2）学生任务。学生以小组形式解决以下问题：

选择一个数学概念作为游戏的主题，如整数运算、图形拼凑等，它能够激发学生的兴趣并具有教育价值；

设计游戏规则和玩法，使其既有趣又能锻炼数学技能；

创建游戏材料，如游戏板、卡片或骰子等。

多样化解决方法：

学生们被要求采用多样化的解决方法来设计游戏。比如，

数学模型：学生可以使用数学模型来确定游戏规则、计分方式等。

算法设计：学生可以设计算法来生成游戏中的随机数或事件。

编程工具：学生可以使用编程工具来创建计算机或手机应用程序游戏。

（3）结果呈现。每个小组需要展示他们设计的数学游戏，并邀请其他同学参与测试和玩耍。小组代表可以解释游戏的规则和设计意图，并观察其他同学在游戏中的表现。

（4）反馈与评价。学生们可以相互提供反馈和评价，讨论各组游戏的优缺点

及改进的可能性。教师也可以提供指导和评价,鼓励学生们思考更深入的问题,如游戏难度的调整、反馈机制的优化等,以提升游戏体验。

通过这样的案例,中职生可以采用多样化的解决方法来设计数学游戏。他们将面临选择合适的数学概念、设计有趣的游戏规则和玩法等挑战。通过运用数学模型、算法设计或编程工具等不同的解决方法,中职生将培养他们的灵活性、创造性思维和解决问题的能力。这种案例的实践过程可以提高中职生的自主思考和创新能力,同时也增强他们的团队合作和沟通能力。这样的学习过程可以激发学生的学习兴趣和动力,提高他们对数学应用的理解和意识。

3. 激励团队合作

通过小组合作或竞赛形式,培养学生的合作精神和创新能力。中职生可以共同思考和讨论问题,互相影响和启发,从而产生更多创新的解决方案。

案例 5-23 展示了如何通过激励团队合作来培养中职生的数学思维素养。

案例 5-23 数学竞赛团队合作项目

(1) 项目背景。某中职学校的数学老师发现学生对于传统的课堂教学方法缺乏兴趣,并且在数学思维和应用方面上尚有显著的提升空间。为了激发学生对数学的兴趣和动力,同时提高他们的数学思维素养,数学老师决定开展一个数学竞赛团队合作项目。

(2) 项目目标。通过团队合作解决数学问题,提高学生的数学思维能力、合作能力和解决问题的能力,并让学生在合作与竞争中实现自我超越。

(3) 项目实施步骤。

第一,组建团队。数学老师在班级中选取感兴趣且具有一定数学基础的学生,组成若干个小组(每组 5~6 人)。确保每个小组成员的能力水平相对均衡以维持团队内部的平衡与协作。

第二,选择挑战。数学老师为每个小组挑选适合他们水平的数学题目,如一些数学竞赛题目或者实际生活中的数学问题。确保题目具有一定挑战性,但不过于困难,以激发学生的兴趣同时保持他们解决问题的信心。

第三,制订计划。每个小组成员共同制订解题计划,明确各自的任务分工和时间安排。成员之间需要协商并共同决定如何解决问题,学会倾听和尊重他人的观点。

第四,团队合作解题。小组成员开始一起解决问题,通过相互讨论、互相提问和分享解题思路,寻找最佳解决方案。数学老师在此过程中提供指导和支持,确保学生的思路正确和方法合理。

(4) 展示成果。每个小组在解题过程中需要记录下他们的思考过程和答案,整理成报告或者演示文稿。然后,每个小组代表要向全班展示他们的解题思路和成果,让其他同学从中学习和受到启发。

（5）总结反思。在展示结束后，数学老师组织全班进行总结和反思。通过分享解题过程中的困难和收获，学生可以互相学习和改进。数学老师也可以提供具体的建议和指导，帮助学生更好地理解和应用数学知识。

项目效果评估：

通过这个团队合作项目，学生将得到以下益处：

学生培养了团队合作意识和合作能力，增强了沟通、协作和解决问题的能力；

学生通过与他人互动和交流，拓展了自己的数学思维和解题方法；

学生在实践中运用数学知识，并将其扩展到实际生活中的问题当中；

学生提高了自信心，对数学产生了更浓厚的兴趣和热情。

数学教师可以通过观察学生的表现、评价他们的解题报告和演示文稿，以及组织小组讨论来评估项目的效果。同时，可以邀请学生进行反馈，了解他们在项目中的收获和成长。

总之，创新性解决问题是培养中职生数学思维素养的重要方面。通过培养探索性思维、创造性思维和批判性思维，激发中职生的创新能力和解决问题的动力，可以培养他们的数学思维素养和应用能力。

（五）模拟实验和观察

通过模拟实验和观察活动，让学生探索数学规律和关系。通过实际操作和观察，学生可以理解并应用数学概念，培养抽象思维和观察分析的能力。

通过模拟实验和观察是培养中职生数学思维素养的另一种方法。案例 5-24 展示了如何通过模拟实验和观察来培养中职生的数学思维素养。

案例 5-24 数学实验室模拟实验

（1）项目背景。某中职学校的数学教师意识到学生在应用数学知识和解决实际问题时缺乏实践经验。为了提高学生的数学思维能力和应用能力，数学教师决定设置一个数学实验室，进行模拟实验和观察。

（2）实验目标。通过模拟实验和观察，激发学生的数学思维，培养他们的实践操作能力和解决实际问题的能力。

（3）实验步骤。

第一，设计实验。数学教师设计一系列与数学相关的实验，旨在将抽象的数学知识转化为具体的实践活动。比如，可以设计一个测量物体重量和体积的实验，或者利用几何形状构建一个稳定的桥梁的实验等。

第二，实验操作。在数学实验室中，学生按照实验设计的步骤进行实验操作。他们需要进行观察、记录数据，并使用数学知识进行分析和计算。比如，在测量物体重量和体积的实验中，学生需要使用天平和容器进行测量，并应用体积和密度的关系进行计算。

第三,数据分析。学生收集到实验数据后,需要进行数据分析和探究。他们可以绘制图表、计算平均值、分析趋势等,进一步理解数据背后的数学规律和关系。

(4)结果展示与讨论。学生将实验结果以报告或者演示的形式向同学展示,并进行讨论。在讨论过程中,学生可以分享自己的观察和发现,以及对数学规律的理解和应用。

(5)总结反思。在实验结束后,数学教师带领学生进行总结和反思。学生可以讨论实验中遇到的困难、成功和失败的原因。通过这种反思,学生能够更深刻地理解数学知识,同时提升自己的数学思维和解决问题的技巧。

实验效果评估:

通过这个模拟实验和观察的项目,学生将得到以下益处:

学生在实践中应用数学知识,加深对数学概念的理解和记忆;

学生培养了观察、实验和数据分析的能力,提高了解决实际问题的能力;

学生通过实验操作和讨论,培养了团队合作和沟通的能力;

学生提升了对数学实践的兴趣和热情,增强了数学思维素养,激发了学生对数学的热爱和探索欲。

数学教师可以通过观察中职生在实验中的表现、评价他们的实验报告和演示,以及组织讨论来评估项目的效果。同时,可以邀请中职生进行反馈,了解他们在实验中的收获和成长。

总之,通过模拟实验和观察,中职生能够在实际操作中理解和应用数学概念,培养他们的实践能力、探究精神和创新思维。同时,这种方式也可以激发中职生对数学的兴趣,增强他们对数学的自信心和积极性。通过反复实践和观察,中职生的数学思维素养将得到有效的培养和提升。

(六)项目驱动学习

通过开展综合性的项目,将数学知识应用到实际情境中。中职生可以通过项目学习,运用数学知识解决实际问题,培养实践能力和解决问题的能力。

开展项目驱动学习是培养中职生数学思维素养的有效方法。下面是一个案例,展示了如何通过项目驱动学习来培养中职生的数学思维素养:

案例 5-25　数学建模项目

(1)项目背景。某中职学校的数学教师感到传统的课堂教学方法难以激发学生对数学的兴趣和动力。为了提高学生的数学思维能力和应用能力,数学教师决定开展一个数学建模项目。

(2)项目目标。通过实践项目,激发学生的数学思维,培养他们的问题解决能力、创新能力和团队合作能力。

（3）项目实施步骤。

第一，选题确定。数学教师与学生共同确定一个数学建模项目的选题。可以选择一个实际问题，需要运用数学知识进行分析和解决，如交通流量优化、环境监测等。

第二，研究问题。学生组成小组，共同研究项目选题，收集相关数据和信息，并进行背景调查。学生需要梳理问题的关键点和目标，明确解决问题的方向和方法。

第三，设计模型。学生根据问题的特点和要求，设计数学模型来描述和解决问题。他们需要结合数学知识，选择适当的数学方法和模型，建立数学方程或者算法。

第四，数据分析。学生收集到实际数据后，进行数据分析和模型验证。他们可以运用统计方法、数值计算和图形分析等，对数据进行处理和解释，并对模型进行修正和优化。

（4）结果展示与讨论。每个小组将项目结果以报告或者演示的形式向班级或校内展示，并进行讨论和交流。其他同学可以提出问题、给予建议，促进学生之间的交流和学习，以提高模型的准确性和实用性。

（5）总结反思。在项目结束后，数学教师组织学生进行总结和反思。学生可以回顾整个项目过程，分享自己的困惑、成功和失败的经验，以及对数学思维的提升和应用的认识，并共同探讨数学模型的优化与应用。

项目效果评估：

通过这个数学建模项目，学生将得到以下益处：

学生通过实践项目获得了数学知识的应用能力，加深对数学概念和原理的理解和记忆；

学生培养了问题解决的能力、创新思维和合作能力，提高了解决实际问题的能力；

学生通过项目展示和讨论，提升了表达和沟通能力，并从他人的反馈和建议中学习和改进；

学生增强了对数学建模的兴趣和热情，加深了对数学思维素养的认识。

数学教师可以通过观察学生在项目中的表现、评价他们的报告和演示，以及组织讨论来评估项目的效果。同时，可以邀请学生进行反馈，了解他们在项目中的收获和成长，以不断优化教学策略。

总之，通过项目驱动学习，中职生的数学思维素养得到了全面发展。他们不仅能够掌握数学知识，还能够应用数学概念解决实际问题，并培养了批判性思维、创新能力和团队合作精神。这种实践性的学习方式为中职生的数学学习提供了更加有意义和深入的体验。

（七）实际问题导向的学习

引导学生通过解决实际问题来学习数学。将数学与实际生活情境相结合，让中职生体会并应用数学知识，培养应用能力和解决问题的能力。

开展实际问题导向的学习是培养中职生数学思维素养的一种有效方法。案例5-26展示了如何通过实际问题导向的学习来培养中职生的数学思维素养。

案例 5-26　实际问题解决项目

（1）项目背景。某中职学校的数学教师发现学生对于抽象的数学知识缺乏实际应用的意识和能力。为了提升学生的数学思维素养，数学教师决定开展一个实际问题解决项目。

（2）项目目标。通过解决实际问题，激发学生的数学思维，培养他们的问题分析能力、创新能力和合作能力。

（3）项目步骤如下。

第一，问题引入。数学教师根据实际问题，引导学生思考和探索。问题可以来源于学生的日常生活或与他们所学专业相关的领域，如考察食物消耗、交通拥堵、材料成本等。

第二，问题分析。学生组成小组，共同分析问题，明确关键点和目标。他们需要思考问题的背景、可能的因素和影响因素，以及用数学解决问题的可能方法帮助学生形成清晰的问题分析框架。

第三，数据收集与处理。学生收集相关数据和信息，并进行数据整理和处理，以提高数据处理的准确性。他们可以使用统计方法、图表分析、建立数学模型等，对数据进行可视化和数学描述。

第四，问题解决。学生根据问题的特点和需求，运用所学的数学知识和技巧，提出解决方案。他们需要运用数学方法进行计算、模拟实验、优化等，为问题找到合理的解决方法。

（4）结果呈现。每个小组将解决方案以报告、演示或展示的形式向班级或校内展示。学生可以用图表、图像、文字说明等方式，清晰地表达问题的分析过程和解决思路。

（5）讨论与反馈。在展示结束后，数学教师组织学生进行讨论和反馈。学生可以提出问题、给予建议，促进学生之间的交流和学习。

（6）总结反思。在项目结束后，数学教师带领学生进行总结和反思。学生可以回顾整个项目过程，分享自己的经验、困惑和收获，以及对数学思维素养的认识。

项目效果评估：

通过这个实际问题解决项目，学生将得到以下益处：

　　学生通过实际问题的解决，将抽象的数学知识转化为实际应用能力，加深对数学概念和原理的理解和记忆；

　　学生培养了问题分析的能力、创新思维和合作能力，提高了解决实际问题的能力；

　　学生通过项目展示和讨论，提升了表达和沟通能力，并从他人的反馈和建议中学习和改进；

　　学生增强了对数学应用的兴趣和热情，加深了对数学思维素养的认识。

　　数学教师可以通过观察学生在项目中的表现、评价他们的报告和演示，以及组织讨论来评估项目的效果。同时，可以邀请学生进行反馈，了解他们在项目中的收获和成长。

　　总之，通过实际问题导向的学习，中职生不仅能够掌握数学知识和技能，还能够培养解决问题和创新思维的能力。中职生将学会将数学与实际应用相结合，发展批判性思维、逻辑推理和数据分析技能，为他们将来的学习和职业发展打下坚实的基础。

　　在培养中职生的数学思维素养的教育策略过程中，教师起着关键的指导和支持作用。通过启发式的引导，帮助中职生探索和实践，鼓励他们思考和解决问题，并及时给予反馈和评价，并根据他们的需求进行个性化的辅导和指导，都是帮助中职生构建数学思维素养的重要环节。

　　综上所述，通过这些策略及其有效措施，中职生将培养出较高水平的数学思维素养，提高他们的数学能力和解决问题的能力。同时，还能够培养中职生基本的数学思维能力。它包括培养逻辑思维能力，使之能够通过分析、推理和证明解决数学问题；培养创造性思维能力，让其能够提出新颖的解决方法和观点；培养抽象思维能力，使之能够从具体问题中提取出数学概念和模式，并将其应用到其他情境中；通过启发式思维的培养，他们能够灵活地运用各种策略和方法，解决较复杂的数学问题。通过以上策略的实施，中职生的数学思维素养将得到有效的提升，为他们打开通往更高层次学术和职业成功的大门。

第四节　中职生数学沟通与合作素养的培养与策略

　　中职生数学沟通与合作素养指的是学生在数学学习中与他人有效地进行沟通和合作的能力。这种素养不仅包括与同学之间的合作，还包括与老师、家长以及社会中其他人的沟通和合作。中职生应具备清晰表达数学思想和观点的能力，能够有效地与他人进行数学交流和合作。通过小组讨论、项目合作等活动，培养学生的合作精神和团队合作能力，提高他们在数学中的沟通和表达能力。

一、中职生数学沟通与合作素养的具体要求

中职生数学沟通与合作是指学生在数学学习过程中能够与他人进行有效的交流和合作，包括听取和理解他人的观点、表达自己的思考、分享解题思路、协调团队合作等。这种素养不仅有助于中职生更好地理解和掌握数学知识，还能培养他们的批判性思维、自信心和团队合作精神。具体要求如下：

（一）倾听和理解

学生应当在与他人交流的过程中倾听并理解对方的观点和想法，包括教师的讲解、同学的提问和解释等数学内容。学生应当注重细节，提问并澄清自己对问题的理解。

（二）清晰表达

学生应当能够清晰地表达自己的数学思考和解题思路，使用准确的数学术语和符号，并提供合适的解释和实例。这样的能力不仅有助于学术上的交流，也是有效沟通的重要组成部分。

（三）分享解题思路

学生应当积极与同学分享自己对于数学问题的解题思路和方法，讨论问题的不同解决途径以及各种可能的策略。学生应该尊重他人的观点，乐于倾听和接受不同的解决方法，从而增强他们解决问题的能力。

（四）协调合作

学生在小组项目或集体讨论中应当能够有效地协调和合作。他们需要分配任务、商讨计划、相互支持和共同努力，以达到共同的学习目标。

（五）积极参与讨论

学生应当积极参与数学课堂的讨论和互动活动，提出问题、回答问题和提供解决方案。他们可以通过提问、回答问题或对他人观点的评价来表达自己的意见，从而加深对数学知识的理解。

（六）尊重和接纳

学生应当尊重他人的观点和意见，包括老师、同学以及其他人的看法。他们应当尊重数学问题的不同解题思路和策略，并乐于在合作中接受和融合各种观点。

（七）反思和改进

学生应当定期反思自己的沟通和合作能力，寻找自己的不足之处，并制订数学学习改进计划。他们应当积极接受反馈，将其融入自己的学科学习中，不断提升自己的数学沟通和合作素养。

通过培养中职生的数学沟通与合作素养，可以帮助他们更好地理解和应用数学知识，发展他们的团队合作精神，并为未来的学习和工作打下坚实的基础。

二、中职生数学沟通与合作素养的培养及教育策略

中职生数学沟通与合作素养的培养是教育中的重要目标之一。通过培养这方面的素养，中职生能够有效地与他人进行数学思想和解题方法的交流，同时也能够在合作学习中积极参与并共同解决数学问题。培养中职生数学沟通与合作素养需要教师采取以下教育策略及其有效措施。

（一）小组合作学习

教师可以组织学生进行小组合作学习，共同解决数学问题或完成项目任务。小组成员之间需要相互讨论、协作和分享解题思路，培养合作能力和沟通技巧。

开展小组合作学习是培养中职生数学沟通与合作的有效途径。以下小组合作的实施模式可以实现中职生的数学沟通与合作素养的培养。

1．小组编组

将学生分成小组，确保每个小组有不同的技能水平和思维风格的学生。这有助于培养不同背景下的合作和交流能力。

2．设定共同目标

在每个小组开始工作之前，明确说明学习目标和期望的结果。这可以激发学生的合作动力，并促使他们在任务中积极参与。

3．分配角色

为每个小组成员分配不同的角色，如组长、记录员、时间管理员等。这样可以确保每个人都负责特定的任务，同时也培养了学生的领导力和组织能力。

4．提供资源

为小组提供必要的学习资源，如教材、参考书籍、互联网资源等。这有助于学生共享信息和知识，并共同解决问题。

5．鼓励讨论和合作

鼓励学生在小组内进行讨论和合作，分享彼此的观点和想法。老师可以设立专门的讨论时间，或者引导学生提出问题并进行小组讨论。

6. 提供反馈和评价

定期提供反馈和评价,鼓励学生互相借鉴和改进。老师可以通过观察小组合作情况、收集学生作品或进行小组展示等方式来评价学生的表现。

7. 激励奖励机制

设立一套小组合作奖励机制,如最佳团队合作奖、最有创意解决方案奖等。这可以激发学生的积极性,并增强他们对数学沟通与合作的兴趣和动力。

通过以上小组合作学习方式,可以培养中职生的数学沟通与合作能力。这不仅可以提高中职生的数学水平,还可以培养他们的团队精神、批判思维和问题解决能力。

案例5-27展示了如何通过小组合作学习来培养中职生的数学沟通与合作素养的。

案例5-27　设计建筑

(1)情境。假设学生正在学习几何学,他们被分成小组并面临一个实际建筑设计的情境。

(2)任务。每个小组成员将扮演一个建筑设计师的角色,共同设计一个建筑物,如一座房屋或一个公园。他们需要运用几何学的知识和技巧,包括测量、比例、图形等,以确保设计的准确性和美观性。

(3)角色分工。在小组中,可以分配不同的角色,如主设计师、平面规划师、结构工程师等。每个角色负责特定的任务,如主设计师负责整体设计和创意,平面规划师负责绘制地图和布局,结构工程师负责计算材料量和支撑结构,共同推动项目向前发展。

(4)团队合作和讨论。小组成员通过团队合作和讨论,分享各自的想法和观点,并一起解决设计中遇到的几何问题。他们可以利用白板或电子工具进行集体思考和展示,以便更好地交流和合作。

(5)共享成果和反馈。每个小组在设计完成后,向全班展示他们的成果,并接受其他小组成员的评价和反馈。学生可以分享他们在设计过程中遇到的挑战,以及如何克服和解决问题的经验。这也是一个学习和成长的机会。

(6)教师角色。作为教师的角色,您可以提供必要的指导和支持。您可以鼓励学生提出问题、促进团队讨论、引导他们应用几何知识解决实际问题,并提供即时的反馈和评价。

通过这个案例,中职生能够在实际建筑设计情境中运用数学知识,培养他们的数学沟通与合作素养,为未来的学习和职业生涯打下坚实的基础。

总之,通过小组合作学习,中职生可以共同合作解决问题,学习如何有效地沟通、协商和合作。这种实践性的学习方式可以增强中职生的实际应用能力和团队合作意识,同时也使他们更加深入理解数学的实际应用。

（二）问题驱动学习

引入有挑战性的实际问题,鼓励学生围绕问题展开讨论和分析。中职生可以根据自己的理解和学习成果来提出独立的解决方案,并在小组或整个班级中展示和讨论。

问题驱动学习是一个有效的方法,可以培养中职生的数学沟通与合作素养。以下问题驱动学习的具体实施措施可实现中职生的数学沟通与合作素养的培养。

1. 选择具有实际问题的数学任务

选取那些与学生日常生活、职业技能或社会问题相关的数学问题。这些问题能够激发学生的兴趣,并帮助他们理解数学在实际生活中的应用,进而增强学习动力。

2. 引导学生提出问题

鼓励学生思考和提出与所学数学内容相关的问题。这可以培养他们的探究精神和批判思维,并激发他们主动参与学习的积极性。

3. 小组合作解决问题

将学生分成小组,让他们一起合作解决问题。每个小组成员都有机会为解决问题做出贡献,并且需要在团队中进行有效的沟通和协作,以达成共同目标。

4. 提供支持和指导

老师在学生解决问题的过程中提供必要的支持和指导。比如,给予他们提示、引导他们运用数学知识和方法来解决问题,以及监督他们的进展,确保学习过程的顺利进行。

5. 建立学生相互交流的平台

鼓励学生进行小组讨论、分享解决方法和成果,并且互相评价和提供反馈。这能够促进学生之间的数学沟通和合作,互相学习和帮助,实现共同学习和进步。

6. 总结和展示成果

要求学生对问题的解决过程进行总结,并通过小组展示或其他形式向全班展示他们的成果。这有助于学生进一步巩固所学知识,培养他们的表达能力和自信心,为未来的学术或职业生涯打下坚实基础。

通过问题驱动学习可以培养中职生的数学沟通与合作素养。案例 5-28 展示了如何通过问题驱动学习来培养中职生的数学沟通与合作素养。

案例 5-28　建设数学展览

（1）设定问题。向学生介绍需要参与建设一个数学展览,展示数学在现实生活中的应用和意义。鼓励学生思考并讨论有关数学的问题,如数学在设计、工程、金融等领域的应用。

（2）小组合作。将学生分成小组，每个小组负责研究和展示一个特定领域的数学应用。每个小组需要共同确定展示的内容、展览布局和展示方式，共同完成一个项目。

（3）分配角色。为每个小组分配不同的角色，如研究员、设计者、演讲者等。每个角色都有特定的任务和责任，以鼓励学生在合作中发挥不同的作用。

（4）讨论和合作。在小组内进行讨论，共同研究和探究数学应用的背景、原理和实际例子。小组成员需要相互沟通、分享资料和想法，并共同制订展览计划。

（5）展览准备。小组成员共同准备展览所需的材料，包括海报、展示模型、演示视频等。他们需要有效分工，协作完成各自任务，并确保展览内容的准确性和吸引力。

（6）展览分享。小组在展览活动中向其他同学和教师展示他们的成果。每个小组进行简短的演讲，介绍他们研究的数学应用，并回答问题和交流意见。

（7）同伴评价。在展览结束后，学生进行同伴评价。每个小组成员可以对其他小组的工作进行评价，提供肯定和建议，鼓励学生相互学习和改进，共同进步。

通过这个案例，中职生将有机会在小组合作中应用数学知识，并通过问题驱动学习来培养数学沟通与合作素养。通过这种学习方式，中职生将学会有效地沟通、分享知识，并在小组中共同解决问题。同时，通过同伴评价和反馈，中职生能够从中得到他人的建议，不断改进和提高自身的数学沟通和合作能力。

总之，问题驱动学习引导中职生主动参与、合作解决实际问题，培养了他们的数学沟通与合作素养。这种学习方式能够提高中职生的问题解决能力、创新能力和合作能力，并将数学知识应用到实际问题中，使学习更有意义和具有挑战性。

（三）角色扮演活动

在数学课堂上，教师可以设计角色扮演活动，让学生在模拟情境中扮演不同的角色，与他人进行数学讨论和合作。这样的活动可以培养中职生的表达和倾听能力。

通过角色扮演活动可以很好地培养中职生的数学沟通与合作素养。以下角色扮演活动的具体实施措施可以实现中职生的数学沟通与合作素养的培养。

1. 设定场景和角色

创建一个与数学相关的情境，并为每个学生分配不同的角色。比如，一个角色可以是数学教师，另一个可以是学生，还可以有其他相关角色，如家长、工程师等，以增加情境的真实性和复杂性。

2. 提供任务和目标

为每个角色设定具体的任务和目标，需要进行数学计算、应用数学知识或解决实际问题。这样可以激发学生们在合作中运用数学知识的动力，同时培养他们解决问题的能力。

3. 促进角色间的沟通

鼓励学生们在角色扮演中进行积极的交流和沟通。他们可以就数学概念、解决方法或问题进行讨论、提问和回答，从而加深对数学概念的理解并共同解决问题。

4. 观察和反馈

老师可以观察学生们在角色扮演中的表现，并及时给予反馈。包括他们在沟通和合作方面的表现，以及对数学知识的理解和应用情况。

5. 团队合作与协作

角色扮演活动可以鼓励学生们团队合作和协作，通过分享彼此的观点、互相帮助和协商解决问题来达成共同目标。

6. 总结和反思

角色扮演活动结束后，组织学生们进行总结和反思。让他们分享彼此的收获和感想，以及在合作中遇到的挑战和采取的解决方法。

通过角色扮演活动，中职生可以在一个有趣的情境中运用数学知识，提高他们的数学沟通与合作能力。这种活动可以激发中职生的兴趣，增强他们的参与度，并培养其团队合作和解决问题的能力。

通过角色扮演活动可以培养中职生的数学沟通与合作素养。案例 5-29 展示了如何通过角色扮演活动来培养中职生的数学沟通与合作素养。

案例 5-29　家庭预算规划

（1）分组。将学生分成小组，每个小组 5～6 人。确保每个小组有不同的角色分配：一个家庭成员、一个财务主管、一个购物专家、一个时间管理者等各司其职。

（2）场景设定。告诉学生他们将扮演一户家庭，需要规划家庭的每月预算。这个家庭面临各种开销，包括房租、水电费、食品购买、交通费等。

（3）角色任务。为每个角色分配具体任务和责任。比如，家庭成员负责列出家庭所有的开销项，财务主管负责计算和管理预算，购物专家负责确定最优惠的购物策略，时间管理者负责合理安排家庭成员的时间。

（4）合作讨论。要求小组成员根据自己的角色任务进行讨论，并确定购物清单、预算金额以及时间安排。鼓励他们在讨论中互相交流观点、分享意见，并共同达成决策。

（5）模拟演练。每个小组完成讨论后，进行角色扮演的模拟演练。小组成员可以轮流扮演自己的角色，并根据预算计划采取相应的行动，例如购物、支付账单等。

（6）总结和评价。活动结束后，进行小组间的总结和评价。学生可以分享他们在合作过程中的体会和困难，并从中获得他人的反馈和建议。

通过这个案例，中职生将不仅锻炼数学沟通与合作的能力，而且了解家庭预算的重要性，并学会如何合理规划和管理资源。这不仅提升了他们的数学应用能力，也增强了他们的生活技能。

总之，角色扮演活动能够激发中职生的兴趣和参与度，使学习过程更具趣味性和实际性。同时，教师可以通过观察和指导，提供反馈和评价，帮助中职生改进并提高数学沟通与合作的能力。

（四）反馈和评价

教师应该积极给予学生反馈和评价，包括对他们的沟通和合作能力的评估。鼓励中职生接受他人的意见和建议，并提供具体的改进措施，帮助他们不断提高沟通与合作的素养。

通过反馈和评价可以有效地培养中职生的数学沟通与合作素养。以下反馈和评价的具体实施措施可以实现培养中职生的数学沟通与合作素养。

1．及时给出个性化反馈

在学生进行数学沟通和合作活动时，提供及时的个性化反馈。这包括对学生的表现进行肯定、指出他们的优点，同时指出需要改进的方面。个性化的反馈能够激励中职生的学习动力并帮助他们了解自己的成长空间。

2．鼓励互相评价

鼓励学生进行互相评价，即学生之间相互观察和评估对方的数学沟通和合作表现。这可以促使学生更加关注自己的行为和表达方式，同时学习并吸收他人的优点和有效方法。

3．使用具体的标准和指标

在给予反馈和评价时，使用具体的标准和至关重要。如评估学生的口头表达清晰度、逻辑性、团队合作、场景适应能力等方面。这将帮助学生了解他们在哪些方面表现出色，哪些方面需要进一步改进。

4．促进自我评价

鼓励学生进行自我评价，并提供相关的工具和指导。学生可以反思自己的数学沟通和合作表现，思考他们是否达到了预定的目标，并制订下一步的发展计划实现自我提升。

5．组织评估活动

组织课堂或小组评估活动，让学生互相评估和被评估。比如，学生可以通过给对方提供书面反馈、成果展示或简短演讲等方式评估彼此的数学沟通和合作能力。

6. 鼓励改进和成长

在反馈和评价中,强调学生的改进和成长。鼓励他们不断努力,寻求新的学习机会,通过借鉴他人的经验和实践来提升自己的数学沟通和合作素养。

通过反馈和评价,中职生可以了解自己在数学沟通和合作方面的优势和不足,并明确改进的方向。这将帮助他们更好地发展数学沟通和合作能力,并在日常学习和职场中取得成功,实现个人与职业的共同成长。

通过反馈和评价,可以培养中职生的数学沟通与合作素养。案例 5-30 展示了如何通过反馈和评价活动来培养中职生的数学沟通与合作素养。

案例 5-30　小组合作项目的反馈和评价

(1) 设定项目。让学生以小组形式完成一个数学项目,例如解决一个实际问题或探索一个数学概念。确保项目具有一定的挑战性,需要学生进行深入思考和合作解决。

(2) 分配角色。在小组中分配不同的角色,如组长、数据分析员、报告撰写者等。每个角色都有特定的任务和责任,以鼓励学生在合作中发挥不同的作用。

(3) 合作过程中的观察与指导。教师在合作过程中观察小组成员的表现,包括他们的数学沟通、合作和角色扮演。及时提供指导和支持,帮助他们解决困难和改进合作方式。

(4) 结果展示和讨论。学生完成项目后,要求他们向全班展示他们的工作成果。其他小组成员和教师应对他们的展示给予积极的反馈和评价。这不仅能够促进学生之间的相互学习,还能帮助他们认识到自己的优点和需要改进的地方。

(5) 同伴评价。要求学生以同伴评价的方式对其他小组的工作进行评价。学生可以提出建议、指出优点和改进之处,并给予积极的肯定和鼓励,以促进彼此的成长。

(6) 教师评价。教师对每个小组的项目进行评价,包括数学内容的准确性、团队合作的程度、沟通效果等方面。教师应给予具体的反馈和建议,帮助学生了解他们的优势和改进的方向,有助于学生有的放矢地进行自我提升。

通过这个案例,中职生能够体验到合作项目的过程,并通过反馈和评价不断提高数学沟通与合作的素养。

总之,通过反馈和评价,中职生将学会接受和给予有益的反馈,从中汲取经验,提高自己的表达能力和团队合作能力。同时,教师的指导和评价能够帮助中职生更好地认识自己的优势和改进的方向,促进他们的成长和发展。

(五) 讨论和分享机会

教师应该为学生提供充分的讨论和分享机会,鼓励他们在数学课堂上提问、回答问题和表达观点。数学教师可以设计小组讨论、班级讨论、展示演讲等活动,激发中职生积极参与和分享。

通过讨论和分享活动可以有效地培养中职生的数学沟通与合作素养。以下讨论和分享的具体措施可以实现中职生的数学沟通与合作素养的培养。

1. 小组讨论

组织小组讨论,让学生在小组内讨论和分享彼此的数学思考和解决方法。这可以激发学生的思维,促进他们之间的合作和交流,并且加深对数学概念的理解,促进更深层次的思考。

2. 整体班级讨论

设立整体班级讨论的时间,让学生主动提出问题、分享观点,并进行数学思考和互动。这有助于学生从多种角度理解数学问题,并培养他们的表达和倾听能力,从而提升数学理解力。

3. 提供合作分享机会

为学生提供合作分享的机会,让他们在小组或全班范围内展示他们的数学解决方法、策略和成果。这可以增强学生的自信心,激励他们积极参与数学沟通和合作,从而在数学学习中取得更好的成效。

4. 使用技术工具

利用技术工具,如在线协作平台、交流应用程序等,鼓励学生之间的合作和远程分享。这可以扩大学生之间的交流范围,并提供更多的合作机会,从而使数学学习更加高效和有趣。

5. 调查和研究活动

组织学生进行调查和研究活动,让他们在小组内合作收集数据、分析结果,并分享他们的发现。这可以培养学生的团队合作精神和科学研究能力,同时增强他们解决实际问题的能力。

6. 促进反馈与评价

鼓励学生之间相互提供反馈和评价,帮助他们改进数学沟通和合作的方式。这可以通过口头反馈、书面评论或评估工具来实现。

通过讨论和分享机会,中职生可以提升他们的数学沟通和合作技巧。这将帮助他们更好地理解数学概念、解决问题,并在团队中有效地合作与交流。此外,通过互相分享和借鉴,中职生还可以扩展他们的数学知识和视野,丰富自己的数学思维。

通过讨论和分享机会可以培养中职生的数学沟通与合作素养。案例 5-31 展示了如何通过讨论和分享活动来培养中职生的数学沟通与合作素养。

案例 5-31　数学问题讨论小组

(1) 组织。将中职生分成小组,每个小组包括 4~5 人。为每个小组准备一组数学问题,这些问题可以涉及不同的数学概念或实际应用情景,以激发学生好奇心和探索欲。

(2)分享问题。给每个小组提供一个数学问题,并要求小组成员共同研究和解决问题。鼓励他们分享自己的思考过程、解题方法和答案。

(3)讨论和合作。在小组内进行讨论,成员之间分享各自的解题思路和方法。鼓励他们提出问题、互相帮助、进行互动交流,以找到最佳解决方案。

(4)结果分享。要求每个小组向整个班级分享他们的解题思路和结果。其他小组成员可以提出问题、提供改进意见,并对其他小组的工作给予积极的反馈和评价。

(5)教师引导。教师在讨论过程中担任引导者的角色,鼓励学生进行深入思考和交流。教师可以提问促使学生思考更深入的问题,激发学生的兴趣和对话。

(6)总结和反思。在活动结束时,引导学生总结讨论的过程和收获,反思他们在数学沟通和合作方面的进步和不足之处,为未来的学习奠定坚实的基础。

通过这个案例,中职生有机会在小组中进行数学问题的讨论和分享。他们能够互相借鉴和学习他人的思路和方法,并通过合作解决问题,提高团队合作能力。

总之,数学教师的引导和反馈能够帮助中职生更好地表达自己的观点,并改进数学沟通技巧。通过这样的讨论和分享机会,中职生能够开拓思维,加深对数学概念的理解,并提高沟通与合作的素养。

(六)合作性评价

鼓励学生进行合作性评价,即通过小组互评的形式来评估彼此的沟通与合作表现。这样的学科评价既能够激发学生之间的相互学习和竞争,也能帮助他们意识到自己的不足之处并激励他们进行改进。

通过合作性评价可以有效地培养中职生的数学沟通与合作素养。以下合作性评价的具体措施可以实现中职生的数学沟通与合作素养的培养。

1.学生自评

鼓励学生对自己在数学沟通和合作方面的表现进行自我评价。提供评估标准和指导,让学生反思自己的行为、贡献和改进空间。

2.小组互评

在小组合作学习过程中,让学生对彼此进行互相评价。这可以通过一个评估表或者口头反馈的方式实现。鼓励学生给予具体的建议和反馈,帮助他们了解自己在合作和沟通中的优点和需要改进的地方。

3.整体班级评价

组织整体班级评价活动,让学生可以就他人的数学沟通和合作技巧进行评价。

这可以通过班级讨论、匿名投票、书面评估等方式进行。提供指导,确保评价具有建设性和客观性,避免任何形式的偏见。

4.指导学生提供具体的评价

鼓励学生在评价中提供具体的意见和建议,避免模糊和笼统的评语。比如,可以要求学生描述一个同学在合作中表现出色的具体例子,或者提供一个改进的建议来提高数学沟通和合作。

5.鼓励反思和改进

帮助学生从评价中获取有价值的信息,并鼓励他们在数学沟通和合作方面做出适当的调整和改进。引导学生制订自己的学习计划,改善沟通技巧和团队合作能力。

6.赞扬优秀表现

不仅要关注学生的改进空间,也要及时赞扬和肯定他们在数学沟通和合作方面的优秀表现。这将增强学生的自信心和动力,激发他们更好地参与数学沟通和合作活动。

通过合作性评价,中职生可以获得来自同伴的具体和建设性的反馈,帮助他们提高数学沟通和合作能力。这种评价方式能够激发学生的自主学习意识,培养他们的团队合作意识和持续改进的态度。

应用合作性评价可以培养中职生的数学沟通与合作素养。以下案例展示了如何通过合作性评价活动来培养中职生的数学沟通与合作素养。

案例5-32 小组合作项目的合作性评价

(1)项目设置。给学生一个数学合作项目,要求他们以小组形式解决一个实际问题或探索一个数学概念。确保项目既有挑战性又有实际性,激发学生进行深入思考和合作。

(2)分配小组角色。在小组中分配不同的角色,例如组长、数据分析员、报告撰写者等。每个角色都有特定的任务和责任,以鼓励学生在合作中发挥不同的作用,发挥各自的专长。

(3)合作过程中的观察与记录。教师在合作过程中观察小组成员的表现,并记录下他们的数学沟通、合作和角色扮演情况。观察重点包括学生的参与度、积极性、贡献和协作能力。

(4)合作性评价工具。设计一个合作性评价工具,包括评价指标和量表。评价指标可以涵盖沟通技巧、协作精神、团队合作和贡献等方面。量表可以根据评价指标进行评分,例如1~5分等级评分,以全面评估学生的合作表现。

(5)自评和同伴评价。要求学生进行自我评价和同伴评价。学生可以根据合作性评价工具对自己和小组成员进行评价,并提供理由和具体例子。这样能够促进学生自我反思、认识自己在合作中的优点和不足之处。

（6）教师评价与反馈。教师根据观察和记录的数据，结合学生的自评和同伴评价，进行评价和反馈。教师可以通过面谈或书面反馈，向学生解释评价结果、给予肯定并提出建设性的建议。

通过这个案例，中职生将意识到合作性评价的重要性，学会如何合理评价自己和他人的合作表现。

总之，通过合作性评价，中职生能够体验到合作项目的过程，并通过反馈和评价不断提高数学沟通与合作的素养。同时，教师的评价和反馈能帮助中职生更好地认识自己的优势、改进的方向，并激励他们在数学沟通和合作方面取得进步。

（七）情景模拟和角色扮演

教师可以设计情景模拟或角色扮演活动，让学生在特定的情景中运用数学知识解决问题。这样的活动可以激发中职生的创新思维和解决实际问题的能力，并培养他们在合作中的沟通技巧。

通过情景模拟和角色扮演可以有效地培养中职生的数学沟通与合作素养。以下情景模拟和角色扮演的具体措施能实现中职生的数学沟通与合作素养的培养。

1. 设定数学情境

创建真实且有挑战性的数学情境，如问题解决、数据分析、设计方案等。确保情境能够引发学生的兴趣和思考，并需要他们进行数学沟通和合作来解决问题。

2. 分配角色

为每个学生分配特定的角色，如数学专家、团队领导者、关键决策者等。每个角色都有不同的任务和责任，需要在团队中发挥自己的专长。

3. 情景模拟

模拟真实的场景和情境，让学生在其中扮演各种角色，并进行数学沟通和合作。如模拟一个工程项目、市场调研报告或者数学竞赛等。

4. 角色扮演

鼓励学生积极扮演自己的角色，并承担起相关的任务和义务。他们需要进行数学计算、分析数据、做出决策，并与其他角色进行交流和协商。

5. 提供支持和指导

作为教师，提供必要的支持和指导，帮助学生理解情境的要求和目标，并引导他们如何进行数学沟通和合作。密切关注他们的进展，给予反馈和指导。

6. 团队反思

在模拟结束后，组织团队反思活动，让学生分享他们的体验和收获。鼓励他们讨论团队协作的优点和挑战，并提出改进建议。

案例 5-33 展示如何通过情景模拟和角色扮演来培养中职生的数学沟通与合作素养。

案例 5-33 投资决策

（1）情境。假设学生正在学习金融数学，他们被分成小组并面临一个投资决策的情境。

（2）角色分配。每个小组有三个角色，分别是投资者、金融分析师和投资顾问。

（3）任务。每个小组将面临一个虚拟的投资机会，并需要根据给定的市场数据和投资目标，做出投资决策。投资者角色负责提供投资首付款和投资期限。金融分析师角色负责分析市场趋势和潜在收益，评估风险和回报率。投资顾问角色负责整合分析结果，并向投资者提供最佳投资建议，指引他们做出最优决策。

（4）角色扮演。学生在角色扮演中扮演他们的角色，并进行数学沟通和合作。他们需要讨论市场数据、分析趋势、预测风险，并通过团队合作做出最终的投资决策。在角色扮演过程中，学生将通过口头讨论、书面交流和数学计算来共享彼此的观点、协商决策，并解释他们的数学推理和结论。

（5）支持和指导。教师作为指导者的角色，可以提供必要的支持和指导。比如，他们可以提供相关的市场数据和工具，引导学生如何进行金融数学分析，并在需要时给予反馈和指导，帮助他们更好地理解和应用数学概念。

（6）团队反思。在模拟结束后，学生将参与团队反思活动。他们可以分享他们在角色扮演中的经验和收获，讨论合作中遇到的挑战和解决方法，以及归纳出在数学沟通和合作过程中学到的重要经验和教训。

通过这个案例，中职生能够在虚拟的金融投资情境中进行实际的数学沟通和合作。他们将了解到数学在金融决策中的应用，并通过角色扮演的方式培养团队合作能力、沟通技巧和问题解决能力。这种情景模拟和角色扮演的学习方式可以使学生更加贴近实际问题，提高他们的主动参与和学习动力。

总之，通过情景模拟和角色扮演，中职生可以在真实且有挑战性的数学情境中进行实际的数学沟通和合作。这有助于培养他们的团队合作能力、沟通技巧和问题解决能力。同时，中职生也能够将所学数学知识应用于实际问题，并深入理解数学在现实生活中的应用价值。

通过以上教育策略的综合运用，中职教师可以培养学生的数学沟通与合作素养，提高他们的合作能力、创新能力和问题解决能力。在实际教学中，教师应根据学生的特点和需求，合理选择和调整教育策略，创造积极的学习氛围，鼓励学生积极参与，并持续关注他们的成长和发展。

第三篇　信息技术与数学课程教育

　　随着我国信息化进程的推进,信息技术教育正逐渐受到广泛关注和重视,同时得到了国家层面的政策支持和重视,政府发布了一系列文件,提出了加强信息技术教育的目标和措施,并加大了对信息技术教育的投入。随着信息技术教育水平提升国内信息技术教育取得了显著的进步,教育水平不断提高。同时,信息技术也被广泛应用于各个学科领域的教学实践中,为学生提供更多的学习途径和资源支持。此外,在线教育平台的快速发展,也为信息技术教育的普及和提升提供了新的机遇和方式。

　　由此可见,信息技术在数学课程教育中有着重要的应用,可以提供更丰富、互动性更强的学习环境,并帮助学生更好地理解和应用数学知识。信息技术在数学课程教育中的应用丰富多样,可以提升学生的数学思维和解决问题的能力,同时也为他们提供了更广阔的学习资源和交流平台。教育者应积极探索如何将信息技术与数学课程教育有效融合,打造创新的学科教学模式,以激发学生的学习兴趣和动力,从而为培养具备信息技术素养的学生和专业人才打下了坚实基础(见图3)。

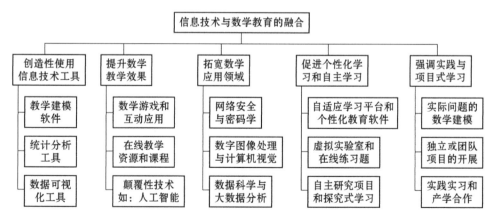

图3　信息技术与中职数学教育的融合

第六章　信息技术教育基础

信息技术在数学课程教学中的应用可以很大程度上提升了教学效果和学生的学习体验。教师专业发展是数学课程改革成功的重要支撑，信息技术能够促进数学教师专业素养提升及其专业知识更新和知识结构优化，如学科专业知识、教育学知识、心理学知识、学科教学法知识、教学管理知识、教研教改知识，以及教育技术知识引发等。此外，信息技术还可以提高数学教师的工作绩效、教育变革，并促进其教育观念转变。通过检索工具、网络课程、教育资源库、教师网联、教师博客圈等进行网络化学习与应用，可以充分开发数学教师的潜能。另外，还有课改示范课、学科带头人观摩课，配套课件作品，各校名师教案、课堂设计、教研论文，以及电子图书馆等丰富的优秀教育教学资源，为数学教师的备课、教研、教学提供了强有力的资源支持，也为教师的专业成长和教学创新提供了广阔的平台。

在学科教学中运用各种现代教育技术，可以充分调动各种教学媒体的光、音、色等信息输出功能，立体地刺激中职生多种感官参与认知活动，使抽象的数学知识变得具体、直观化，使复杂变得简明，使不可见变为可见，达到教学过程的优化，从而极大地调动他们的求知欲。同时，信息技术与数学教学的"融合"，对于丰富数学的教学内容，扩大学生眼界，引起学生对学习数学、探索其规律的兴趣，增进学科的思考力、想象力和创造力，都有积极作用。这是因为，现代教育信息技术的运用打破了时间和空间的限制，通过区域性跨学科、跨年级、跨学校互动活动形式，全方位、多层次、立体化地开展了校际学科教研活动，共享了优质的学科教学资源。在数学教学实践活动中，运用信息技术也能起事半功倍的效果。如课件情境教学，音、色、形、空间等可以表现得淋漓尽致，为中职生营造一个色彩缤纷、声像同步、能动能静的教学情景和模拟操作试验，极大地促进了学生听看、思考、读写等综合能力的提高，使他们在信息技术创设的艺术情境中体验、感知、审美数学知识，并全面提高其学科综合素质。

第一节　信息技术教育概述

信息技术教育是指通过教育和培训，使学生掌握并应用信息技术相关的知识、技能和方法。它旨在培养学生的信息素养、创新思维和综合能力，使其能够适应信息时代的需求和挑战。信息技术教育广泛涵盖计算机基础知识、网络技术、编程与开发、数据科学、人工智能等内容。通过信息技术教育,学生可以学习和使用各种软件工具、应用程序和互联网资源,从而拓宽学习渠道、提高学习效果,并培养解决问题、协作合作和创新的能力。信息技术教育在促进数字化转型和提升国家创新竞争力方面发挥着重要的作用,并将在未来持续发展和演进,以满足不断变化的社会需求。

一、信息技术教育的主要理论

我国当下信息技术教育的主要理论包括整体推进信息化教育、倡导个性化学习、强调 STEM 教育和创客教育思维。整体推进信息化教育理论将信息技术贯穿于各学科和学段,倡导融合教育与技术,培养学生的信息素养和创新能力。倡导个性化学习理论强调根据学生的需求和能力量身定制教学方案,提供个性化的学习体验。STEM 教育注重将科学、技术、工程和数学融入教育中,培养学生的创新思维和综合能力。创客教育思维鼓励学生通过实践和动手实验,培养创造性解决问题的能力。

(一)整体推进信息化教育理论及其影响

整体推进信息化教育是当前信息技术教育的重要理论基础。推进信息化教育是指利用现代信息技术和教育手段,以提高教学质量、增强学生综合素质为目标,推动教育教学的改革和创新。

这一理论强调将信息技术教育贯穿于各个学科和学段,推动教育与技术的融合,培养学生的信息素养和创新能力。通过整体推进信息化教育,可以实现教育资源共享、教学模式创新和学生成长跟踪。

1. 信息化教育理论的主要观点及内容

(1)教育技术与信息技术融合。信息化教育强调将教育技术与信息技术融合,使其成为教学的有机组成部分。通过运用电子教材、多媒体资源等信息技术手段,丰富教学内容和形式,激发学生的学习兴趣和积极性。

(2)个性化学习与定制化教育。信息化教育提倡个性化学习和定制化教育,注重根据学生的不同需求和特点,提供个性化的学习资源和教学方案。通过智能化教育平台和个性化学习系统,为学生创造自主、灵活的学习环境,以促进每个学生的全面发展。

(3)协作与共享学习。信息化教育倡导协作与共享学习,通过网络和社交平台提供学习交流和合作的机会。学生可以通过在线讨论、协作项目等方式,与他人分享知识和经验,培养团队合作和沟通能力。

（4）数据驱动和智能化评估。信息化教育强调数据驱动的教学和评估。通过收集和分析学生学习行为数据，教师可以进行精准的教学干预和个性化评估，及时调整教学策略，提供针对性的辅导和支持，帮助学生及时调整学习策略，优化学习效果。

（5）教育生态系统构建。信息化教育追求构建教育生态系统，将学校、家庭、社会等各个教育资源进行有机整合，形成全方位、多元化的学习环境。通过教育平台、在线课程等手段，打破时间和空间的限制，提供更广泛的学习机会和更丰富的学习资源。

信息化教育理论的主要观点及内容都旨在利用信息技术促进教育改革和创新，提高学生学习效果和素质，培养适应信息社会发展需求的人才。它强调个性化、协作与共享、数据驱动和教育生态系统的构建，旨在推动教育朝着更灵活、多样化和智能化的方向发展。

2. 整体推进信息化教育理论对数学课程教育的积极影响

（1）促进数学教学内容的创新。整体推进信息化教育理论鼓励将信息技术与数学知识融合，通过数字化、可视化等方式呈现抽象的数学概念，使学生更直观地理解和掌握数学内容。教师可以利用电子白板、在线教学平台等工具创造丰富多样的教学资源，提供互动性和个性化的学习体验。

（2）促进数学教学方法的创新。整体推进信息化教育理论强调学生的自主学习和探究性学习，鼓励教师采用项目式教学、合作学习、游戏化教学等方法，培养学生的问题解决能力和创新思维。信息技术工具的应用可以支持学生进行实践探索和模型建立，增加数学的应用场景和实际意义。

（3）提供个性化学习支持。整体推进信息化教育理论注重根据学生的不同需求和学习能力提供个性化的学习支持。在数学教育中，教师可以通过网络平台、在线作业等方式对学生进行个性化的诊断和反馈，根据学生的情况调整教学内容和方法，提供量身定制的学习资源，提高学生的学习效果和兴趣。

（4）促进数学与其他学科的跨学科整合。整体推进信息化教育理论倡导不同学科之间的融合与协作。在数学教育中，信息化教育的推进促使数学与计算机科学、数据科学、科学技术等学科相互交叉，开展跨学科的教学活动。这有助于培养学生的综合能力和创新思维，拓宽数学在实际问题解决中的应用范围，为学生提供更广阔的视野和更深层次的理解。

总之，整体推进信息化教育理论促进了数学课程教育的创新和发展，提供了多种教学方法和资源支持，丰富了教学内容和形式，培养了学生的自主学习能力和创新思维，促进了数学与其他学科的融合与协作，为数学教育的质量提升提供了有力的支持。

（二）强调 STEM 教育理论及其影响

强调 STEM 教育是一种综合性的教育理念，它强调科学（Science）、技术（Technology）、工程（Engineering）和数学（Mathematics）的跨学科整合，通过这种综合性的学习和探究，培养学生的创新思维、问题解决能力和团队合作精神。

强调 STEM 教育是指将科学（Science）、技术（Technology）、工程（Engineering）和数学（Mathematics）融入教育中，培养学生的创新思维和综合能力。在信息技术教育领域，STEM 教育强调学科整合和跨学科合作，鼓励学生运用信息技术解决实际问题，培养创造性思维和团队合作精神。

1. 强调 STEM 教育理论的主要观点及内容

（1）跨学科整合。STEM 教育鼓励将科学、技术、工程和数学的知识和方法进行整合，突破传统学科的边界。通过将不同学科的概念和技巧结合起来，培养学生的综合素养和创新能力。

（2）实践导向。STEM 教育强调实践性学习和问题解决。学生通过参与实际项目和任务，进行探究式学习，从中获得真实世界问题的经验和技能。实践性学习有助于将理论知识应用到实际情境中，并培养学生的实际操作能力，还能够提高其对知识的深入理解和应用。

（3）创新思维。STEM 教育注重培养学生的创新思维和创造力。学生被鼓励提出问题、提出解决方案，并以创新的方式思考和实践。STEM 教育通过创新思维的培养，激发学生的兴趣和动机，提高解决问题的能力，也锻炼了批判性思维。

（4）问题导向。STEM 教育强调以问题为导向的学习。学生通过面对挑战性的问题，进行探索和研究，提出解决方案。问题导向学习培养学生的批判性思维和分析能力，在解决问题的过程中发展并应用知识，从而在实际应用中发挥出更大的潜力。

（5）合作与团队合作。STEM 教育倡导学生之间的合作和团队合作。学生在小组或团队中合作解决问题，分享知识和经验，共同完成项目。合作和团队合作培养学生的沟通、合作和领导能力。

通过 STEM 教育，学生可以培养跨学科的综合能力和创新思维，提高解决复杂问题的能力，增强在现实世界中应用科学和技术的能力。STEM 教育理论强调实践性学习、创新思维和问题导向，旨在培养学生的综合素质和适应未来社会需求的能力。

2. 强调 STEM 教育理论对数学课程教育的深远影响

提升数学学科的实际应用性：STEM 教育强调将数学与实际问题解决相结合。它鼓励学生在数学学科中应用科学、技术、工程等相关知识，解决真实世界的问题。

这使得数学课程不再仅仅停留于抽象的概念和理论,而是与现实生活紧密联系,提高了学生对数学实用性的认识。

培养学生的创新思维和解决问题的能力:STEM 教育注重培养学生的创新思维和团队合作精神。在数学课程中,学生被鼓励探索和发展独特的解决问题的方法,并通过合作和沟通与他人分享和讨论。这培养了学生的批判性思维、创造性思维和解决现实问题的能力。

(1) 强调跨学科融合。STEM 教育强调不同学科之间的融合与协作。在数学课程中,数学与科学、技术、工程等学科进行跨学科融合。这促使学生了解数学在其他学科中的应用,培养学生的综合能力和多学科思维,拓展了数学在实际问题解决中的应用范围。

(2) 强化实践性学习。STEM 教育注重学生的实践性学习和实验探究。在数学课程中,学生被鼓励通过实际建模、数据处理、项目设计等方式将学习与实际情境相结合。这样的实践性学习使数学课程更具有趣味性和实用性,激发了学生的学习兴趣和动力,提升了学生的实践能力和创新思维。

总之,强调 STEM 教育理论对数学课程教育产生了积极的影响。它提升了数学学科的实际应用性,培养了学生的创新思维和解决问题的能力,强调了跨学科融合和实践性学习。这些影响使得数学课程更贴近实际、更富有趣味性,并培养了学生综合能力和未来职业所需的技能。

(三) 倡导个性化学习理论及其影响

个性化学习是指根据学生的兴趣、能力和学习需求,量身定制教学内容和方式,提供个性化的学习体验。个性化学习理论倡导根据学生的个体差异和特点,提供量身定制的学习经验和教育环境,以满足每个学生的学习需求和潜力。

在信息技术教育中,个性化学习借助于智能化教学系统和学习分析技术,为每个学生提供具有针对性和个性化的学习方案,促进学生自主、深入地学习。

1. 个性化学习理论的主要观点和内容

(1) 学生的个体差异。个性化学习理论认识到每个学生都有独特的学习风格、能力、兴趣和背景。它将学生视为学习的核心,注重关注每个学生的特点和需求。

(2) 自主学习和个人目标。个性化学习鼓励学生在学习中发挥主动性和自主性。学生被赋予制订个人学习目标和计划的权力,可以根据自己的兴趣和学习进程进行学习,从而培养他们的责任感和自我管理能力。

(3) 弹性学习路径和资源。个性化学习提供灵活的学习路径和多样化的学习资源。学生可以根据自己的需求和进度,选择合适的学习内容、教材和媒体,以满足他们个人的学习风格和节奏。

（4）个体反馈和评估。个性化学习鼓励即时的个体反馈和评估。教师通过观察、交流和评估工具，了解每个学生的学习进展和困难，以便调整教学策略并提供有针对性的支持。

（5）教师的角色转变。个性化学习改变了教师的角色，他们成为学习的导师和指导者。教师需要了解学生的学习需求和个人特点，提供个性化的指导和支持，鼓励学生积极参与学习过程。

通过个性化学习，学生可以更好地发展自己的学习兴趣、探索个人才能，并以更深入和个性化的方式掌握知识和技能。个性化学习理论强调充分发挥学生的个体差异和学习潜力，倡导为每个学生提供独特的学习体验和支持，促进个体的学习成长和发展。

2. 倡导个性化学习理论对数学课程教育的显著影响

（1）创造更适应学生需求的学习环境。个性化学习理论强调根据学生的兴趣、能力和学习风格，提供量身定制的学习方案。在数学课程中，教师可以根据每个学生的个别差异，选择合适的学习资源、教材和教学方法。这样可以创造出一个更适应学生需求的学习环境，提升学生的学习动力和成绩。

（2）强调学生的自主学习和探究性学习。个性化学习理论鼓励学生在学习过程中积极参与、主动思考和发现知识。在数学课程中，学生被鼓励独立思考、解决问题，并通过实践和探究性学习来构建数学概念和解析思维。这种学习方式培养了学生的自主学习能力和批判性思维，提高了数学学习的深度和质量。

（3）提供个性化的学习支持和反馈。个性化学习理论注重根据学生的学习进度和需求，提供个体化的学习支持和反馈。在数学课程中，教师可以利用技术工具和在线平台，对学生进行个性化的学习跟踪和评估。通过实时反馈、个别指导和优化学习资源，帮助学生充分理解数学概念和方法。

（4）培养学生正确的学习动机和自信心。个性化学习理论关注学生的情感需求，培养学生的学习动机和自信心。在数学课程中，个性化学习可以让学生更容易找到自己的学习兴趣点，激发学习的乐趣和内在动力。同时，个性化的学习支持和成功经验也增强了学生对数学学习的自信心和积极性。

总之，倡导个性化学习理论对数学课程教育产生了积极的影响。它创造了适应学生需求的学习环境，强调学生的自主学习和探究性学习，提供个性化的学习支持和反馈，培养学生的学习动机和自信心。这些影响使得数学课程更符合学生的个体差异，提高了学生的学习效果和学习兴趣，促进他们的全面发展。

（四）强调创客教育思维理论及其影响

创客教育思维是一种注重培养学生创新、创造和解决问题能力的教育理念。

它强调学生以创客(Maker)的身份,通过实践和实际项目来探索和应用知识。

创客教育思维强调学生通过实践、动手、实验等方式,培养创新思维和创造性解决问题的能力。在信息技术教育中,创客教育思维鼓励学生运用信息技术进行编程、设计和制作,培养他们的创新意识和动手能力,激发创造力和创业精神,从而在实践中培养出真正的创新能力。

1. 创客教育思维理论的主要观点及内容

(1)创意和创新。创客教育思维强调激发学生的创造和创新能力。它鼓励学生提出新颖的想法、尝试独特的解决方案,并积极追求自己的兴趣和创意。

(2)实践导向。创客教育思维注重学生的实践和实际应用。学生被鼓励通过动手实践和项目制作来学习,从中获得实际经验和技能,并培养了解决现实问题的能力。

(3)多学科整合。创客教育思维促进多学科的整合。它鼓励学生在项目中运用科学、技术、工程、艺术和数学等不同领域的知识和技能,培养他们的综合素养,并使之能够在多学科交叉的领域中发挥创新潜力。

(4)合作与分享。创客教育思维倡导学生之间的合作和分享。学生可以在团队中共同解决问题,分享资源和经验,培养团队合作和沟通能力,为未来社会中的团队工作打下坚实基础。

(5)反思和迭代。创客教育思维强调学生的反思和迭代过程。学生被鼓励在项目中不断检查和改进自己的作品,从错误中学习并不断完善自己的设计和解决方案,以实现更高层次的创新和完善。

创客教育思维的目标是培养学生的创造性和创新性思维,并提供他们实践和应用知识的机会。它强调学生的主动参与和自主学习,在真实的场景中培养解决问题的能力。创客教育思维理论倡导学生以创客的身份,通过实践、合作和迭代的方式,培养创新创造能力,为未来应对复杂问题做好准备。

2. 强调创客教育思维理论对数学课程教育的重要影响

培养学生的创新思维和解决问题的能力:创客教育思维强调学生通过实践、动手、实验等方式培养创新思维和解决问题的能力。在数学课程中,学生被鼓励运用数学知识和技能,通过探索性学习、实际建模和设计活动等形式,解决有挑战性的数学问题。这培养了学生的创造性思维、批判性思维和团队合作精神。

(1)强调数学与实际应用的联系。创客教育思维强调将数学与实际应用相结合,促使学生意识到数学在现实生活中的重要性和应用价值。在数学课程中,学生被鼓励将数学概念和方法应用于实际问题的建模和求解过程中。这使得数学不再被视为一门抽象的学科,而是与实际问题解决紧密联系,激发了学生对数学的兴趣和学习动力。

（2）提供具有挑战性的学习体验。创客教育思维强调学生通过实践性学习来获得深入的理解和体验。在数学课程中，学生被鼓励参与具有挑战性的数学项目和活动，如数学竞赛、数学建模、课题研究等。这种学习体验培养了学生的自主学习能力、问题解决能力和团队合作精神。

（3）促进数学与其他学科的融合。创客教育思维鼓励不同学科之间的融合与协作。在数学课程中，数学与科学、技术、工程等学科相互交叉，开展跨学科的实践教学活动。这培养了学生的综合能力和多学科思维，拓展了数学在实际问题解决中的应用范围。

总之，强调创客教育思维理论对数学课程教育产生了积极的影响。它培养了学生的创新思维和解决问题的能力，强调数学与实际应用的连接，提供具有挑战性的学习体验，并促进数学与其他学科的融合与协作。这些影响使得数学课程更贴近实际、更具有趣味性和实用性，培养了学生的创造力和团队合作能力。

二、信息技术教育未来的发展趋势

在未来，我国信息技术教育的发展趋势包括加强人工智能教育、推动数字化教学环境和强调数据科学与人工智能融合。人工智能教育将成为重点发展方向，培养学生对人工智能的理解和应用能力。数字化教学环境将得到提升，教育机构将建设更灵活和多样化的在线学习平台。此外，数据科学与人工智能的融合将成为未来的趋势，培养学生的数据分析和挖掘能力，应对大数据时代的挑战。

（一）加强人工智能教育及其意义

随着人工智能技术的飞速发展，人工智能教育成为信息技术教育的重要方向。未来，将加强人工智能教育的内容和方法，培养学生对人工智能的理解和应用能力，以应对未来智能化社会的挑战。

1. 加强人工智能教育对数学课程教育的积极意义

（1）提供实际应用场景。人工智能技术在现实生活中有广泛的应用，如语音识别、图像处理、自动驾驶等。通过引入人工智能教育，可以将数学概念与实际应用相结合，让学生更好地理解数学在现实中的作用。

（2）培养创新思维。人工智能教育注重培养学生的创新思维和问题解决能力。在数学课程中，人工智能教育可以引导学生进行探究性学习，提供机会让学生通过编程、算法设计等方式解决实际问题，从而培养他们的创造力和创新精神。

（3）强调跨学科合作。人工智能教育需要涉及数学、计算机科学、统计学等多个学科的知识。这促使数学课程与其他学科进行跨学科合作，帮助学生建立学科之间的联系，提升他们的总和分析能力。

（4）个性化学习。人工智能教育倡导个性化学习，通过智能化的教育工具和算法分析学生的学习情况，为其提供个性化的学习资源和指导。在数学课程中，人工智能技术可以根据学生的学习情况进行智能化的评估和反馈，帮助他们更有效地掌握数学知识，从而提高学习效率。

总之，人工智能教育对数学课程教育的意义是多方面的，它提供了实际应用场景、培养创新思维、强调跨学科合作并促进个性化学习。这些都有助于提高学生的数学素养和解决问题的能力，以及适应未来社会的需求。

2. 强化人工智能教育的有效措施

提供全面的课程和培训：学校和教育机构应该提供丰富多样的课程和培训，涵盖人工智能的基础知识、原理和应用领域。这些课程应该从初级到高级，适应不同年龄段和学生水平。

（1）强调实践与项目实践。人工智能是一门实践性很强的学科，学生需要通过实践来巩固所学知识和技能。可以组织学生参与人工智能竞赛、项目开发和实践活动，让他们亲自动手解决问题和应用人工智能技术。

（2）培养创新精神和团队合作能力。人工智能领域需要具备创新思维和团队合作能力的人才。教育应该注重培养学生的创新意识和创造力，并组织学生进行团队合作，培养他们的协作能力和解决问题的能力。

（3）结合实际应用场景。人工智能技术应用广泛，可以结合实际应用场景进行教学。教师可以引入实际案例和行业需求，让学生将所学的知识应用到实际问题中，提高他们的实际应用能力和解决问题的能力。

（4）提供资源和支持。学校和教育机构应该提供必要的资源和支持，包括设备、软件、实验室等，以及专业的师资力量。同时，还可以建立人工智能教育的交流平台，促进教师之间的经验分享和合作。

总之，加强人工智能教育需要从多方面入手，包括课程体系、实践环节、创新能力培养等。通过综合措施的实施，可以培养出适应人工智能时代需求的人才。

（二）推动数字化教学环境及其意义

数字化教学环境将成为信息技术教育的重要基础。教育机构将加大对数字化教学资源和平台的建设，提供在线学习、虚拟实验和远程协作等功能，为学生提供更灵活和多样化的学习方式。

1. 推动数字化教学环境对数学课程教育的积极意义

（1）提供多样化的学习资源。数字化教学环境可以提供丰富多样的数学学习资源，如数字化教材、教学视频、在线课程等。学生可以根据自身需要选择适合自己的学习资源，有助于激发学习兴趣，提高学习效果。

（2）提供互动和合作学习机会。数字化教学环境可以通过在线讨论平台、群组合作等方式促进学生之间的互动和合作学习。学生可以在虚拟环境中共同探讨数学问题，分享解题方法和思路，从而培养团队合作精神和社交能力。

（3）提供实时反馈和个性化指导。数字化教学环境可以利用智能化的评估工具和算法，为学生提供实时反馈和个性化指导。学生可以通过在线练习、自动批改等方式得到即时的评价和建议，帮助他们及时调整学习策略和加强薄弱环节。

（4）培养信息素养和科学思维。数字化教学环境涉及信息技术的应用，学生在使用数字工具进行数学学习的过程中，也会培养信息素养和科学思维。学生需要学会有效地搜索、筛选、评估和利用在线资源，培养信息获取与处理的能力。

（5）拓宽学习空间和时间。数字化教学环境为学生拓宽了学习空间和时间。无论身处何地，学生都可以通过互联网进行数学学习，有更多的时间和空间自主安排学习进度，更加高效地利用学习资源。

总之，数字化教学环境对数学课程教育的意义在于提供多样化的学习资源、促进互动和合作学习、提供实时反馈和个性化指导、培养信息素养和科学思维，并且拓宽了学习空间和时间。这些有助于提高学生的学习效果和培养综合素质。

2. 推动数字化教学环境的有效措施

（1）提供必要的基础设施和技术支持。学校和教育机构应该提供必要的硬件设备（如计算机、平板电脑等）和软件工具，以及稳定的网络环境，以支持数字化教学的顺利进行。

（2）培训教师和提供技术支持。教师是开展数字化教学的关键，他们需要掌握相关的技术知识和教学方法。学校和教育机构应该为教师提供培训和专业支持，帮助他们熟悉数字化教学工具和平台，并能够灵活运用于课堂教学中，以提升教学质量。

（3）提供优质的数字化教学资源。学校和教育机构可以与相关合作伙伴合作，提供高质量的数字化教学资源，包括教学视频、互动课件、在线练习等。这些资源可以丰富教学内容，提供多样化的学习方式，激发学生的学习兴趣，并提高其学习效率。

（4）强调个性化学习和自主学习。数字化教学环境可以为学生提供更多的个性化学习机会。通过在线作业、自主学习平台等方式，学生可以按照自己的节奏和兴趣进行学习，提高学习效果和主动性。

（5）进行评估和反馈。数字化教学环境可以提供更及时和全面的学生学习情况反馈。教师可以通过在线测试、作业提交等方式，及时了解学生的学习进展，进行针对性的指导和辅导，从而更有效地促进学生的学习进步。

（6）加强家校合作。数字化教学可以通过家长登录平台查看学生学习情况和教学资源,促进家校之间的紧密合作,共同关注学生的学习进展和发展需求。

总之,推动数字化教学环境需要从硬件设施、教师培训、教学资源、个性化学习和家校合作等方面进行有效的措施。这将为学生提供更丰富的学习机会,提高学习效果和兴趣,促进教育的创新和改革。

(三) 强调数据科学与人工智能融合及其意义

数据科学与人工智能的融合将成为信息技术教育的新趋势。教育机构将注重培养学生的数据分析和挖掘能力,使其能够应对大数据时代的挑战,发挥信息技术在各个领域的应用价值。

1. 强调数据科学与人工智能融合对数学课程教育的积极意义

(1) 实际应用的数学。数据科学和人工智能是数学在实际应用中的重要领域。通过融合数据科学和人工智能的概念和方法,数学课程可以更加贴近实际,让学生了解数学在数据分析、机器学习、模式识别等领域的应用,激发学生对数学的兴趣和学习动力。

(2) 培养数据思维和问题解决能力。数据科学和人工智能融合的数学课程注重培养学生的数据思维和问题解决能力。学生不仅需要掌握数学的基本概念和方法,还需要学会如何获取、整理、分析和利用数据进行推理和决策。这样的培养可以帮助学生更好地面对现实生活中的问题和挑战。

(3) 强调跨学科合作。数据科学和人工智能的融合是多学科交叉的产物,涉及数学、计算机科学、统计学等多个领域的知识。在数学课程中强调数据科学和人工智能的融合,可以促使学生与其他学科进行跨学科合作,培养学生的综合素质和团队合作精神。

(4) 个性化学习和自主探究。数据科学和人工智能融合的数学课程可以借助智能化的教育工具和算法,为学生提供个性化的学习资源和指导。学生可以根据自己的兴趣和需求,自主进行探究学习,通过实际的数据分析和机器学习实践提升自己的数学技能和解决实际问题的能力。

(5) 培养创新精神和社会责任意识。数据科学和人工智能的融合是一个不断发展的领域,需要学生具备创新精神和社会责任意识。通过数学课程中的数据科学和人工智能融合教育,可以培养学生的创造力和创新思维,引导他们关注数据伦理、隐私保护和社会影响等方面的问题。

总之,强调数据科学与人工智能的融合对数学课程教育的意义在于将数学应用于实际,培养数据思维和问题解决能力,强调跨学科合作,实现个性化学习和自主探究,并培养创新精神和社会责任意识。这有助于提高学生的数学素养和适应未来社会的能力。

2. 强调数据科学与人工智能融合的有效措施

（1）提供综合的课程教学。学校和教育机构应该设计和提供综合的课程，将数据科学和人工智能的知识与技术有机地融合在一起。这样的课程应该包括数据采集、数据处理与分析、机器学习、深度学习等内容，让学生全面了解和掌握相关领域的基础知识和技能，从而为他们日后的职业生涯打下坚实的基础。

（2）强化实践和项目实施。学生通过实际的项目实践来应用数据科学和人工智能的技术和方法。这样可以加强他们的动手能力和解决实际问题的能力。学校和教育机构可以组织学生参与数据竞赛、机器学习挑战赛等活动，鼓励他们运用所学的知识进行创新和解决实际问题。

（3）建立实验室和研究中心。学校和教育机构可以建立数据科学和人工智能的实验室和研究中心，提供先进的设备和平台，为学生提供实践和研究的机会。这样可以促进教师和学生之间的合作，从而加速创新成果的产生和应用。

（4）开设专业方向和课程。在中等职业教育阶段，可以开设专门的专业方向的课程，如数据科学与人工智能、智能系统工程等。通过系统化的学习和实践，培养学生在数据科学、人工智能领域的专业素养和创新能力，并具备将其应用于实际问题的能力。

（5）促进学科交叉与跨领域合作。数据科学和人工智能是多学科交叉的领域，教育机构可以促进学科之间的交流与合作，打破学科壁垒，培养具备跨学科思维和合作能力的人才。这可以通过开展联合培养、合作研究项目等方式来实现产学研的深度融合。

（6）提供持续的教师培训和专业发展。教师是推动数据科学与人工智能融合的关键力量。学校和教育机构应该提供持续的教师培训和专业发展机会，帮助他们不断更新知识和技能，适应时代的需求，并更好地引导学生在数据科学与人工智能的领域中探索和成长。

总之，强调数据科学与人工智能融合需要从课程教学、实践环节、实验室建设、专业发展等多方面进行有效的整合。这将为学生提供更广阔的发展空间，培养出能够在数据驱动的智能时代中发挥作用的专业人才。

综上所述，我国当前信息技术教育致力于培养学生的信息素养、创新思维和综合能力。未来的发展趋势将进一步加强信息技术教育与其他学科和领域的融合，推动学生的创新思维和问题解决能力的培养，以适应未来社会的需求和挑战。

三、信息技术教育对于数学课程教育的必要性

信息技术教育对于数学课程的教育具有必要性，它可以帮助学生理解数学的实际应用，提供创新的教学方法和资源，实现个性化学习和自主学习，培养综合素

质和创造力,并且适应信息化时代的需求。这将有助于提高学生的数学素养和适应未来社会的能力。其必要性的主要原因如下:

(一)数学与信息技术的密切联系

信息技术是数学的重要应用领域之一,数学与信息技术密不可分。通过信息技术教育,可以让学生了解和体验数学在计算机编程、数据处理、算法设计等方面的应用,帮助他们理解数学的实际意义和应用价值。比如,在数据科学和统计学领域,许多信息技术工具可以帮助学生管理和分析数据。学生可以使用这些工具进行数据可视化、统计推断和模拟实验,从而深入理解数学概念和方法在实际中的应用。

(二)创新教学方法和资源

信息技术教育为数学课程提供了创新的教学方法和丰富的教学资源。比如,使用数学软件和在线工具可以帮助学生更直观地理解抽象概念和数学关系,提高学习效果;利用虚拟实验平台可以让学生进行数学实验和探究,培养实践能力和发现问题的能力。又如,通过使用电子白板,数学教师可以实时展示课堂教学内容、绘制图形和解题过程,并与学生进行互动交流。这种可视化的教学方式可以更直观地帮助学生理解抽象的数学知识,并提供更具吸引力的教学方法,让他们在探索和学习中体验到知识的力量和乐趣。

(三)个性化学习和自主学习

信息技术教育通过智能化的教育工具和算法,可以为学生提供个性化的学习资源和自主学习机会。学生可以根据自身的学习需求和进度,选择适合自己的学习路径和内容,提高学习的效果和兴趣。许多学校和教育机构已经建立了在线教育平台,提供了丰富的数学教学资源。教师可以在平台上分享课件、教案、视频等教学资料,使学生可以随时通过平台进行在线自主学习和作业提交。又如,数学练习软件可以提供不同难度级别的题目,根据学生的水平进行个性化的练习,使每位学生都能在自己的能力范围内得到最有效的训练。

(四)培养综合素质和创造力

信息技术教育注重培养学生的综合素质和创造力。信息技术教育鼓励学生主动参与、探究和创新,培养学生的创造思维、解决问题的能力、团队协作能力等,这些素质对于数学学科的学习和应用都是至关重要的。比如,有许多针对数学课程的教学软件可供使用。这些软件可以提供交互式的学习环境,帮助学生进行自主学习和探索。又如,数学建模工具可以帮助学生将数学知识应用于实际问题的建模和求解。通过使用这些工具,学生可以更好地理解数学与实际问题之间的联系,并培养解决问题的能力。

（五）适应信息化时代需求

信息技术已经深入到现代社会的方方面面,成为一种基本工具和思维方式。通过信息技术教育,可以帮助学生更好地适应信息化时代的要求,培养信息素养和信息处理能力,为未来的学习和就业做好准备。数学课程教学可以通过利用数学软件和在线工具,引入数据处理和统计分析、编程和算法设计,以及虚拟实验和模拟仿真适应信息化时代的需求。这样的教学方法可以帮助学生更好地掌握数学概念和技能,培养他们的信息素养和创新思维,在信息化时代中更好地应对挑战。

总之,信息技术为数学课程教学提供了丰富的可能性,帮助教师创造更具吸引力和互动性的教学环境,并激发学生对数学的兴趣和学习动力。同时,信息技术也为学生提供了更多自主学习和个性化学习的机会,加强了数学教育的效果,让他们变得更加高效和个性化。

第二节　信息技术教育的原则及设计

信息技术教育的原则是为了培养学生在信息时代所需的技能和素养。在教育过程中,需要遵循一系列的教育原则并进行合理设计。在设计信息技术教育时,教师可以采用项目制学习、问题驱动学习等教学方法,引导学生主动参加实践探索。同时,教师应提供多样化的学习资源和工具,鼓励学生通过合作学习和反思来的方式深化对信息技术的理解和运用。通过遵循以上原则,并合理设计信息技术教育,能够帮助学生建立坚实的信息技术基础,培养他们的创新能力、协作精神和终身学习的意识,以适应不断变化的信息社会的挑战和需求。

一、信息技术教育的原则

信息技术教育的原则对数学课程教育有着重要的影响。它强调实际应用、培养创新思维和问题解决能力、强调跨学科合作、个性化学习和自主探究,以及培养信息素养和科学思维。通过信息技术教育的原则引导,可以使数学课程更具应用性、创新性和个性化,提高学生的数学素养和适应未来社会的能力。在数学课程教学实践过程中需要遵循以下原则:

（一）全面性

信息技术教育应该涵盖多个方面的知识和技能,包括计算机基础知识、信息处理和管理、网络应用等。学生需要全面掌握信息技术的核心概念和基本技能,以适应不断变化的技术环境。

信息技术教育原则中的全面性与数学课程教育存在着密切关系,其主要表现为以下五个方面。

1. 数学知识广度

信息技术教育的全面性原则要求学生全面掌握信息技术的核心知识和技能,涉及计算机基础、编程、网络等多个方面。在数学课程教学中,学生需要了解和应用与数学相关的信息技术知识,如使用数学软件进行计算和可视化、通过编程进行数值模拟等。这样的教学不仅能够提升学生的数学素养,还能增强他们解决实际问题的能力。

2. 数学应用广泛性

信息技术教育的全面性要求学生了解信息技术在各个领域的应用。在数学课程教学中,教师可以引入信息技术的实际应用案例,让学生了解数学在科学研究、工程设计、金融分析等各个领域的广泛应用。这种跨学科的教学方法有助于激发学生的学习兴趣,培养他们的创新思维和实践能力。

3. 技能多样性

信息技术教育的全面性原则强调学生要具备多样化的信息技术技能。在数学课程教学中,学生可以通过信息技术工具和资源,学习不同的数学软件和在线工具的使用,掌握数据处理、图像处理、统计分析等多种技能,并将其应用于数学问题的解决,能够为未来的学习和工作打下坚实的基础。

4. 综合素养培养

信息技术教育的全面性要求学生培养综合素质,包括问题解决能力、创新思维、团队合作能力等。在数学课程教学中,可以通过信息技术教育激发学生的探究兴趣和创造力,让他们在数学建模、实验设计等活动中培养自己的综合素养。

5. 跨学科整合

信息技术教育的全面性原则强调学科之间的整合和协同学习。在数学课程教学中,教师可以引入跨学科的知识和方法,如数学与计算机科学的结合,促进学生跨学科的学习和思维,培养综合素质和批判性思维。

通过将信息技术教育的全面性原则融入数学课程教育中,可以帮助学生全面掌握数学知识和技能,了解数学在不同领域的应用,培养综合素质和跨学科学习能力,以适应信息化时代的需求。

（二）实践性

信息技术教育注重学生的实践能力培养。学生需要通过实际操作和项目实践,将所学的知识和技能应用到实际问题中,培养解决问题、创新思维和团队合作的能力。

信息技术教育原则中的实践性对于数学课程教学具有重要的影响。实践性是指学生通过实际应用和实践操作的方式学习和理解信息技术的概念和技能。在数学课程教学中,实践性可以帮助学生将抽象的数学理论与实际应用相结合,提高他们对数学概念的理解和运用能力。实践性原则主要表现为以下三个方面。

1. 增强探索活动

通过将信息技术融入数学课堂,学生可以利用计算机和其他科技工具进行数学模拟、数据分析和问题解决。这种实践性的学习方式可以激发学生的学习兴趣,增强他们对数学的主动参与和探索精神,从而实现知识的内化和能力的提升。

2. 提供实践平台

实践性的教学方法还可以帮助学生培养解决问题的能力和创新思维。借助信息技术工具,学生可以探索复杂的数学知识和难题,并通过实际操作方式来验证和确认自己的解决方案。这种实践性的学习环境可以激发学生的创造力和创新能力,培养他们的问题解决能力。信息技术教育注重培养学生的信息素养和科学思维。对于数学课程教育而言,信息技术可以让学生学会有效地搜索、筛选、评估和利用在线资源,培养信息获取与处理的能力,同时培养学生的科学思维,如观察、实验和推理等能力。

3. 建立与实际联系

实践性的教学方法还可以帮助学生建立数学与现实世界的联系。通过使用信息技术工具,学生可以将抽象的数学知识应用于实际问题的解决。这样的学习方式可以帮助学生理解数学的实际应用和意义,并增强他们对数学的兴趣和动机。信息技术教育强调学生在实际场景中应用技术进行解决问题。对于数学课程教育而言,信息技术可以提供实际的数学应用案例和相关工具,帮助学生将数学概念与实际应用相结合,理解数学在解决实际问题中的作用。

总之,信息技术教育原则中的实践性对于数学课程教育具有重要的影响。它可以帮助学生将数学理论与实际应用相结合,培养学生的解决问题能力和创新思维,并建立数学与现实世界的联系。通过实践性的学习环境,学生可以更好地理解和应用数学知识,提高数学的学习效果和教学质量。

（三）个性化

信息技术教育应该根据学生的兴趣、能力和需求,提供个性化的学习路径和资源。每位学生在学习信息技术方面有不同的背景和目标,教师应该根据学生的特点,设计灵活和差异化的教学方案。

信息技术教育原则中的个性化对于数学课程教育也有重要的关系。个性化教育是指根据每位学生的需求、能力和兴趣，为其提供个性化的学习体验和支持。在数学课程教学中，个性化教育可以帮助学生更好地理解和应用数学知识，提高他们的学习效果和兴趣。个性化教育主要表现在以下三方面。

1. 个性化教育可以通过多样化的学习资源和教学方法实现

信息技术可以为数学课程教学提供丰富的数字学习资源和工具，如在线教育平台、自适应学习系统和个性化辅导软件等。这些资源和工具可以根据学生的学习特点和需求，提供个性化的学习内容、学习路径和学习方式。对于数学课程教育而言，信息技术可以根据学生的学习需求和进度，提供个性化的学习内容和反馈，鼓励学生自主学习和探究精神。

2. 个性化教育还可以通过不同的评估和反馈机制实现

信息技术可以帮助教师对学生的学习情况进行实时监测和评估，从而了解每位学生的学习进展和困难。基于这些评估结果，教师可以为学生提供针对性的反馈和支持，帮助他们克服困难，提高学习效果。

3. 个性化教育还鼓励学生在数学学习中发挥主动性和自主性

信息技术可以提供学习工具和平台，让学生根据自己的兴趣和需求进行选择和探索。学生可以自主学习、合作学习和项目学习，以提高他们的学习主动性和创造性。

总之，个性化教育对于数学课程教学的意义在于，它能够满足不同学生的学习需求和风格，激发他们的学习兴趣和动机。通过个性化教育，学生可以更好地理解和应用数学知识，提高数学学习的效果和质量。因此，在数学课程教学中融入个性化教育原则是非常重要的。

（四）整合性

信息技术教育应该与其他学科紧密结合，形成跨学科的融合。随着信息技术在各个领域的应用日益广泛，学生需要了解如何将信息技术与其他学科知识结合，解决实际问题，提高他们的综合素质。

信息技术教育原则中的整合对于数学课程教育也有重要的影响。整合是指将信息技术与数学课程内容有机地结合在一起，以促进学生的综合学习和实践应用。在数学课程教学中，整合信息技术可以帮助学生更好地理解和应用数学概念，提升他们的数学思维和问题解决能力。整合原则主要表现以下三方面。

1. 通过整合信息技术，数学课程可以变得更加丰富有趣

学生可以利用计算机、互联网和其他信息技术工具进行数学建模、数据分析和模拟实验等活动。这些活动可以让学生亲身参与数学的实践应用中，帮助他们更好地理解数学的实际意义和应用场景,从而激发他们对数学学习的热情与兴趣。

2. 整合信息技术还可以提供更多的学习资源和学习方式

通过使用数字化学习平台和在线资源,学生可以获取到多样化的数学学习材料和工具。这些资源可以根据学生的学习需求和兴趣,提供个性化的学习内容和学习路径,帮助学生主动探索和深入理解数学知识。

3. 整合信息技术还可以促进学科之间的融合

数学作为一门基础学科,与其他学科有着紧密的联系。通过整合信息技术,可以将数学与其他学科的知识和方法相结合,进行跨学科的学习和研究。比如,在数据科学领域,数学与计算机科学、统计学等学科的整合可以帮助学生深入理解数据分析和数据挖掘等内容。信息技术教育注重学科之间的整合和协同学习。对于数学课程教育来说,信息技术可以促进数学与计算机科学、统计学等学科的融合,引入跨学科的知识和方法,培养学生的综合素质和团队合作精神。

总之,信息技术教育原则中的整合对于数学课程教育具有重要的意义。它可以丰富数学课程的内容和学习方式,提升学生的数学思维和问题解决能力,并促进数学与其他学科的融合。因此,在数学课程教学中,整合信息技术对于提升教育质量和学生的综合素质具有不可估量的价值。

(五)伦理性

信息技术教育需要强调伦理和社会责任意识。学生需要了解信息技术的道德框架和法律规范,正确使用和传播信息,对信息安全和隐私保护有基本的认识和意识。理论性原则主要表现为以下四个方面。

1. 数据隐私和安全

在信息技术教育中,伦理和社会责任意识强调学生应该了解和尊重个人和他人的数据隐私,并采取相应的安全措施保护数据。在数学课程教学中,教师可以引导学生讨论与数据隐私相关的伦理问题,如数据共享的合理性、数据的获得方式等,提醒学生在数学建模和数据分析过程中要尊重他人的隐私和权益。

2. 数学建模的伦理问题

数学课程教学中,学生通常会进行数学建模,其中包括对现实问题的描述、假设和数据分析。伦理和社会责任意识可以引导学生思考数学建模的伦理问题,如模型的适用性、结果的准确性和对人类社会的影响等。教师可以引导学生讨论伦理问题,并培养他们在数学建模过程中考虑社会和伦理因素的能力,增强他们的社会责任感和伦理判断力。

3. 数学与社会问题的联系

数学课程教学可以引导学生了解数学与社会问题的联系,让他们认识到数学在解决实际问题中的作用,并理解数学知识和应用的伦理和社会责任。通过引入伦理和社会责任意识,教师可以帮助学生关注数学运用的公平性、公正性,以及其对社会发展和可持续性的影响。

4. 数据伦理和算法公正性

信息技术教育强调学生要了解数据伦理和算法公正性的重要性。在数学课程教学中,教师可以引导学生思考和讨论与数据和算法背后的伦理问题,如数据偏见、算法歧视等导致的不公平现象。通过这些讨论,学生可以更好地理解数据和算法对社会的影响,并培养负责任的数据处理和算法设计意识。

通过将伦理和社会责任意识融入数学课程教学中,可以使学生更加关注数学应用的伦理和社会因素,培养他们的社会责任意识和伦理决策能力,使数学教育更具有社会意义和影响力。

（六）持续性

信息技术变化迅速,教师和学生需要保持不断学习和自我更新的心态。信息技术教育应该培养学生的自主学习和探索能力,让他们具备终身学习的习惯和技能,适应不断变化的技术环境。

信息技术教育原则中的持续性对于数学课程教育具有重要的关系。持续性是指学生在整个学习过程中不断掌握和应用信息技术的能力,以及对信息技术发展和应用的持续学习和更新意识。在数学课程教育中,持续性教育可以帮助学生建立稳固的数学基础,并使他们能够不断适应和应对快速变化的数学领域。持续性原则主要表现在以下三个方面。

（1）持续性教育要求学生不仅要学会使用当前的信息技术工具和方法,还要具备自主学习和持续学习的能力。在数学课程中,学生不仅需要掌握基本的数学知识和技能,还需要培养数学思维和问题解决能力。持续性教育可以帮助学生建立自主学习的习惯和能力,使他们能够主动获取和应用新的数学知识和方法。

（2）信息技术的发展日新月异,数学领域也在不断更新和演进。持续性教育可以帮助学生紧跟数学领域的最新发展,了解和应用新兴的数学理论和技术。学生可以通过参与数学研究、学术交流和实践应用等活动,持续提升自己的数学能力和专业素养。

（3）持续性教育还强调信息技术与其他学科的交叉应用和综合运用。在数学课程教育中,学生不仅需要掌握纯粹的数学知识,还应具备将数学应用到其他学科和实际问题中的能力。持续性教育可以帮助学生建立跨学科思维和综合运用的能力,培养他们在面对复杂问题时的灵活性和创新性。

总之,信息技术教育原则中的持续性对于数学课程教育具有重要的意义。它可以帮助学生建立稳固的数学基础,培养自主学习和终身学习的能力,紧跟数学领域的最新发展,并将数学知识与其他学科和实际问题相结合。因此,在数学课程教育中注重持续性教育是非常重要的。

综上所述,这些原则指导着信息技术教育的发展和实施,确保学生在信息化时代具备必要的信息技术能力,并能够应对信息技术挑战和机遇。信息技术教育注重培养学生的创新思维和问题解决能力。对于数学课程教育而言,信息技术可以通过编程、算法设计等方式引导学生进行探究性学习和解决实际问题。学生可以通过信息技术工具和资源,培养创造力和创新精神,提高问题分析和解决能力。

二、信息技术教育的设计

信息技术设计是指利用信息技术工具和方法,对系统、应用或解决方案进行规划、构建和实施的过程。它涉及从需求分析、系统设计到开发和测试等一系列环节,旨在开发出能够满足用户需求和解决问题的高效、可靠的信息技术解决方案。

信息技术设计的主要包括以下几个方面。

(一)需求分析

明确用户的需求和问题,并进行详细的需求调研和分析。这包括了对系统功能、性能、界面和安全性等方面的要求的理解。在信息技术设计中,需求分析是一个关键的步骤,它与数学课程教育可以进行融合。需求分析旨在了解用户的需求和问题,为进一步的系统设计和开发提供基础。

在数学课程教育中,将需求分析与数学课程教学融合可以有助于学生理解需求分析的重要性,并培养他们的问题解决能力。将信息技术的需求分析融入数学课程教学中,可以通过以下方式实现。

1. 数学建模

引导学生运用数学知识和技巧,分析和建立与实际问题相关的数学模型。这需要学生在问题解决过程中,通过需求分析明确问题的目标、约束条件,以及对所需数学工具和数据的恰当选择。

2. 数据分析

将需求分析与数据科学结合,教学中引导学生运用数学方法和统计技巧,从收集到的数据中提取有关需求、趋势和模式。这样可以帮助学生深入理解需求分析对于数据的重要性,以及如何根据需求对数据进行解读和分析。

3. 问题解决

通过需求分析的例子和练习,培养学生解决问题的能力。学生可以通过分析问题的需求,将其转化为数学形式,并应用数学方法和技巧进行解决。这样的实践可以帮助学生理解需求分析对于问题解决过程的重要性,以及如何根据需求选择和应用适当的数学工具。

在融合需求分析与数学课程教育的过程中,教师可以设计相关的案例研究、项目任务或思维导图等活动,引导学生运用数学思维和方法分析和解决实际问题。通过这样的实践,学生可以了解需求分析在信息技术设计中的作用,培养他们的分析能力、创新能力和解决问题的能力,从而为他们未来在信息技术设计等领域的工作打下坚实的基础。

案例 6-1 是展示了如何将需求分析与数学课程教学融合在中职数学教育。

案例 6-1　数学建模解决实际问题的需求分析

(1) 简介需求分析的基本概念。在数学课程中,通过简单的例子引入需求分析的基本概念,比如,通过讨论如何通过数学建模解决实际问题的过程来引导学生了解需求分析的目的和重要性。

(2) 引入相关数学知识。在教授数学课程时,结合需求分析的实际应用场景,引入相关数学知识,如函数、方程、统计等。通过这些数学知识的学习,学生可以理解和应用需求分析中所涉及的数学知识和方法。

(3) 设计项目或活动。组织学生参与具体的项目或活动,结合需求分析和数学课程的内容。比如,学生可以选择一个实际问题,并运用数学建模的思维和技巧进行需求分析,设计解决方案,并对其进行数学建模和仿真。这种实践操作能够提高学生的动手能力和解决问题的能力。

(4) 进行团队合作。鼓励学生进行合作学习,组成小组或团队,共同完成需求分析和数学建模的项目或活动。通过合作学习,学生可以相互协调和分享不同的观点和解决方案,培养团队合作能力和解决问题的能力。

(5) 提供实时反馈和评估。教师可以提供实时的反馈和评估,指导学生在需求分析和数学建模过程中的问题和进展。这样可以帮助学生及时调整和改进他们的工作,提高学习效果和成果。这种互动性的教学方法能够激发学生兴趣,促进他们对知识的深入理解。

通过以上案例,学生可以在数学课程中学习到需求分析的基本知识和方法,并将数学知识应用于实际问题的解决。这样的教学方法可以激发学生的兴趣,增强他们的创新能力和问题解决能力,同时也使他们更好地理解数学在实际生活中的应用价值。

总之,将需求分析与数学教育相融合可以帮助学生理解需求分析的重要性,并在问题解决中运用数学知识和技巧。这样的融合可以培养学生的问题解决能力,并将数学课程与实际应用相结合,在信息技术设计中产生更具实践性和综合性的学习效果。

（二）架构设计

基于需求分析的结果,进行系统的整体设计和架构规划。这包括了系统的组成部分、模块划分、数据流程以及各个模块之间的交互关系等。在信息技术设计中,架构设计是一个关键的步骤,它与数学课程教育可以进行融合。架构设计旨在规划系统的整体结构和组成部分,以满足用户需求,并确保系统的可靠性、可扩展性和性能优化。

在数学课程教育中,将架构设计与数学课程教学融合可以帮助学生理解架构设计的重要性,并培养他们的逻辑思维和系统设计能力。将信息技术的架构设计融入数学课程教学中,可以通过以下方式实现。

1. 抽象与模型

教学中引导学生运用数学中的抽象思维和建模方法,将系统的各个组成部分抽象为数学模型。这可以帮助学生从更高层次上理解系统的功能和结构,以及各个组件之间的关系。

2. 数据流和算法

教学中引导学生运用数学中的图论和算法分析等知识,设计和评估系统的数据流程和算法。学生可以通过数学方法优化系统的效率和性能,并考虑系统的可扩展性和资源利用。这对于培养学生的系统思维和问题解决能力至关重要。

3. 网络和通信

教学中引导学生运用数学中的图论和概率论知识,设计和分析系统的网络和通信结构。学生可以考虑网络拓扑、通信协议和数据传输等相关问题,以确保系统的稳定性和可靠性。

通过融合架构设计与数学课程教育,教师可以设计相关的实践项目或案例研究,引导学生运用数学方法和思维分析和解决系统设计中的问题。这样的实践可以帮助学生理解架构设计对于系统的重要性,培养他们的逻辑思维、抽象能力和系统设计能力,为将来在技术领域的深入研究和职业发展打下坚实的基础。

案例 6-2 是展示了如何将架构设计与数学课程教育融合的实施方案。

案例 6-2 建筑、软件或网络等领域中的架构设计

（1）简介架构设计的基本概念。在数学课程中,通过简单的例子引入架构设计的基本概念,如通过讨论建筑、软件或网络等领域中的架构设计引导学生了解架构设计的目的和重要性。

（2）引入相关数学知识。在教授数学课程时,结合架构设计的实际应用场景,引入相关数学知识,如几何、代数、优化等。通过这些数学知识的学习,学生可以理解和应用架构设计中所涉及的数学知识和方法,并学会如何将这些概念应用于实际设计中。

(3) 设计项目或活动。组织学生参与具体的项目或活动,结合架构设计和数学课程的内容。比如,学生可以选择一个具体的场景,如园林设计、软件系统设计等,并运用数学的思维和技巧进行架构设计,考虑各种限制条件和优化目标,从而创造出既实用又美观的作品。

(4) 进行实践实验。为了进一步加强学生对架构设计和数学的理解和应用能力,可以进行实践实验。学生可以使用模拟工具或编程语言,设计和实现一个简单的架构系统,并利用数学方法进行分析和优化,从中体验从理论到实践的转变。

(5) 进行项目展示和讨论。鼓励学生展示他们的项目成果,并进行项目的讨论和评价。教师可以引导学生讨论架构设计中的数学原理和应用,以及解决实际问题时所面临的挑战和解决策略,促进彼此之间的交流与学习。

(6) 提供实时反馈和评估。教师可以提供实时的反馈和评估,指导学生在架构设计和数学应用上的问题和进展。这样可以帮助学生及时调整和改进他们的学习方法,从而提高学习效果。

通过以上案例,学生可以在数学课程中掌握架构设计的基本知识和方法,并将数学知识应用于实际问题的解决中。这样的教学方法可以培养学生的创新能力和问题解决能力,同时也使他们更好地理解数学在实际生活中的应用价值。

总之,将架构设计与数学课程教育融合可以帮助学生理解架构设计的重要性,并在系统设计中运用数学知识和方法。这样的融合可以培养学生的逻辑思维、抽象能力和系统设计能力,并将数学课程与实际应用相结合,在信息技术设计中产生更具实践性和综合性的学习效果。

(三) 界面设计

设计用户界面和交互方式,使用户能够方便、直观地操作系统或应用。这包括了界面布局、功能设计、交互设计等。在信息技术设计中,界面设计是一个重要的方面,它与数学课程教育可以进行融合。界面设计旨在创建用户友好和易于操作的界面,以满足用户需求,并提供良好的用户体验,为未来的信息技术创新奠定坚实的基础。

在数学课程教育中,将界面设计与数学教学融合可以帮助学生理解界面设计的重要性,并培养他们的创造性思维和问题解决能力。将界面设计融入数学课程教学中,可以通过以下方式实现。

1. 可视化表达

教学中引导学生运用数学中的图形表示、数据可视化方法和可视化编程工具,设计和构建直观、有吸引力的界面。学生可以将数学知识和相容数据转化为图形元素和可视化效果,以增强用户对信息的理解和交互体验。

2.人机交互

教学中引导学生学习和分析人机交互的原则和技巧,并将其应用于界面设计中。学生可以考虑用户的认知、行为和反馈等因素,设计用户友好的界面和交互方式,以提高用户满意度和市场竞争力。

3.用户体验

教学中引导学生了解用户体验设计的基本概念和方法,并将其应用于界面设计中。学生可以通过用户测试和用户反馈的方式评估和改进界面设计,以确保用户能够轻松、高效地使用系统。

通过融合界面设计与数学课程教育,教师可以设计相关的实践项目或案例研究,引导学生运用数学思维和方法分析和解决界面设计中的问题。这样的实践可以帮助学生理解界面设计对于用户体验和用户交互的重要性,培养他们的创造性思维和问题解决能力,为未来的职业生涯打下坚实的基础。

案例 6-3 是展示了如何将界面设计与数学教学融合在数学教育中的实施方案。

案例 6-3　应用数学知识的界面设计

(1)介绍界面设计的基本概念。在数学课堂上,引入界面设计的基本知识,如界面设计的原则、用户体验、布局等。通过实例和案例,向学生介绍界面设计在现实生活中的应用和重要性。

(2)引入相关数学知识。在教授数学课程时,结合界面设计的实际应用场景,引入相关的数学知识,如几何、代数、统计等。学生可以通过数学知识理解和解决界面设计中的问题,如布局的优化、图形设计的几何原理等。

(3)设计界面项目。组织学生进行界面设计的项目,让他们通过应用数学知识设计用户界面。比如,让学生设计一个网页的布局,考虑到不同元素的相对位置、尺寸以及配色方案,利用数学知识优化界面的使用体验。

(4)进行实践活动。让学生参与实际的界面设计活动,使用各种设计工具和软件创建用户界面。通过实践,学生可以进一步理解界面设计中的数学原理和应用,并从中获得实际经验。

(5)展示和评估项目成果。鼓励学生展示他们的界面设计项目,并进行评估和讨论。教师可以提供反馈和指导,引导学生思考如何改进和优化设计,同时也可以促进学生之间的互动和交流,增强他们的团队合作能力。

(6)提供实时反馈和评估。教师可以给予学生实时的反馈和评估,指导他们解决在界面设计中应用数学知识的过程中遇到的问题和进展。这样可以帮助学生及时调整和改进他们的设计,提高学习效果和成果,也增强了学生的自信心。

通过以上案例,学生可以在数学课程中学习到界面设计的基本概念和方法,并将数学知识应用于实际的界面设计中。通过融合界面设计和数学教学，可以培养学生的创新能力和问题解决能力，同时也加深他们对数学在实际应用中的理解和应用。

总之，将界面设计与数学课程教育融合可以帮助学生理解界面设计的重要性，并在项目设计和开发中运用数学知识和方法。这样的融合可以培养学生的创造性思维、问题解决能力和用户体验设计能力，并将数学课程与实际应用相结合，在信息技术设计中产生更具实践性和综合性的学习效果。

（四）数据设计

确定系统需要存储和处理的数据，并进行数据库设计或数据模型设计。这涉及数据的结构、类型、关系等方面的规划。在信息技术设计中，数据设计是一个重要的环节，它与数学课程教育可以进行融合。数据设计旨在确定系统所需的数据结构、数据类型和数据处理方式，以支持系统的功能和需求。

在数学课程教育中，将数据设计与数学教学融合可以帮助学生理解数据的重要性，并培养他们的数据分析和模型建立能力。将数据设计融入数学课程教学中，可以通过以下三种方式实现：

1. 数据分析

教学中引导学生运用数学中的统计方法和数据分析技巧，对系统所涉及的数据进行分析和处理。学生可以通过数学模型和统计方法，从数据中提取有关趋势、关系和模式等信息，并识别出潜在的趋势、关联和模式。

2. 数据建模

教学中引导学生学习和应用数学中的数据建模方法，将系统所需的数据抽象为数学模型。学生可以根据具体的需求分析，选择合适的数学工具和技术，构建适当的数据模型。

3. 数据库设计

教学中引导学生学习和应用数学中的集合论和关系代数等知识，设计和优化系统的数据库结构。学生可以考虑数据库的表结构、索引和查询等方面，以支持系统的数据存储和处理。

通过融合数据设计与数学课程教育，教师可以设计相关的实践项目或案例研究，引导学生运用数学思维和方法分析和解决数据设计中的问题。这样的实践可以帮助学生理解数据设计对于系统功能和性能的重要性，培养他们的数据分析和模型建立能力。

案例6-4是展示了如何将数据设计与数学教学融合在数学教育中。

案例6-4　在现实生活中应用的数据设计

（1）简介数据设计的基本知识。在数学课堂上，引入数据设计的基本概念，包括数据模型、数据收集、数据清洗和数据可视化等。通过实例和案例,向学生介绍数据设计在现实生活中的应用和重要性。

（2）引入相关数学知识。在中职数学课程教育中,结合数据设计的实际应用场景,引入相关的数学知识,如统计学、概率论、线性代数等。学生可以通过数学知识理解和解决数据设计中的问题,如数据分析、回归分析和预测等。

（3）设计数据项目。组织学生进行基于真实数据的项目实践,让他们通过应用数学知识设计数据模型和进行数据分析。比如,让学生选择一个感兴趣的主题,收集相关数据,然后通过统计分析和数据建模的方法,对数据进行处理和解读。

（4）进行实践活动。让学生参与实际的数据设计活动,使用各种数据分析工具和软件进行处理,并设法使数据可视化。通过实践,学生可以进一步理解数据设计中的数学原理和应用,并从中获得实际经验。

（5）展示和评估项目成果。鼓励学生展示他们的数据设计项目,并进行评估和讨论。教师可以提供反馈和指导,引导学生思考如何改进和优化数据设计,同时也可以促进学生之间的互动和交流。

（6）提供实时反馈和评估。教师可以给予学生实时的反馈和评估,指导他们在数据设计中应用数学知识的过程中遇到的问题和进展。这样可以帮助学生及时调整和改进他们的设计,提高学习效果和成果。

通过以上案例,学生可以在数学课程中学习到数据设计的基本知识和方法,并将数学知识应用于实际的数据设计和分析中。通过融合数据设计和数学教学,可以培养学生的创新能力和问题解决能力,同时也加深他们对数学在实际数据应用中的理解和应用。

总之,将数据设计与数学课程教育融合可以帮助学生理解数据的重要性,并在项目设计和开发中运用数学知识和方法。这样的融合可以培养学生的数据分析和模型建立能力,并将数学课程与实际应用相结合,在信息技术设计中产生更具实践性和综合性的学习效果。通过这种教育方式学生能够更好地准备自己,以适应未来社会对数据素养和数学技能的高要求。

（五）开发实现

根据设计方案进行系统的实际开发。这包括了编码、测试和调试等工作,确保系统功能的正确性和稳定性。在信息技术设计中,开发实现和数学课程教育可以融合在一起,以促进学生对信息技术的理解以及数学知识和方法的应用,主要通过以下四种方式实现。

1. 数据分析与统计

数学课程中的数据分析和统计知识可以直接应用于信息技术设计中。学生可以学习如何收集、处理和分析数据,并根据结果进行决策和优化。同时,信息技术设计可以提供实际的数据集和分析情景,让学生将数学知识应用于实际问题。

2. 算法与编程

数学课程中的算法和编程思维可以帮助学生理解信息技术设计中的算法和编程过程。学生可以学习如何使用数学模型和算法解决问题,并将其转化为可执行的代码。同时,信息技术设计的实践性质也能够加深学生对算法和编程的理解和实际运用。

3. 数学建模与系统设计

数学课程中的数学建模和系统设计可以与信息技术设计相结合,帮助学生构建复杂的系统和模型。学生可以学习如何将数学理论和方法应用于信息技术设计中的系统建模和解决方案的开发。这种融合可以提供学生实践和创新的机会,使他们能够将数学知识应用于具体问题的解决。

4. 数据结构与算法分析

数学课程中的数据结构和算法分析可以帮助学生更好地理解信息技术设计中的数据组织和算法效率问题。学生可以学习不同的数据结构和算法,并分析其时间复杂度和空间复杂度。同时,信息技术设计可以提供实际的应用情境,让学生将数据结构和算法应用到实际开发中。

案例 6-5 是展示了如何将网络与数学课程教育融合在数学教育中的实施方案。

案例 6-5　网站访问量预测与数学模型

(1) 背景。在信息技术领域,网站访问量的预测是一项重要的工作。通过数学模型和算法,可以对网站的流量进行预测,并做出相应的优化策略,为后续的实践打下坚实的理论基础。

(2) 案例描述。学生们被分成小组,每个小组负责开发一个虚拟的网站,并利用数学模型预测和优化其访问量。

(3) 具体实施步骤。

学生了解网站访问量预测的基本概念和重要性。他们学习有关时间序列分析、回归分析等数学模型和方法。

每个小组根据给定的主题和目标,设计并开发自己的虚拟网站。他们需要考虑网站的内容、用户特征、推广活动等因素,并收集相关数据。

学生使用数学工具和技术对所开发的网站进行访问量的预测。他们可以使用时间序列分析模型、回归模型等方法建立预测模型,并结合历史数据进行预测。

小组成员共同讨论和分享他们的预测结果,并比较不同模型之间的准确性和可靠性。

学生根据预测结果提出相应的优化策略,如调整网站内容、改进用户界面、加强推广等。他们可以运用数学模型中的优化方法，如约束优化、多目标优化等制定最佳策略。

在课堂上进行展示和讨论，学生分享他们的开发和优化结果，并从其他小组和老师的反馈中获得更多的思路和启发。

通过以上案例，学生们可以将所学的数学知识应用于实际的网站开发和优化中，理解数学模型在信息技术中的重要性，并培养创新解决问题的能力。此外，他们还能够将信息技术的开发实现与数学课程的教育有效结合起来，使学习过程更加有实际应用价值和教育意义。

总之，通过将信息技术设计与数学课程教育融合，学生可以在实践中运用数学知识和方法，加深对信息技术的理解。这种融合不仅能提高学生的信息技术能力，还能培养他们的创新思维和问题解决能力，为学生的全面发展尊定了坚实的基础。

（六）部署和维护

将开发完成的系统部署到生产环境，并进行系统的维护和更新。这需要监测系统的运行状态、解决问题和提供支持等。在信息技术设计中，部署和维护是非常重要的环节。

与数学课程教育融合，可以帮助学生更好地理解和应用于部署和维护过程中的数学原理和方法，主要通过以下四种方式实现。

1．网络管理与优化

数学课程中的图论和网络理论可以被应用于信息技术设计中网络管理和优化。学生可以学习如何分析网络的拓扑结构和性能，并进行优化。他们可以应用图论算法解决网络路径选择、流量控制等问题，提高网络的效率和可靠性。

2．容量规划与资源分配

数学课程中的线性规划和排队论等方法可以用于信息技术设计中的容量规划和资源分配。学生可以学习如何通过数学模型优化系统资源的利用，确保资源分配的高效性和公平性。他们能够使用线性规划等工具解决预算约束、资源分配等问题，从而提高系统的性能和可靠性。

3．故障诊断与恢复

数学课程中的概率论和统计学可以帮助学生理解和应用于信息技术设计中的故障诊断和恢复过程。学生可以学习如何通过概率模型识别和分析系统故障，并采取适当的恢复策略。他们可以利用统计学方法分析日志数据，确定故障的原因。

4．安全与加密

数学课程中的密码学和离散数学等知识可以应用于信息技术设计中的安全与加密。学生可以学习和应用密码学算法保护系统和数据的安全性。他们能够理解和应用离散数学的原理,设计和分析密码算法的强度和安全性。

通过将信息技术设计中的部署和维护与数学课程教育融合,学生能够将数学知识和方法应用于实际的系统管理和优化。这种融合能够培养学生的问题解决能力和创新思维,在实践中提高他们的信息技术能力。同时,也能够帮助学生认识到数学在信息技术领域的重要性和应用价值。

案例 6-6 是展示了如何将信息技术的部署和维护与数学课程教育进行融合。

案例 6-6 数据中心能耗优化

(1) 背景。在信息技术领域,数据中心是存储和处理大量数据的重要设施。数据中心的运行成本主要包括能源消耗和维护费用。同时,数学课程中的优化问题可以应用于数据中心能耗的优化。

(2) 案例描述。学生们被分成小组,每个小组负责一个虚拟的数据中心项目。他们需要设计并部署一个数据中心,并通过数学模型优化其能耗。

(3) 具体实施步骤。

学生了解数据中心的基本概念和能源消耗问题。他们学习有关数据中心能源管理和优化的数学模型和方法。

每个小组根据给定的规格要求设计自己的数据中心。他们需要考虑服务器配置、冷却系统、电力供应等因素,并将这些因素转化为数学模型。

学生使用数学工具和技术对所设计的数据中心模型进行能源消耗的优化。他们可以使用线性规划、整数规划、动态规划等方法探索最佳解决方案。

小组成员共同讨论和分享他们的优化结果,并比较不同方案之间的差异和优劣势。

学生可以通过模拟和数据分析评估他们方案的实际效果,并提出改进建议。

在课堂上进行展示和讨论,学生分享他们的设计和优化结果,并从其他小组和老师的反馈中获得更多的思路和启发。

通过这个案例,学生可以在实践中深入了解数据中心的运作原理,应用数学知识解决实际问题,并培养团队合作和创新思维能力。此外,他们还能够将信息技术的部署和维护与数学课程的教育有效结合起来,使学习过程更加有趣和互动。

在信息技术设计中,还需要考虑诸如安全性、可扩展性、性能优化、用户体验等方面的需求。同时,也需要遵循相应的开发规范和标准,保证设计出的解决方案具有合理性和可维护性。

综上所述,信息技术设计是一项综合性的任务,涵盖了从需求分析到实际实施的一系列环节。它需要深入了解用户需求,设计合理的架构和界面,并进行有效的开发和部署,以提供高效、可靠、满足用户需求的信息技术解决方案。

第七章　信息技术与中职数学教育的实践

　　数学是中等职业学校的一门首要的基础性课程,是中等职业学校的学生学习专业知识,掌握专业技能的必不可少的工具。同时,学习数学有助于提高学生的综合素质和创新能力。依据中等职业教育"以服务为宗旨,以就业为导向"的教育目标,中职数学教育要坚持"以生为本",激发中职生数学学习的积极性,以实现学科课程教育的有效性。鉴于中等职业教育的特殊性,所以中职学校的数学知识在传授上应该力求切合实际、结合专业所需、循序渐进地深入学生。换言之,中职数学教师不仅需要在学科教学方法上改进和优化,而且在学科教学手段上需要不断摸索和创新。其中信息技术在中职数学教育中的应用已经成为一种必然趋势,它为中职生提供了更多样化、灵活性和互动性的学习方式。下面将综述信息技术与中职数学的教学实践。

第一节　信息技术环境下的数学教学

　　通过文献研究法对国内外关于中等职业教育数学教学相关先进的教育教学理论及研究成果进行详细的归纳总结。此外,还采用了问卷调查法对中职学校的学生及教师分别展开调研,通过对调查结果进行归纳、总结,找出中职数学教学实践活动存在的主要问题,并为学科教学方法和教学手段的改进提供了研究的策略及依据。同时,运用比较研究法对当下常见的中职数学教学方法和教学手段进行了对比分析,探索出更为有效的解决方案。针对目前中职数学课程教育的实际情况和中职生的学科学习心理特点,笔者认为信息化教学手段在中职数学课堂中具有明显的优势,它能够很好地消除中职数学课程教育的传统的教学方法和教学手段的局限,将常用教学方法中的"讲授式教学法""分层教学法""情景教学法""任务驱动教学法"进行改良并弥补传统教学方法的局限性。这就要求对中职数学教师的教学手段开展系列培训,强化其现代教学手段与数学美的结合以及对中职数学课堂教学方法有效措施的实施,从而在教学方法的改革这一层面入手探索提高中职数学课堂教学质量的有效途径,从而促进中等职业教育的发展。

一、信息技术在中职数学教学中的意义

信息技术赋予了中职数学教学更加多样化、个性化的教学方式，丰富了教学内容和形式，同时也促进了中职生的数学思维和实践能力的培养，帮助他们更好地理解和应用数学知识。

（一）激发学习兴趣，增强学习效果

利用多媒体教学资源、在线学习平台等信息技术工具，可以丰富数学教学内容，提供更生动、直观的学习材料，激发学生的学习兴趣。通过信息技术工具，可以进行实时互动、模拟实验、数据统计等学习活动，帮助中职生更好地理解和掌握数学知识，提高学习效果。以下是激发中职生的数学学习兴趣、增强学科学习效果的有效措施。

1. 交互式教学软件

数学练习软件、数学游戏等交互式教学软件，可以提升学生对数学学习的兴趣和参与度。比如，借助专为数学题目设计的软件，学生可以根据自己的学习进度选择适合自己的题目，进行自主学习和巩固，可以极大地调动学生学习数学的兴趣。

2. 数学建模与可视化

利用此信息技术工具可以帮助学生进行数学建模和可视化，使抽象的数学知识更加具体和形象化。这是因为使用数学建模软件进行实际问题的建模和求解，再通过可视化工具将结果以图表、图像等形式展示出来，更能增加学生对数学知识的理解和兴趣，从而深刻地领会数学的实际应用价值。

3. 在线协作和交流

借助利用信息技术工具，学生可以利用在线论坛或协作平台与教师进行交流和讨论，也可以与同学们进行在线论坛、协作和交流，分享学习心得、解题思路以及解决问题的方法，从而促进学习共同进步。

4. 数学模拟实验

借助数学建模软件、数据分析软件等信息技术工具，进行数学模拟实验，通过电子表格软件进行数据收集和处理，然后通过制作图表和报告展示实验结果。可以帮助学生更好地理解和应用数学知识，从而在实践中提升自己的应用能力。

5. 数学资源获取

如在线教学视频、数学博客、数学竞赛资料等互联网丰富的数学资源，利用搜索引擎和学术数据库找到相关的数学资料，并结合中职生个性化的学习需求进行学习和探究，进一步帮助他们扩展数学知识和培养数学思维能力，从而培养学生的创新和实践能力。

案例 7-1 是展示了如何将信息技术应用于中职数学教学实践中激发学生的数学学习兴趣并增强学科学习效果。

案例 7-1　数据科学与统计分析

（1）背景。在信息技术领域,数据科学和统计分析是非常重要的领域。通过应用数据科学和统计分析的知识,可以进行数据处理、模式识别、预测分析等工作。

（2）案例描述。学生们通过使用数据科学和统计分析的工具与技术,探索真实数据集,并进行相关问题的解决和预测,从而深入理解数学知识在现实世界中的应用。

（3）具体实施步骤。

学生了解数据科学和统计分析的基本概念和实际应用领域。他们学习有关数据处理、数据可视化、机器学习、数据挖掘等技术和方法,为后续的实践活动做好准备。

学生选择一个感兴趣的主题和相关的真实数据集,如人口普查数据、气象数据、交通数据等,关键在于能够引发学生的兴趣和好奇心。

学生使用数据科学工具和技术对所选数据集进行清洗、探索和分析。他们可以运用统计分析方法、机器学习算法等发现数据之间的关联和规律,从而得出有意义的结论。

学生利用数据分析的结果回答相关问题,并进行预测分析。比如,他们可以根据人口普查数据预测未来人口增长趋势,或者利用气象数据预测未来的气温变化等。

学生将他们的数据分析和预测结果进行可视化呈现,如绘制图表、制作数据故事等。他们可以使用信息技术领域的界面设计工具和技术,如数据可视化工具、网页设计软件等。

在课堂上进行展示和讨论,学生分享他们的数据分析和预测结果,并从其他同学和老师的反馈中获得更多的思路和启发。

通过这个案例,中职生能够亲自实践和应用数据科学和统计分析的技术,探索真实数据集并解决相关问题。这将激发中职生对数学的兴趣,并增强他们在学科学习中的实践能力和创新精神。此外,信息技术的应用也使学习过程更加互动和生动,并提供了更多的机会培养学生的信息素养和技术能力。

（二）独立思考与探索,培养创新能力

信息技术在数学教学中的应用可以鼓励学生进行独立思考、问题解决和创新设计,培养学生的创新能力和实践能力。以下是鼓励中职生独立思考与探索,培养创新能力的有效措施。

1. 数学建模软件

利用数学建模软件,如 Geogebra、Desmos 等,学生可以探索和模拟数学问题,

并通过实际应用推导数学公式、验证数学定理等。学生可以利用这些软件进行数据可视化和动态演示，从而激发其创新思维和解决问题的能力。

2. 编程和数据分析工具

引导学生学习编程语言如 Python、R 等，并利用这些工具进行数据分析和数学计算。学生可以通过编写程序解决数学问题，构建数学模型，以及从大量数据中提取有意义的信息和结论。这种过程可以帮助学生培养抽象思维、逻辑思考和创造性解决问题的能力。

3. 数学游戏和应用开发

鼓励学生设计和开发数学相关的游戏或应用程序，如数学题目生成器、数学解题游戏等。通过参与游戏和应用的设计过程，学生可以锻炼创新思维、技术应用能力，并将数学知识与实际问题相结合。他们可以通过尝试不同的算法、界面设计和交互方式，开发有趣且富有挑战性的数学学习工具。

4. 在线资源和开放教育资源

引导学生利用互联网上丰富的在线资源和开放教育资源，如数学 MOOC（大规模开放在线课程）、数学竞赛平台等。学生可以通过参与这些学习机会，接触到新颖的数学问题和方法，拓宽自己的数学视野和思维方式。

5. 创意数学项目

鼓励学生进行创意数学项目，如数学研究或探究性学习。学生可以选择感兴趣的数学主题，展开深入的研究和探索，并通过信息技术工具进行数据收集、可视化呈现、分析和推理。这样的项目可以培养学生的创造性思维、独立思考和解决未知问题的能力。

案例 7-2 是展示了如何将信息技术应用于中职数学教学中鼓励学生独立思考与探索，并培养他们的创新能力。

案例 7-2　界面设计与数学几何

（1）背景。在信息技术领域，界面设计是关乎用户体验和交互设计的重要方面。数学几何的知识可以应用于界面设计中的布局、比例和视觉效果等方面，为设计注入理性之美。

（2）案例描述。学生们被要求设计一个虚拟的应用程序界面，并利用数学几何的知识优化其布局和视觉效果。

（3）具体操作步骤。

学生了解界面设计的基本原则和数学几何的相关概念，如黄金分割、比例、对称性等。他们学习有关界面设计和数学几何的实际应用案例。

每位学生或每个小组选择一个具体的应用场景，如移动应用、网页设计等，并确定所设计界面的主题和功能。

学生利用信息技术领域的界面设计工具和技术,如 Photoshop、Sketch 等,设计并实现所选应用界面的初步版本。

学生根据所学的数学几何知识,优化界面的布局和视觉效果。他们可以运用比例、对称性、色彩配色等原则调整和改进界面的外观和用户体验,从而锻炼自己的创新思维和审美能力。

学生进行界面设计的评估和反馈,可以通过用户测试、同行评审等方式收集意见和建议,并进行相应的改进。

学生将最终的界面设计成果进行展示和讨论,分享他们的创新思路和优化结果,并从其他同学和老师的反馈中获得更多的启发和提升,从而不断提升自己的设计技能。

通过这个案例,学生们能够运用数学几何的知识优化应用界面的布局和视觉效果,培养他们的独立思考和探索能力。同时,通过信息技术的应用,学生们能够将创新思维应用于实际界面设计中,培养他们的创新能力和实践技巧。此外,学生们还可以通过案例中的展示和讨论,加深对界面设计和数学几何的理解,并从其他同学和老师的反馈中不断改进和提升自己的设计水平。

在培养中职生创新能力时,多鼓励他们自主思考、积极实践,并提供适当的指导和支持。同时,在解决数学问题或完成数学作业时,需要引导学生尽可能想方设法独立思考,并尽量使用自己的语言表达观点,确保学科创新思维能力的培养效果。

(三)强化合作学习

通过信息技术平台,学生可以进行在线讨论、合作学习、互助互评等学习活动,促进学生之间的交流与合作,培养团队合作意识和沟通能力。以下是强化合作学习的有效措施。

1. 利用在线协作平台

利用在线协作平台,如 Google Docs、Microsoft Teams 或 Classroom 等,学生可以共同编辑和分享数学学习资料、作业和项目。他们可以同时在同一文档中进行编辑和讨论,互相提供反馈和建议,从而培养合作学习和协作能力,并在集体智慧中找到解决问题的新方法。

2. 创建虚拟学习空间

如专门的学习网站、社交学习平台或在线课堂等虚拟学习空间,学生可以在这个平台上共享数学学习资源、交流问题并解决难题。通过讨论区、讨论板块或群组功能,学生可以发表评论、回答问题或提出自己的观点,从而促进合作学习和团队合作。

3. 运用远程协作工具

如视频会议软件或实时通信工具等远程协作工具,学生可以进行远程交流和

233

合作。他们可以通过远程屏幕共享展示数学问题的解决方法,讨论和协作解决复杂的数学问题,从而培养团队精神和协同工作能力。

4. 组织数学项目合作

在数学项目中,学生可以通过信息技术工具进行合作。可以使用在线协作平台或共享文档协同撰写报告或制作展示。他们也可以利用在线绘图工具或数学建模软件与团队成员一起解决数学问题,并将结果整合到共同的作品中。这样的合作过程能够极大地提升学生的综合能力。

5. 善用虚拟实验室和游戏

利用虚拟实验室和数学游戏,学生可以通过分组合作的方式探索数学知识和解决问题。比如,学生可以参加基于角色扮演或竞争的数学游戏,通过团队合作的方式完成任务或解决难题,从中培养团队合作精神和协作能力。

案例 7-3 是展示了如何将信息技术应用于中职数学教学中的强化合作学习。

案例 7-3　数学建模与团队合作

(1) 背景。在信息技术领域,数学建模是将数学方法和技术应用于实际问题求解的重要领域。通过团队合作进行数学建模可以促进学生间的互动和合作。

(2) 案例描述。学生们组成小组,共同参与一个数学建模项目,并利用信息技术工具和资源进行合作学习、问题解决和报告展示。

(3) 具体操作步骤。

学生了解数学建模的基本概念和实际应用。他们学习有关数据收集、问题建模、分析求解等数学建模的方法和技巧。

将学生分成小组,每个小组选择一个具体的实际问题或场景,如交通拥堵、资源分配等,并明确所需的数学建模目标。

学生使用信息技术工具和资源,如电子表格软件、数据可视化工具等,进行数据收集、问题建模和分析求解。他们可以运用数学模型和算法解决问题,并协作完成相关的计算和分析工作。

小组成员共同协作和讨论,分享他们的分析结果和解决方案,并比较不同小组之间的策略和成果,从而获得宝贵的经验和启发。

学生利用信息技术工具和资源,制作报告和演示材料,以图表、图像、视频等形式展示他们的研究过程和结果,从而提高了信息的接收效率。

在课堂上进行展示和讨论,学生分享他们的报告展示,并从其他小组和老师的反馈中获得更多的思路和启发。

通过这个案例,学生们能够在团队合作中共同参与数学建模的过程,培养他们的合作学习和沟通能力。同时,通过信息技术的应用,学生们能够更加方便和高效地进行数据收集、分析和展示,提升合作和创新能力。此外,案例中的展示和讨论活动也可以促进学生间的交流和互动,加深对数学建模的理解和应用,并提高他们的专业素养。

在使用信息技术进行学科合作学习和培养团队精神时,应该多鼓励中职生积极参与、分享想法,并尊重他们不太成熟的观点和建议。同时,在撰写数学作业或概括总结时,需要引导中职生避免直接抄袭他人的作业或文字总结材料,尽量使用自己的语言表达观点,确保学习质量的提高为未来的学习和工作打下坚实的基础。

二、信息技术在中职数学教学中的实践活动

信息技术在中职数学教学实践活动中的应用,既丰富了学科教学内容并使教学形式多样化,又能够帮助中职生更好地理解和应用数学知识,同时培养了他们的实践能力和创新意识。

(一)利用多媒体资源进行教学

教师可以利用多媒体资源,如教学软件、网络课件、教学视频等,展示数学知识和解题方法,加深学生对知识和技能的理解,以及学习的兴趣与主动性。以下是一些利用多媒体资源进行教学的示例。

(1)视频教学。教师可以使用教学视频演示数学知识和问题的解决过程。如教师可以录制视频演示如何解方程或应用几何知识求解实际问题。学生可以通过观看视频来更好地理解和掌握知识。

(2)互动演示。教师可以利用互动演示软件,如 Smart Board 或 PPT 等,制作具有动态效果和交互功能的数学教学材料。通过点击、拖动等操作,学生可以积极参与到教学过程中,更加深入地理解数学知识和原理。

(3)数学游戏和模拟实验。利用数学游戏和模拟实验软件,可以使学生在游戏和实践中学习数学。比如,学生可以使用数学建模软件模拟现实生活中的问题,如人口增长、投资回报等,通过实际操作和观察来探索数学规律和模式。

(4)在线学习平台。借助在线学习平台,学生可以通过电子书、视频讲解、在线练习等多种形式进行学习。这些平台提供了丰富的数学教学资源和学习工具,学生可以随时随地进行学科学习,并可以根据自己的节奏巩固和拓展数学知识。

(5)数学应用软件。利用数学应用软件,如 GeoGebra、MATLAB 等,可以为学生提供探索数学领域的机会。学生可以通过使用这些软件进行几何图形绘制、数学模型建立和仿真等活动,加深对数学知识和方法的理解。

以上是一些利用多媒体资源进行教学的举例。通过合理运用多媒体资源,中职数学教师可以创造出更具吸引力和互动性的学科学习环境,激发中职生的学科学习兴趣,提高他们的数学学习成绩。

（二）进行模拟实验和数据统计

通过数学建模软件、统计软件等工具，学生可以进行模拟实验、数据收集和分析，探索数学规律和解决实际问题。进行模拟实验和数据统计教学可以帮助学生更好地理解统计学的概念和方法，并提高他们的数据分析和解释能力。以下是一些进行模拟实验和数据统计的示例。

（1）掷骰子实验。教师可以设计一个掷骰子的模拟实验介绍概率和统计的基本概念。学生可以通过多次掷骰子并记录结果，然后计算频数、频率等统计量，研究不同点数的骰子出现的概率分布，从而揭示概率论的基本原理。

（2）调查问卷。教师可以让学生设计和实施一个调查问卷，采集关于某个主题的数据。学生可以学习如何选择样本、设计问题、收集和整理数据。然后，他们可以使用统计方法对数据进行分析，如计算频数、构建条形图、制作统计摘要等，以培养他们的数据分析和解释能力。

（3）模拟投资实验。教师可以设计一个模拟投资实验，让学生在虚拟市场中进行投资决策。学生可以选择不同的投资组合、设定不同的投资策略，并跟踪投资的回报。通过实验结果的分析和比较，学生可以了解不同策略的风险和回报特征，进而加深对投资分析和风险管理的理解。

（4）生活场景统计。教师可以引导学生观察生活中的统计现象，并进行数据统计和分析。比如，组织学生调查班级同学的身高、体重等数据，并通过制作直方图或箱线图展示数据分布和波动情况。通过实际数据的分析，学生可以理解统计指标、数据集中趋势和离散程度等概念。

（5）环境保护数据。教师可以引导学生收集和分析与环境保护相关的数据，如空气质量数据、垃圾产生量等。学生可以通过数据的处理和可视化，了解环境问题的现状和趋势，并提出相应的措施和改进建议。

这些模拟实验和数据统计教学的举例可以让中职生在实践中运用统计方法和工具，实际操作数据，培养他们的数据分析和解释能力。通过引导中职生从现实生活中收集和分析数据，不仅可以加深他们对统计学的理解，还可以提高其数据处理和推断的能力。

（三）引入数学游戏和竞赛

利用数学游戏和竞赛方式，激发学生的学习兴趣和参与度，提高他们的数学思维和解题能力。引入数学游戏和竞赛教学可以提高学生对数学学习的主动性，激发他们解决问题和竞争的动力。以下是一些引入数学游戏和竞赛的示例。

（1）数学拼图游戏。教师可以设计数学拼图游戏，要求学生根据给定的条件，将数字或几何形状拼合在一起。这种游戏不仅可以锻炼学生的逻辑思维和空间想象力,还可以提高他们对数学公式和关系的理解,使数学学习变得更加生动和有趣。

（2）数学卡片游戏。教师可以制作数学题目的卡片,每个卡片上写有一个数学题目或问题。学生可以在小组内进行游戏,每个回合抽取一个卡片并尝试解答问题。通过比赛的方式,学生可以锻炼他们的快速计算和问题解决能力,还能培养他们的沟通能力和协作精神。

（3）数学团队竞赛。教师可以组织数学团队竞赛,让学生以小组的形式参与。竞赛可以包括数学知识的应用、问题解决和数学推理等内容。学生通过合作解决问题,并与其他小组竞争,鼓励他们积极参与和学习,提高他们的学习动力和竞争意识。

（4）数学解谜比赛。教师可以设计一些数学解谜题目,要求学生通过推理和逻辑解答。学生可以在限定时间内独立或小组合作解决谜题,通过比赛方式刺激学生思考和探索,增强他们的时间管理能力和团队协作能力。

通过引入数学游戏和竞赛教学,中职生可以通过实践应用数学知识和技巧,培养他们的逻辑思维、解决问题的能力和团队合作精神。同时,这种互动性和竞争性的教学形式可增加中职生对数学的兴趣和参与度,激发他们学习数学的动力。

（四）开展项目式学习

将实际问题融入数学教学中,让学生进行调研、设计、解决问题等活动,培养他们的实践能力和创新精神。开展项目式学习教学可以帮助学生将知识应用于实际情境中,并培养他们解决问题的合作能力。以下是开展项目式学习的示例。

（1）建设一个小型城市。学生可以以小组为单位,规划和建设一个小型城市。他们需要考虑城市的交通、住房、绿化等方面,并运用数学知识进行设计和优化。如使用比例尺计算道路的长度、计算房屋的面积或容积等,学生能够在实际操作中深化对数学知识的理解和应用。

（2）设计一个迷宫游戏。学生可以利用数学知识设计和制作一个迷宫游戏。他们需要考虑迷宫的结构、路径的寻找和优化等问题。通过这个项目,学生可以综合应用几何、概率等数学知识和技巧。

（3）分析数据并提出解决方案。学生可以选择一个感兴趣的话题,收集相关的数据并进行分析。如调查附近超市的产品价格,并通过统计方法和图表展示数据的特征和变化趋势。然后,提出如何优化购物策略或推荐产品的解决方案。

（4）探索数学在艺术中的应用。学生可以选择一个艺术领域（如绘画、音乐、舞蹈等）,并探索其中的数学原理和规律。如研究黄金分割在绘画中的运用、音乐中的节奏和频率等。通过项目式学习,学生可以将数学与艺术结合起来,深入理解数学的美妙之处,同时培养他们的创造力。

（5）解决实际问题。学生可以选择一个实际生活中的问题，并通过数学建模和分析的方式解决。如研究交通拥堵问题，使用数学模型分析交通流量、制订路线优化策略等。通过这个项目，学生可以体验到数学在实际问题中的应用价值。

通过项目式学习教学，中职生可以在问题解决和团队合作中应用数学知识的技能，加深对数学的理解和应用能力。同时，中职生还可以发展自主学习和创新思维的能力，提高跨学科整合和实践操作的能力。

（五）利用在线学习平台进行混合式学习

将传统面授教学与在线学习相结合，数学教师可以设置在线学习任务，学生可以在课堂上进行讨论、总结和作品展示。用借助在线学习平台进行混合式学科教学可以将传统数学课堂教学与在线学习相结合，提供更加灵活和个性化的学习方式。以下是利用在线学习平台进行混合式学习的示例。

（1）视频讲解与在线练习。教师可以录制视频讲解数学知识，并通过在线学习平台分享给学生。学生可以根据自己的进度观看视频，并在平台上完成相应的在线练习。这种方式既可以让学生在课后巩固课堂所学数学知识，又可以为数学教师提供课堂时间更多的互动和辅导机会。

（2）讨论论坛和在线作业。教师可以设立在线讨论论坛，鼓励学生在平台上就特定话题进行讨论和交流。教师可以提出数学问题或引导讨论，学生可以在论坛上发表观点和回复。此外，教师还可以通过在线作业检测学生对数学知识的理解和应用能力。

（3）虚拟实验和模拟演示。在线学习平台可以提供虚拟实验和模拟演示的功能，让学生能够在虚拟环境中进行数学相关实验和演示。如可以使用在线平台模拟快递员的行驶路线的最终目的地，以更好地理解向量加法的概念与原理。

（4）在线资源和自主学习。教师可以为学生提供丰富的在线学习资源，如数字化教材、网页链接、视频资料等。学生可以根据自己的兴趣和需求，自主选择并学习数学相关的内容。这种方式可以提高学生的自主学习能力和信息获取能力。

（5）远程授课和在线辅导。教师可以利用在线学习平台进行远程授课和在线辅导。通过视频会议或直播功能，教师可以与学生进行实时互动和指导。这种方式可以让学生在不同的地点和时间接受数学教学内容，提高学科教学的灵活性和覆盖范围，尤其对于疫情期间或学生不能到校参与学习的期间，确保了教学活动的连续性。

通过混合式学习教学，中职生可以根据自身情况和需求，选择最适合自己的学科学习方式，从而提高数学学习的效果和参与度。同时，教师也可以通过在线学习平台给中职生提供个性化的辅导和反馈，实现更有效的教学和学习互动。

三、信息技术与中职数学教学的挑战和展望

信息技术在中职数学教学中的应用可以为学生数学学科学习提供更多的学习资源和互动方式,激发他们的学科学习兴趣和动力。然而,同时也存在一些挑战和需要解决的问题。下面概述对信息技术与中职数学教学的挑战和展望。

(一)信息技术与中职数学教学的挑战

随着信息技术数字化的不断创新和发展,中职数学课堂教学环境也需要发生深刻变化。数学学科的特点是高度的抽象性、严谨的形式化、应用的广泛性,而中职生的学科基础弱且想象力不强,就要求中职数学课堂教学通过信息化教学手段更直观、更形象地呈现给他们,使之易于理解和掌握数学知识与技能。

1. 当前我国中职数学信息化教学存在的不良现状

基础设施和资源不足:许多中职学校在信息技术设备和网络方面还存在一定的不足,这可能限制了信息技术在数学教学中的应用和发展。

师资力量不足:中职学校中信息技术教师的数量和质量有待提高,他们需要具备扎实的数学基础和编程能力,以有效地将信息技术应用于数学教学中。

教育资源不平衡:由于各地区之间和学校之间教育资源的分布不均衡,一些中职学校可能无法获得足够的信息技术支持和教学资源,进一步加剧了教育质量的不均衡。

数学与信息技术整合关键在教师自身素质,加强软件和硬件环境建设,关键在应加强路径和创新的方法研究等措施。

2. 数学与信息技术整合关键的有效措施

(1)数学与信息技术整合的关键在教师观念的更新和素质的提升。教师的教育改革行动取决于他对改革必要性和可能性的认识,其行为受到教育观念的制约。而教师的每一项改革措施,需要取得正确教育观念的支持。在中职信息化环境下的数学教学改革,首先要提高数学教师的现代教学观念,这也是信息技术教育实践得出的经验和教训。当然,要提高中职数学教师的素质,不仅要提高计算机操作技能,而且需要提升他们开发数学小软件的能力,以及立足于树立现代教育观念和掌握教育技术理论基础之上的学科教学应用。

(2)数学与信息技术整合的根本在于软件和硬件环境建设。建设数字化硬件环境是为整合学科教学提供必要的物质条件,如数字教室、数字化办公室、数字校园建设等,以及教学平台、资源平台、管理平台、通讯平台。因为软件只是提供处理数学教学或管理问题的工具,它需要有加工的对象,因此必须建设与软件配套的教育资源,如支持学科教学平台的教学资源、支持管理平台的管理信息资源等。这些

都是实现有效整合不可或缺的部分。

合适数学教学的软件是"整合学科教学"的关键性,解决"学科教学软件"的开发和设计,是"整合学科教学"的重要条件。当下学科教学软件的开发与应用匮乏较大程度上影响了中职数学学科教学的有效性。其一,许多教师找不到合适中职数学教学所需的教学课件,大多数合适的多媒体学科素材或课件需要教师自己去开发或融合优化,这样会耗费中职数学教师大量的时间和精力,导致他们运用现代教育技术的积极性受到削弱。但是,若没有丰富的高质量的数学教学资源,就无法让中职生自主开展学科学习和探索,就难以改变传统的学科教学模式,学生仍会处于被动接受知识的状态。

(3)数学与信息技术整合的重点在于教学方法和路径的创新。在数学学科教学中应用信息技术,应该是依靠传统教学手段或教学媒体难以有效完成的教学任务。如教学"角的概念推广",由于涉及正角、负角、零角以及终边相同角的概念,对于中职生而言认识存在较大难度,难以易理解。而运用多媒体将角展现在大屏幕上,并动态地旋转展示了不同角的形成,可以加深中职生对角的概念深入认知和理解。像这样生动、形象地展示教学内容,可以使学生更好地理解终边相同角的这个教学难点,这点其他教学手段难以达到的效果。此外,要完成好学科的教学计划,需要信息技术与学科内容有效地整合。信息技术和数学教学的整合,应该配合整个教学活动,不能为使用信息技术而使用,应该将信息技术当作整个教学实施过程中的有机组成部分,从而有效地提高课堂教学效率,并促进学生主动学习和深入理解数学知识。

换言之,信息技术的使用为中职生深入学习数学提供了更多可能性,也为他们更好地理解和应用数学开拓了广阔空间。当然,信息技术的应用不能完全替代基本的数学活动,如实际观察、直观感知、基本运算、逻辑推理等。因此,应当使信息技术的应用与传统的纸笔运算、逻辑推理、动手操作、画表作图等之间有效融合,并力求达到一种平衡。

总之,信息技术进入数学教育教学领域是必须面对的一个现实,作为中职数学教育者应该以积极的姿态去迎接挑战。从中职数学教师的角度而言,注重信息技术的应用对数学思想方法的有效输出,以及融入学科合作交流、情感体验的探究式教学实践活动的开展;对中职生而言,需要主动探索,自主学习,使信息技术真正成为他们认知、探究和解决数学实际问题的工具,从而培养中职生的信息素养以及利用信息技术自主探究、解决问题的能力,从而提高其数学学习的效果。

(二)信息技术与中职数学教学的展望

运用信息技术,充分整合中职数学课程,需要教师不断地实践与摸索。理想的数学学科教学应该是充分发挥教师学科特长与信息技术的优势,把信息技术与数学知识与技能的传授完美地结合在一起,切实提高学科的教学质量。信息技术与中职数学教学有效融合的具体措施如下:

1. 提供更好的培训和支持

中职数学教师需要具备扎实的信息技术应用能力和学科教育教学知识的综合素养,紧跟信息技术的最新发展,能够有效运用信息技术进行数学教学。这就要求加强对中职数学教师的培训,提升他们在信息技术和数学建模方面的专业知识和技能,使其能够更好地应用信息技术开展学科教学活动。同时,中职学校需要提供合适的信息技术资源和设施支持,包括计算机、网络设备以及多媒体教室等,以确保信息技术在数学教学中的顺利应用。

2. 开发适合中职生的教学资源

针对中职生的特点和需求,开发与学科相关丰富多样的数字化教学资源,包括交互式学习软件、在线学习平台等,旨在为学生提供个性化和自主学习的机会。

3. 强化跨学科整合

信息技术与数学教学的整合应该和其他学科教学的整合相结合,通过跨学科项目和实践活动,促进中职生对数学知识的深入理解和应用。同时,中职数学教师需要不断创新学科教学内容和方法,结合信息技术工具和资源,设计有挑战性和创新性的教学活动,激发中职生的学习兴趣和学习动力。

4. 推广合作学习和项目学习

信息技术与中职数学教学的结合可以为学生提供更多的学习机会和实践经验,激发他们的学习兴趣和动力。信息技术可以支持中职生进行合作学习和项目学习,通过小组合作、实践探究等方式,培养中职生的团队合作和问题解决能力。

综上所述,信息技术在中职数学教学中扮演着重要的角色。通过合理使用信息技术工具和资源,可以提高数学教学的质量,培养中职生的创新意识和实践能力。然而,在信息技术与数学教学的结合实践中,仍需要教师和学校的不断努力与探索,以适应时代发展的要求。中职学校需要关注并解决挑战相关问题,提供良好的信息技术环境和教学资源,培养具备信息技术能力的中职数学教师队伍,不断完善信息技术与学科教学的整合,推动中职数学教育的持续进步和发展。

第二节　信息技术在数学教学中有效应用的原则

信息技术在数学教学中的有效应用需要遵循一些原则,以确保教学过程更加有效。下面将结合案例阐述信息技术在数学教学中的有效应用原则。

一、信息技术在数学教学中有效应用的原则

将信息技术有机地融入数学教学中，可以提高学生的学习兴趣和参与度，促进深入理解和应用数学概念，培养学生的创新能力和信息素养。不过，信息技术在数学教学中的有效应用需要遵循以下原则。

（一）综合性原则

信息技术应该被视为数学教学的有机组成部分，用于增强学习和教学的整体效果。通过充分综合利用不同的信息技术工具和资源，可以提供多样化的学习体验和教学方法，从而增强教学的整体效果。

（二）互动性原则

信息技术应该被用于创造具有互动性的学习环境，激发学生的参与和主动学习。通过以学生为中心的教学设计，鼓励学生在探索、实践和合作中运用信息技术解决数学问题。

（三）个性化原则

信息技术应该致力于支持个性化的学习和教学需求。通过定制化的学习平台、自适应教学资源等，帮助学生根据自身能力和兴趣进行有针对性的学习，并提供个性化的反馈和支持，从而促进其全面发展。

（四）协作原则

信息技术应该致力于促进学生之间的协作和合作学习。通过在线协作工具、虚拟团队项目等，鼓励学生共同解决问题，并在合作中互相学习和支持，为学生的未来社会生活打下坚实的基础。

（五）可视化原则

信息技术应该被用于创造丰富的可视化学习环境，帮助学生更直观地理解和探索数学概念。通过数据可视化、模拟实验等方式，提供图形化、动态化的学习内容和工具，加深他们对复杂概念的理解和记忆，从而提升学习效率。

（六）评估原则

信息技术应该被用于支持全面和多样化的评估方式。通过在线测验、学习分析工具等，帮助教师了解学生的学习进展，为个性化的教学提供数据支持，并为学

生提供及时的反馈和指导,从而促进他们的个性化成长。

信息技术的应用可以提供更多元化的学科评价方式,促进中职生的全面发展。除了传统的笔试和口试外,还可以通过在线测验、程序设计、模拟实验等方式对中职生的数学学习进行评价和反馈。

遵循以上原则,能够将信息技术有机地融入数学教学实践中,信息技术在数学教学中的有效应用可以提升学生的学习动力和效果,拓宽教学方式和资源,培养创新思维和解决问题的能力。通过合理选择和应用信息技术,可以为数学教学注入活力和创新,为学生提供更丰富、个性化和互动性的学习体验。

二、信息技术在中职数学教学中的有效应用

信息技术在中职数学教学中的应用有助于提升教学效果和学生学习体验。通过使用互动式教学软件和在线资源,教师可以设计更生动、形象的教学内容,激发学生学习兴趣,加深对数学知识的理解。此外,信息技术提供了丰富的多媒体教学手段,如视频、动画等,可以直观地展示抽象的数学概念,增强学生的学习体验。同时,利用电子化学习平台和在线作业系统可以实现个性化学习和实时反馈,帮助教师更好地跟踪学生学习情况和进行个性化辅导。总之,信息技术的应用促进了中职数学教学的创新和个性化发展,有助于提高教学质量和学生成绩。

(一)教学目标明确的应用

在讲授平面几何知识时,设置教学目标为中职生能够掌握平面几何基本概念,包括点、线、角的性质和关系。结合信息技术应用,可以选择几何绘图软件,让中职生绘制图形观察和研究点、线、角的特征和相互关系,帮助他们更好地理解几何概念。

在使用信息技术进行数学教学时,教师需要明确所授数学知识的教学目标,确定所要达到的数学知识和能力的培养目标,并将信息技术应用与教学目标相结合。只有明确教学目标,才能选择恰当的信息技术工具和资源合理地应用于学科教学中。

案例 7-4 绘制各种基本几何图形

(1)目标明确。掌握平面几何图形三角形、四边形、圆的特征、性质和相互关系,并能够利用这些知识解决问题。

(2)案例实施。教师可以设计一个案例,让学生利用几何绘图软件(如 Geogebra)进行以下实际操作。

第一步,绘制三角形、四边形、圆,探索它们的性质,如边长、面积、角度等。

第二步,利用几何绘图软件进行几何变换,如平移、旋转、翻转等,观察几何图形三角形、四边形、圆的性质变化。

第三步,通过绘制几何图形并调整参数,观察各种几何图形之间的关系,如相

似性、全等性等,从而加深对几何概念的理解。

(3)学习成果呈现。中职生可以通过绘制的几何图形、调整参数后的观察结果,将自己的学习成果进行呈现,如制作简短的演示文稿或展示视频,解释他们的发现和观察,以及发现背后的数学原理和逻辑。

(4)讨论与总结。中职生在操作后可以展开讨论,分享彼此的发现和体会,与教师一起总结不同几何图形的特征和性质,并思考它们在实际生活中的应用,加深对几何知识的理解。

通过这样的案例,中职生在信息技术应用帮助下,使用几何绘图软件进行平面几何图形的绘制和探索,通过实际操作加深对平面几何图形特征和性质的理解,同时也锻炼了他们的观察与实践能力,并培养其解决数学问题的能力。

(二)学习资源合理选择的应用

在教授讲函数概念时,结合信息技术应用,可以选择统计软件或数学建模软件。通过收集实际数据并使用统计软件进行数据分析,中职生能够更直观地理解函数的概念和特性。而使用数学建模软件,中职生可以将实际问题转化为数学模型,并进行求解和验证,加深对函数的理解。下面是一则利用函数绘图软件进行函数图像的绘制与分析的案例。

案例 7-5 函数图像的绘制与分析

(1)学习目标。理解函数的基本概念,如定义域、值域、单调性、奇偶性等;能够利用函数绘图软件绘制各种类型的函数,并观察函数图像与函数性质的关系。

(2)案例实施。教师引导学生使用函数绘图软件(如 Desmos)进行以下操作。

第一步,绘制简单函数的图像,如线性函数、二次函数、绝对值函数等,并观察图像与函数性质的关系。

第二步,调整函数参数,观察函数图像的变化,关注参数对图像的影响,体会函数性质与参数之间的关系。

第三步,将多个函数图像绘制在同一坐标系中进行比较与分析,观察函数之间的交点、相对位置等,进一步分析函数间的相互关系。

(3)学习成果呈现。通过函数绘图软件生成的图像,制作简短的演示文稿或展示视频,解释他们对函数性质的发现和观察。

中职生将观察到的函数图像与函数性质进行简要文字说明,结合具体的实例进行说明。

(4)讨论与总结。以小组为单位展开讨论,小组代表分享在绘制函数图像过程中的观察和发现,归纳总结不同类型函数的特征与性质。

通过这样的案例,中职生可以通过实际操作深入理解函数的性质,同时也培养

了他们观察与实践能力,锻炼了中职生的逻辑思维和表达能力

在函数概念教学中,信息技术可以帮助中职生更好地理解和应用函数概念。以下是一些合理选择学习资源的应用示例:

1. 交互式学习软件

使用交互式学习软件,如 Kahoot、Quizlet 等,设计针对函数概念的学习游戏和测验,让中职生在游戏中进行函数类型、图像识别等方面的练习,加深对函数概念的理解和记忆。

2. 函数绘图软件

引导中职生使用函数绘图软件,如 Desmos、GeoGebra 等,绘制各种函数的图像,并观察函数参数对图像的影响,帮助他们直观地理解函数的性质与特点。这种直观体验有助于提升他们的数学直觉和理解力。

3. 在线教学资源

利用在线教学平台,引用优质的函数概念教学视频、动画等资源,让中职生通过视听方式学习函数的概念、性质和应用,丰富了教学内容和形式。

4. 实时数据分析

利用电子表格软件,如 Excel 或 Google Sheets,收集实时数据,并引导中职生利用函数模型对数据进行分析和拟合,从实际数据中学习函数的应用。

5. 编程与函数建模

引导中职生学习基础的编程知识,如使用 Python 或 Scratch 等语言,让学生通过编程实现简单的函数建模,培养他们的数学建模和计算思维。

6. 在线交流与讨论

利用在线教学平台进行生生之间的讨论与交流,中职生可以分享函数概念的学习资料,互相解答问题,提高学习效率。同时培养他们的团队合作精神。

以上资源的应用可以帮助中职生更有针对性地进行函数概念的学习,增强他们的学习兴趣,提高学习效率。

选择适合学科教学内容和中职生特点的信息技术学习资源,如教学软件、应用程序、模拟实验工具等。这些资源应具备直观性、操作性和互动性,能够促进中职生的参与和主动学习数学。

（三）自主学习与合作学习的应用

在教授讲统计学知识时,引入信息技术应用,学生可以利用电子表格软件进行数据处理和统计分析。教师可以组织学生进行小组合作,每个小组选择一个统计主题,收集数据并进行分析,最后汇总成果进行展示。这样的活动促进学生的自主学习和合作学习,培养他们的统计思维和团队合作精神,也培养了他们运用统计思

维解决实际问题的能力。

在函数概念教学中,结合信息技术对中职开展统计知识的自主学习与合作学习可以采取以下具体案例:

案例 7-6　实际数据统计与分析

(1) 学习目标。通过自主学习了解统计的基本概念和方法;能够运用信息技术进行实际数据的收集、整理、分析,并能在合作学习中归纳数据规律。

(2) 案例实施步骤。

第一步,自主学习。中职生利用信息技术,在指导下自主学习统计的基本概念和方法,如数据的收集方式、数据的呈现形式(表格、图表)、数据的分析方法等。

每位中职生自行选择一个感兴趣的主题,如校园生活、健康习惯、社会现象等,并收集相关数据,可以通过问卷调查、实地观察、网络查询等方式获取数据。

第二步,合作学习。中职生根据自己收集到的数据,分成小组进行合作。每个小组共享自己的数据,一起讨论数据的特点和规律,并使用信息技术的工具(如电子表格软件)对数据进行整理和分析。

小组成员合作设计统计图表、图像,展示数据的分布、规律或趋势,如柱状图、折线图、饼图等。

小组代表展示和分享他们的数据分析结果,并进行合作讨论,比较不同主题的数据分析结果,挖掘数据的共性与差异,从而总结普通适用的数据规律。

学习成果呈现:

每个小组通过信息技术工具准备简短的展示,分享他们数据分析的过程和结果,包括数据图表和数据分析的结论。

通过展示和说明,分享了中职生对数据规律的理解,并在合作讨论中接受其他小组的反馈和交流,实现了知识的共享与思维的碰撞。

讨论与总结:

整个班级进行汇报和小组间讨论,每个小组分享他们的数据分析结果和得出的结论,小组共同总结不同主题数据的特点、规律以及背后的影响因素。

通过这样的案例,中职生能够通过信息技术进行自主学习和合作学习,深入了解统计知识,并能够通过实际数据进行分析与总结,培养了他们的数据分析能力和合作交流能力。

信息技术应用可以促进中职生的自主学习和合作学习。通过信息技术的引导和支持,中职生可以独立进行探究、实践和解决问题,同时也可以与同伴进行合作学习,共同完成任务和项目。这不仅提升了他们的学习效率,更培养了他们解决实际问题的能力。

（四）激发学生兴趣和动机的应用

在教授讲三角函数时，引入交互式几何软件，学生可以利用软件进行三角函数图形的绘制和变换。同时，可以设计一些有趣的数学游戏，如寻找相似三角形、计算三角函数值等，激发学生的学习兴趣和动机，增强他们对三角函数的理解和应用能力。

在中职三角函数的图像教学中，信息技术可以被应用于激发学习兴趣和动机。以下是一个具体案例。

案例 7-7　三角函数的图像

（1）虚拟三角函数图像建模。使用计算机软件（如 Geogebra 或 Desmos 等），教师可以展示三角函数的图像，并通过实时演示调整参数展示不同的图像变化。通过这种方式，学生可以在屏幕上看到不同的三角函数图像，并且可以立即理解参数如何影响图像的形状、位置和方向。这种交互式的学习方式可以激发学生的好奇心，让他们更积极地参与学习，从而提高学习效果。

（2）多媒体教学资源。制作多媒体教学资源，如动画、视频等，展示三角函数图像的变化和应用。这样的资源可以使学习更加生动形象，激发学生的学习兴趣，让他们更主动地探索和理解三角函数图像的特点和规律。

（3）个性化学习体验。利用信息技术，教师可以为学生提供个性化的学习体验，根据学生的兴趣和水平，提供不同难度和形式的三角函数图像相关的学习资源和任务。这种个性化的学习方式可以更好地激发学生的学习动机，让他们更加积极地投入到学习中去。

通过以上案例中的信息技术应用，可以更好地激发学生对三角函数图像学习的兴趣和动机，提高他们的学习效果和学习体验。

在信息技术应用过程中，中职教师应通过合理设计和组织活动，激发中职生对数学的兴趣和动机。如利用数学游戏、竞赛等方式，让中职生在信息技术环境中积极参与、互动学习，提高学习效果。

第三节　信息技术环境下的数学教学模式

信息技术环境下数学学科教学基本模式是指利用信息技术改变传统的教学方式和手段，创造出更为灵活、多样化的教学模式。在中职数学教学中，可以采用多种常用的教学模式，以满足学生实际学习需要。下面将阐述信息技术环境下中职数学教学常用的几类教学模式，并提供相应的典型案例。

一、信息技术环境下中职数学教学的基本模式

信息技术环境下的中职数学教学基本模式注重个性化学习、项目化学习、在线资源应用、探究式学习和跨学科整合，致力于激发中职生的学习兴趣和动机，提高他们的数学学习体验和改革。以下是在信息技术环境下常见的中职数学教学的基本模式。

（一）平台型教学模式

利用在线学习平台或教育软件，提供数学学科的教学资源和在线学习环境，学生可以根据自己的学习进度和需求进行自主学习和巩固练习。教师在教学过程中起到指导和辅助的作用。以下是一些信息技术在培养学生数学创新能力方面的应用示例：

1. 创建在线学习平台

如虚拟课堂或学习管理系统，为学生提供统一的数学学习资源和学习环境。中职生可以在平台上获取教材、作业、练习题和其他学习资料，并通过在线讨论、提交数学作业和接受学科评估等方式与教师进行互动和反馈，从而提升学习体验和效率。

2. 建立数学教学资源库

将各种数学教学资源整理归类成一个教学资源库，并提供给师生使用。这个资源库可以包括在线教学视频、教学文档、实例案例、习题集等。中职生可以根据自己的学习需求，自主选择合适的资源进行学习和巩固。

3. 利用协作平台

如在线文档编辑工具、任务管理工具等协作平台或项目管理工具，鼓励中职生合作学习和团队合作。中职生可以在平台上共同编辑文档、制订学习计划、分工合作，并实时交流和反馈。这样的平台可以促进中职生的协作能力和解决问题的能力，为未来的学习和工作打下坚实的基础。

4. 提供数据分析平台

借助数据可视化工具、统计分析软件等数据分析平台，中职生可以通过收集、整理和分析数据，探索数学知识在实际问题中的应用。这样的平台可以培养中职生的数据分析能力和创新思维，帮助他们发现问题、提出解决方案和做出预测。

5. 搭建在线交流平台

利用讨论论坛、社交学习平台等在线交流平台，中职生可以在这个平台上与教师和其他学生进行学习和问题交流。中职生可以分享学习心得、互相提问和回答问题，并可以根据自己的兴趣和能力参与有针对性的学习小组或项目中。

在应用平台型教学模式时,需要注意保护学生们的隐私和网络安全,并指导学生正确使用在线资源和工具,确保学习过程的顺利进行。

(二)项目型教学模式

设立真实的、具有挑战性的数学项目任务,通过中职生自主设计、实施、展示等阶段,培养他们的综合能力和解决问题的能力。中职生在项目过程中通过信息技术工具获取和分析数据,发现问题,解决问题。以下是一些信息技术环境下中职数学项目型教学模式的应用示例。

1. 数学建模项目

中职生选择一个实际问题,并运用所学的数学知识和技能进行建模分析。他们可以利用信息技术工具进行数据收集、处理和分析,然后提出解决方案并进行评估。这样的项目可以帮助中职生将抽象的数学概念应用到实际问题中,并培养他们的实践能力和创新思维。

2. 数据分析项目

中职生选择一个数据集,如调查数据、统计数据等,借助信息技术工具进行数据分析。他们可以运用统计方法和可视化技巧,探索数据之间的关系、趋势和规律。通过这样的项目,中职生可以深入理解数据分析的过程和方法,并培养他们的数据分析能力和问题解决能力。

3. 数学竞赛项目

中职生参与数学竞赛项目,如数学知识竞赛、数学建模竞赛等。他们可以利用信息技术工具进行赛前训练和准备,解决竞赛中的数学问题,并通过线上比赛或模拟赛事的方式来检验自己的能力。这样的项目可以促进中职生的团队合作和竞争意识,培养他们的解题技巧和创新思维。

4. 应用开发项目

中职生参与数学相关的应用开发项目,如开发数学游戏、数学教育应用等。他们可以运用信息技术知识和编程技能,设计和开发具有数学学习和应用功能的应用程序。通过这样的项目,中职生可以将理论知识与实际应用相结合,培养他们的创意思维和实践能力。

5. 实地调研项目

中职生进行数学领域的实地调研项目,如调查统计、测量和观察等。他们可以利用信息技术工具进行数据采集和整理,然后进行统计分析和结果呈现。这样的项目可以帮助中职生锻炼实地调研和数据处理的能力,并培养他们的观察力、分析力和创新思维。

在项目型教学模式中,中职生需要积极主动地参与项目的选择、设计和实施过程,教师扮演着指导者和引导者的角色,为学生提供必要的支持和方向指引。

（三）协作型教学模式

利用信息技术构建协作学习平台,学生通过分工合作、互助共进,完成指定任务。利用在线协作平台进行数学问题讨论和解答,学生通过交流、合作,共同解决数学问题,提升学生的学习效果和实践能力。以下是一些信息技术环境下中职数学协作型教学模式的应用示例:

1. 协作学习项目

中职生组成小组,共同解决一个数学问题或完成一个数学项目。他们可以通过在线平台、社交学习工具或协作软件进行分工合作、讨论和反馈。如合作解决一个复杂的数学问题,每位成员负责一个子问题,并通过协作的方式整合各自的结果。

2. 数学讨论论坛

建立一个数学讨论论坛或社区平台,中职生可以在这个平台上分享和讨论数学问题、解题思路和数学应用。他们可以提出问题、回答问题,并与其他同学或教师进行交流和互动。这样的论坛可以促进生生之间的互相学习和合作,培养中职生的创新思维和解决问题能力。

3. 合作式授课

师生一同参与数学学科的授课过程,通过讲解、示范和演示的方式引导中职生开展学科学习。信息技术工具如投影仪、互动白板等可用于共享学科教学资源和授课内容,中职生可以积极参与课堂互动,提出问题和分享观点,从而实现师生合作式的学习环境。

4. 远程协作工具

利用远程协作工具如实时通信软件、视频会议平台等,中职生可以进行远程交流和协作。他们可以在项目或任务中共享文件、讨论问题,并通过远程屏幕共享的方式展示解决数学问题的方案和结果。这样的工具可以促进生生之间的协作和交流,培养团队合作和沟通能力。

5. 群组研究活动

以小组为单位开展数学探索学习活动,选择一个数学主题或问题进行深入研究。每个小组成员负责不同的方面,然后将研究结果整合到一个共同的报告或展示中。信息技术工具可以用于研究资料收集、数据处理、结果呈现等,促进生生之间的合作和交流。

在协作型教学模式中,中职生需要学会合作、沟通和协调工作。教师需要充当指导者和组织者的角色,鼓励学生参与协作学习,并提供必要的指导和支持。

（四）制作型教学模式

通过信息技术工具，如数学绘图软件、计算软件等，鼓励学生通过制作实际作品的方式进行深入学习和应用数学知识，如制作数学图形、模型、计算程序等，展示学生自己的学习成果。这样的教学模式注重学生的实践能力和创新思维的培养。以下是一些信息技术环境下中职数学制作型教学模式的应用举例：

1. 数学展览

中职生利用信息技术工具设计和制作数学展览，展示数学知识和应用。他们可以使用图表、模型、幻灯片或多媒体等形式，将抽象的数学概念可视化并解释给他人。这样的展览可以激发中职生的创意思维和表达能力，同时加深对数学概念的理解。

2. 数学海报/宣传册

中职生利用信息技术工具设计和制作数学海报或宣传册，用以介绍某个数学概念、定理或方法。他们可以运用图像、文字和多媒体等元素，将复杂的数学概念简化和解释，从而提升中职生的表达能力和创新思维。

3. 数学视频教学

中职生使用信息技术工具，如录屏软件、视频编辑软件等，制作数学教学视频。他们可以选择一个数学课题，进行详细讲解，并结合示例和图形帮助其他同学理解。这种制作型教学模式可以培养中职生的沟通能力、创新思维，并提高他们对数学知识的掌握程度。

4. 数学模型制作

中职生利用信息技术工具及材料，制作数学模型以帮助他人理解抽象的数学概念。如使用3D打印技术制作几何体模型，展示数学中的空间关系；或者使用纸板、线材等制作数学曲线模型，解释数学曲线的特性。通过制作模型，中职生可以锻炼实践能力、观察力和创新思维。

5. 数学应用软件/游戏开发

中职生参与数学应用软件或游戏的开发，运用信息技术工具和编程知识，将数学知识融入有趣的应用程序或游戏中。通过制作和测试这些应用程序或游戏，中职生可以加深对数学知识的理解，并培养他们的实践能力和创新思维。

在制作型教学模式中，中职生可以通过实际动手制作的过程来深入学习和应用数学知识。教师可以充当指导者和评估者的角色，提供必要的指导和反馈，帮助他们克服困难优化设计，提升作品的质量。

二、中职数学教学模式的典型案例

这种个性化项目学习模式能够培养学生的创新意识、实践能力和团队合作精神,提高他们的问题解决能力和综合素质。通过信息技术的支持,教师和学生在项目学习中能够更好地利用现代技术手段,加深对数学知识的理解和应用。

（一）探究模式

教师以问题为导向,引导学生进行数学知识和方法的探究。如教师提出一个几何问题,学生通过信息技术工具进行模拟实验和数据分析,寻找规律和结论,并展示解决方案,进一步再探究过程中培养批判性思维和对立解决问题的能力。

1. 探究教学模式相关的数学示例

（1）寻找数学规律。中职生可以通过观察、实验和归纳的方式寻找数学规律。比如,学生可以研究几组等比数列,并尝试找出其中的规律,然后通过信息技术工具(如电子表格)绘制数列图形并验证自己的规律。

（2）解决实际问题。中职生可以应用数学知识解决实际生活中的问题。比如,选择一个感兴趣的主题,如购物、旅行或房屋买卖,然后使用信息技术工具(如电子表格或数学建模软件)进行数据收集和分析,以得出最佳的决策方案。

（3）进行几何推理。中职生可以利用信息技术软件进行几何推理和证明。比如,使用几何软件进行平行线性质的探究,研究平行线间角度的关系,并通过构建不同的几何图形验证几何定理和公式。

（4）模拟实验。中职生可以借助信息技术工具进行数学实验和模拟。比如,通过数学建模软件模拟一个简单的物理实验,如自由落体运动,然后通过分析模拟结果验证和探究相关的数学概念。

这些案例都强调了中职生的主动参与和探究精神,并利用信息技术工具提供数据收集、分析和可视化的支持,进一步增强了学生的学习兴趣和探究动力。

2. 探究教学模式的数学典型案例

利用动态几何软件探究勾股定理的特殊情况。教师引导中职生使用动态几何软件进行可视化实验,让他们自主探索直角三角形中两直角边与斜边的关系,并总结特殊情况下的结论。

案例7-8是一个信息技术环境下数学知识探究教学模式的典型案例,中职生要求利用信息技术工具进行几何构造和探究,并运用所学数学知识解释和推导几何性质。

案例7-8 几何构造和探究

（1）基础构造。中职生使用几何软件或在线绘图工具,如 Geogebra,进行基本的几何构造,如线段、角度、垂直平分线、中位线等。

中职生通过自主操作和实践,掌握基础构造的过程和方法,并观察构造过程中出现的几何性质。

（2）探究几何性质。中职生选择一个感兴趣的几何问题或性质，如相似三角形、平行线性质或圆的性质。

中职生使用几何软件进行探究，通过构造、移动和变换几何图形，观察和验证几何性质的正确性。

（3）数学解释和证明。中职生通过观察和探究，提出自己对几何性质的猜想，并用数学语言进行表达。

中职生根据所学数学知识，运用逻辑推理和证明方法，对几何性质进行解释和证明，培养了他们的逻辑思维和创新能力。

（4）结果呈现与总结。中职生使用信息技术工具（如演示文稿软件）将他们的构造过程、探究结果、数学解释整理成一份报告或演示稿。

中职生需要通过文字描述、图形展示等方式清晰地呈现他们的探究过程和结论，并尽可能避免重复，以保持独立思考和表达的原创性。

这个案例要求中职生利用信息技术工具进行几何构造和探究，运用数学知识解释和推导几何性质。重要的是，中职生需要独立思考和表达，在撰写报告时保持原创性和独立性，这样的探究教学模式可以培养中职生的几何思维能力和数学推理能力。

（二）案例分析模式

教师给出一个实际问题案例，引导学生运用数学知识和方法进行分析和解决。比如，以市场调查为背景，教师引导学生运用统计学知识和电子表格软件进行数据处理和分析，然后通过信息技术工具展示结果。又如，以购物消费为背景，教师通过信息技术工具收集学生的购物数据，要求学生使用电子表格软件进行数据分类、统计和图表制作，并分析不同消费项目的比较和趋势。

案例 7-9 是一则信息技术环境下数学知识案例分析教学模式的典型案例，在这个案例中，中职生将使用信息技术工具进行统计调查和数据分析，并探究相关的数学概念。

案例 7-9　统计调查与数据分析

（1）主题选择。中职生选择一个自己感兴趣的主题，如食品偏好、旅行喜好、运动习惯等等，以此作为调查的起点。

（2）设计问卷。中职生利用在线调查工具（如 Google Forms）创建问卷，并设计适当的问题，以收集相关数据。

问题可以包括单选题、多选题、判断题等形式，涉及与主题相关的各种因素。

（3）数据收集和整理。中职生分享问卷链接给其他同学或亲友，以收集足够的数据样本。

使用信息技术工具(如电子表格软件),中职生可以将收集到的数据整理成表格,并进行必要的计算和统计分析。

(4)数据可视化与解读。中职生可以使用图表制作软件(如 Excel)将数据可视化,制作各种图表,如柱状图、折线图、饼图等。

通过对图表的分析和比较,中职生探究和解释数据中的模式、关系以及其他统计特征。

(5)提出结论。中职生将根据数据分析结果提出结论,并对相关的数学概念进行探究和解释。

使用信息技术工具,以小组为单位撰写一份报告或演示文稿,准确描述数据分析过程、结果和结论,并附上相应的图表和解释。

通过这个案例,中职生将能够运用信息技术工具进行统计调查和数据分析,发展他们的数学思维和数据解读能力。重要的是,在报告或演示文稿中尽可能指导中职生独树一帜,以鼓励他们独立思考并表达自己的观点和创新的表达。

(三)模拟实验模式

利用信息技术工具进行数学模型的建立和模拟实验。比如,通过数学建模软件,学生可以研究某个实际问题,建立相应的数学模型,然后通过模拟实验验证模型的有效性和真实性。又如,以弹簧振子为例,学生通过数学建模软件建立弹簧振子的数学模型,调整模型参数并进行模拟实验,观察和分析振动的规律和影响因素。

案例 7-10 是一则信息技术环境下数学知识模拟实验教学模式的典型案例,在这个案例中,中职生使用信息技术工具进行概率模拟实验,并通过实验结果来验证和理解概率相关的数学知识。

案例 7-10　概率模拟实验

(1)实验设计。中职生选择一个与概率相关的问题,如抛硬币、掷骰子、抽卡等。他们可以设计实验方案,包括实验的次数、记录的数据和初始的假设。

中职生利用信息技术工具,如随机数生成器、模拟软件或编程语言,进行概率模拟实验。

(2)数据收集和分析。中职生进行多次实验,记录实验结果并整理成数据表格。

中职生可以计算实验结果中的频率、比率、期望值等,以及其他统计量,分析实验结果。

(3)结果验证与推断。中职生根据实验结果,验证和比较与理论预期相符合的概率结果,确保实验的科学性和准确性。

中职生可以根据实验数据,进行推理和推断,如利用大数定律验证稳定性、利用样本推断总体等。

(4)结果呈现与总结。中职生使用信息技术工具(如演示文稿软件或写作软件)将实验过程、数据结果和结论整理为一份报告。

中职生通过文字描述、表格和图表等方式清晰地呈现实验过程、数据结果和结论,以保持独立思考和表达的连贯性。

这个案例鼓励中职生利用信息技术工具进行概率模拟实验,并运用数学知识验证和理解概率的相关概念。重要的是,中职生需要独立思考和表达,在撰写报告时保持独立性和原创性。这样的模拟实验教学模式可以帮助中职生深入理解和应用概率概念,并培养他们的数据分析和推理能力。

综上所述,信息环境下的数学教学模式通过个性化、互动性、开放性和灵活性的特点,带来了重要的改变和创新。这种新的教学模式提供了更多的学习选择和资源,激发了中职学生的学习兴趣和主动性,并提供了教师更全面的教学支持和评估工具。同时,教师在信息环境下可以更好地应对中职学生的学习需求和挑战,为他们提供更有效和灵活的数学教育体验。

第四节　信息技术在中职数学教学中应用的有效途径

中职数学教师要在数学教学中引入信息技术,积极探索信息技术在数学学科教学中的应用规律,利用信息技术的强大功能和丰富的资源优势,帮助中职生降低数学学习难度,利用信息技术培养他们的创造性思维和创新意识,并引导其将数学知识学习和专业学习、跨学科学习结合起来,让中职生在观察、操作、探索、创新中感悟并学习数学,实现信息技术应用和数学教学的有机统一,培养中职生良好的数学学习能力和探究能力,为中职生的专业学习及发展奠定良好的基础。信息技术在中职数学教学中应用有多种途径,其中信息技术在数学教学中有效应用可以通过以下途径实现。

一、信息技术在数学教学中应用的有效途径

信息技术在中职数学教学中有多种有效的应用途径,其主要应用的方式和途径如下:

(一)虚拟演示和模拟

信息技术工具可以帮助中职生进行数学虚拟演示和模拟,使抽象的数学概念变得更加具体和易于理解。中职生也可以使用数学建模软件、几何软件或数据分

析工具进行模拟实验、绘制图形、探索数学关系，从而增强数学概念的直观性，强化数学概念的理解。

使用计算机软件或在线工具进行数学知识、公式和过程的虚拟演示，让中职生通过模拟实验的方式观察和理解数学现象。比如，在学习函数图像时，使用图形绘制软件展示不同函数的图像变化，让中职生通过调整参数观察图像的变化，从而亲身体验函数图形变化的一手材料，加深对函数图像的认识和理解。

（二）交互式学习资源

信息技术支持个性化学习和自主学习。中职生可以利用在线学习平台、自适应学习系统或数学学习应用程序进行个别学习，根据自己的学习进度和需求选择合适的数学学习资源和活动，提高学科学习效果和积极性。

制作交互式学习资源，如在线教学平台、数学游戏或互动模拟软件，使中职生能够以自主的方式探索数学知识和问题，通过互动的学习体验加深对数学知识的理解。如使用在线几何软件创造性地探索和验证几何定理。

特别值得一提的是，根据中职生学科学习心理特征，若信息技术结合数学游戏和娱乐元素，则会使数学学习变得更加有趣和吸引人。中职生可以通过数学游戏应用程序、在线数学竞赛和挑战等方式进行互动学习，提高他们对数学的兴趣和参与度，还能够在轻松愉快的氛围中提高他们的数学素养。

（三）多媒体教学资料

教师可以制作多媒体教学资料，如教学视频、动画、演示文稿等，以图像、声音和动画等形式呈现数学知识。通过视觉和听觉的刺激，提高中职生对数学概念的理解和记忆。比如，在教学三角函数时，通过动画演示的方式展示三角函数图像变化，使学生能够直观地把握其内在规律。

利用信息技术提供的多媒体教学资源，如教学软件、网络课件、在线视频等，辅助数学教学。教师可以结合具体教学内容选择合适的资源，使中职生能够更好地理解数学知识和方法，从而提高教学效果，激发学生的学习兴趣。

（四）在线合作学习平台

利用在线合作学习平台，如 Google Docs、Microsoft Teams 等，让中职生在虚拟空间中进行数学任务和项目的合作。中职生可以共同编辑文档、交流思想，互相批评和评估作品，以提高团队合作和交流能力。

信息技术可以促进生生之间的协作学习和远程合作。中职生可以利用在线协作平台、虚拟班级或视频会议工具进行交流和合作，共同解决数学问题、讨论数学思路,并分享各自的见解和解决方法,增强学习效果和团队合作能力。

（五）数字工具和软件应用

使用电子计算器、电子表格软件、几何绘图软件等,让中职生通过实践操作,掌握和应用数学技能。比如,使用电子表格软件分析数据,使用几何绘图软件进行图形构造和变换等,有助于学生空间想象力和创新思维的培养。

信息技术使中职生能够处理和分析大量数据,并将数学知识应用于实际问题中。中职生可以使用电子表格软件、统计软件或编程语言收集、整理和分析数据,进而探索数学在实际领域的应用,如经济、科学、工程等。实现知识的跨学科融合。

通过利用数学建模软件和统计软件,让中职生进行模拟实验、数据收集和分析,以探索数学规律和解决实际问题。这样的实践活动能够培养中职生的探究精神和实际应用能力。

总之,信息技术为数学教学提供了丰富的工具和资源,为个性化学习、协作学习、模拟实验和实际应用提供了强有利的支持。这些信息技术的应用有助于增强中职生的学习体验、培养他们的创造性思维和实践能力,并提升他们对数学知识的理解和应用能力。教师可以根据不同的教学内容和目标选择适合的信息技术工具和方法,灵活应用于中职数学教学中,使中职数学教学更加生动高效。

二、信息技术在数学课堂教学中有效应用的典型案例

案例 7-11 和案例 7-12 是通过使用动态几何软件,引导中职生探索几何变换的规律,加深对几何知识的理解和掌握。

案例 7-11　利用动态几何软件进行几何变换探索

（1）任务要求。中职生选择一个几何变换（平移、旋转、镜像等）,利用动态几何软件进行模拟操作,观察几何图形的变化规律,并总结规律特点。

（2）具体操作流程。

第一步,中职生独立或分组选择一个几何变换,如平移。

第二步,在动态几何软件中绘制一个几何图形,如三角形作为研究对象。

第三步,进行平移操作,观察图形的变化情况,并记录下重要数据。

第四步,尝试不同的平移方式,比较不同情况下图形的变化规律。

第五步,分析和总结平移的规律特点,如平移后图形的位置关系、边长和角度等变化。

第六步,中职生以小组为单位撰写报告,展示平移的规律特点,并进行交流和讨论,以促进知识的交流和思维的碰撞。

通过这个案例,中职生可以通过操作动态几何软件,观察几何图形的变换过

程,从中探索几何变换的规律。这样的实践活动使中职生在实际操作中理解和应用几何知识,培养他们的几何思维和空间想象力。

在数学课堂上,教师可以使用信息技术工具创建数字化互动课堂,以增强中职生的参与度和理解力。以下是一例数字化互动课堂,结合数学游戏方式,让中职生通过数字化平台开展互动,激励他们参与课堂学习的积极性,促进数学思维和解决问题的能力提升。

案例 7-12 数字化互动课堂

(1)建立互动平台。教师可以利用在线教育平台或教学管理系统创建一个数字化互动平台,让中职生通过电子设备(如平板电脑或手机)参与课堂活动。

中职生可以在平台上回答问题、提交作业、参与投票、与教师和同学交流等。

(2)数学概念演示。教师可以使用电子白板软件或投影仪等工具,在课堂上展示数学概念的演示文稿、动画或视频。

教师可以通过数字化工具将抽象的数学概念可视化,并与同学们一起探索,帮助他们对概念的理解和掌握知识点。

(3)互动问题解答。教师可以提出互动问题,让中职生通过数字化平台回答问题,并实时呈现他们的回答结果。

教师可以根据中职生的回答情况,调整教学策略,进行个别指导或小组讨论,以帮助学生更好地理解和应用数学概念。

(4)实时评估与反馈。教师可以利用在线测验或问答工具,在课堂上进行实时评估,并根据中职生的回答情况给予及时反馈。

中职生可以查看自己的学习进度和成绩,教师也可以对课堂教学效果进行实时评估和调整。

(5)数学游戏和挑战。教师可以引入数学游戏和挑战,让中职生通过数字化平台进行互动竞赛,引导锻炼数学思维和解决问题的能力。

中职生可以在数字化平台上解决数学难题、参与数学竞赛并获得排名和奖励,从而激发他们的学习热情和参与度。

这个案例中,信息技术被应用于创建数字化互动课堂,促进中职生的参与和互动,并提供实时的评估和反馈。同时,教师利用信息技术工具可视化数学知识,提供互动问题解答和引入数学游戏等方式,激发中职生对数学的兴趣和积极性,从而为学生提供了一个充满乐趣和挑战的学习环境。

第五节 数学课程与信息技术融合的教学实践

数学课程与信息技术的融合具有重要的意义,可以促进学生的数学思维能力、解决问题能力和创新能力的培养。信息技术在数学教学中的应用可以提供更丰富的学习资源和工具,激发学生的学习兴趣,提升他们的学习效果。

一、数学课程与信息技术融合的意义

中职数学学习活动的主体是学生,其有效学习活动的开展除了模仿与记忆外,还需要组织中职生动手实践、自主探索与合作交流,它是数学学习的重要方式。而信息技术与中职数学课程的融合,可以从根本上转变中职生的学科学习方式,倡导他们的学科学习"积极参与自愿探究,自觉交流与合作",从传统的数学学科讲授为主转变为以中职生动脑动手自主探究、小组学习讨论交流为主,信息技术可以把数学课堂转为"数学实验室"。借助相应的信息技术,通过数学学科活动探索并分析出结论,既促进了中职生的学科思维,也使他们可以按照自己的学习意愿开展学科学习活动。

(一)提供多样化的学习资源

信息技术可以提供多种形式的展示和呈现方式,通过图像、动画、视频等形式生动地呈现数学概念和过程,激发学生的学习兴趣,加深他们对数学知识的理解。同时,信息技术也提供了交互式学习的机会,让学生以更主动参与学习数学。

信息技术可以为数学教学提供多样化的学习资源,如网络课件、在线教学视频、模拟实验软件等,丰富了教学内容,增加了学习的趣味性和吸引力,并能够更好地促进学生的全面发展。

(二)强化数学思维与解决问题能力

信息技术为学生提供了更多的实践应用机会,通过计算机软件和在线工具,学生可以进行模拟实验、数据分析、建模等活动,将数学知识应用于实际问题中,培养实际解决问题的能力。此外,信息技术可以通过模拟实验、数据处理、图像展示等方式,帮助学生更直观地理解抽象的数学概念,培养他们的数学思维和解决问题的能力。

此外,信息技术激发学生的创新思维和探究精神,通过使用数学软件、编程工具等,学生可以自主探索数学知识和问题,并通过设计、实验、验证等过程培养创新能力。这种自主学习和探究的过程,对于学生的综合提升,具有不可估量的价值。

(三)培养创新意识与创造力

信息技术为学生提供了自主学习和探究的平台,通过使用数学软件、编程工具等进行数学建模和设计,激发学生的创新意识和创造力。

信息技术已经成为现代社会的重要组成部分。通过将数学与信息技术融合，使学生掌握数学知识的同时也能掌握信息技术的基本应用，从而提高他们在未来职业和生活中的竞争力。

（四）促进合作与交流

信息技术可以提供在线学习平台，使学生能够进行跨地域、跨学校的合作学习，增加学生之间的互动与交流，拓宽他们的知识视野，并促进知识的共享与传播。

信息技术为数学与其他学科的整合提供了便利。数学与艺术、科学、技术等领域的融合有助于学生对数学在现实世界中的应用和意义的理解，培养其跨学科思维和综合素质。

综上所述，数学课程与信息技术的融合能够提高学习效果、增加实践应用、培养创新思维、拓宽学科边界，并使学生适应现代社会的需求。这种融合既促进了数学学科的发展，也促使学生更好地理解和应用数学知识。

二、数学课程与信息技术融合的基本方法

数学课程与信息技术融合的方法有多种，其中以下五种基本方法，可以增强数学教学的实效性和趣味性，激发学生学习数学的兴趣，并提升他们的数学素养和综合能力。

（一）学科教学设计融入信息化元素

将信息技术与数学课程内容进行有机结合，设计出融合了信息技术的数学教学内容。比如，通过使用数学软件或在线工具，让学生进行实时计算和数据分析，提升他们的数学思维和问题解决能力。

同时，学科教学设计利用信息技术提供个性化的学习支持，如在线作业、自适应学习系统等，使数学课堂教学能对中职生学习进展实时监测和反馈，可以帮助他们更加有效地开展数学学习活动。

（二）使用多媒体教学资源

教师可以利用多媒体教学资源，如教学视频、动画、演示文稿等，以图像、声音和动画等形式呈现数学知识。通过多媒体教学资源的运用，中职生能够以视觉和听觉的方式更直观地理解和记忆数学概念。

同时，可以利用信息技术提供的教学资源，如教学软件、网络课件、在线视频等，辅助教师进行教学。教师可以根据教材内容选择相应的资源，使中职生能够更好地理解数学知识和方法。

（三）探索性学习和虚拟实验

教师可以引导学生进行探索性学习和虚拟实验,使用计算机软件或在线工具进行数学概念的实践操作、模拟实验、数据分析等。通过这样的活动,中职生能够在实践中理解和应用数学知识。

同时,可以通过利用数学建模软件和数据统计软件,让中职生进行模拟实验、数据收集和分析,探索数学规律和解决实际问题。这样的实践活动能够培养学生的探究精神和实际应用能力。

（四）学科教学结合在线学习平台和应用软件

利用在线学习平台和应用软件,教师可以为学生提供个性化学习资源和任务。学生可以根据自己的学习进度和需求,在线完成作业、参与讨论、进行自主学习等,使学习更加灵活和针对性。

创建交互式学习环境,如在线平台、虚拟实验室等,让中职生亲身参与到数学实践中。通过这些环境,中职生可以进行自主探究、实验和合作学习,培养他们的问题解决能力和团队合作精神。

（五）数字工具和软件应用融入学科教学

教师可以引导学生使用数字工具和软件进行数学计算、数据分析、图形绘制等。比如,使用电子计算器、电子表格软件、几何绘图软件等,帮助学生更好地掌握和应用数学技能。

利用数学软件和应用程序,如 GeoGebra、Mathematica 等,让中职生进行可视化建模、图形绘制、数据分析等活动。这些工具可以帮助中职生更好地理解抽象的数学知识,并增强他们学习数学的兴趣。

此外,将编程思维引入数学教学中,让中职生通过编写程序解决数学问题。这种方法可以培养学生的逻辑思维和创新能力,并帮助他们将数学知识应用到实际情境中。

（六）项目化学习和跨学科整合

教师可以设计数学项目,让学生在解决实际问题中应用数学知识,并结合信息技术进行呈现和实现。同时,教师还可以促进数学与其他学科的整合,通过信息技术工具将数学知识与艺术、科学、经济等学科进行融合教学。

这些基本方法有助于将数学课程与信息技术融合起来,提升中职生对数学知识的理解和应用能力。教师在教学设计中应根据教学目标和教学内容选择适合的方法,灵活运用信息技术工具和资源,为中职生提供多样化的学习体验。

三、数学课程与信息技术整合的案例

引导中职生选择一个感兴趣的主题,收集相关数据,并利用电子表格软件进行数据处理和统计分析,生成统计图表并进行解读。通过信息技术辅助中职生进行数据收集、处理和统计分析,培养他们的数据分析能力和统计思维。

案例 7-13 和案例 7-14 展示了如何整合数学课程与信息技术。

案例 7-13　数据分析与统计

(1)数据收集与整理。学生选择一个感兴趣的主题,如人口统计、体育运动或消费习惯,并使用信息技术工具(如在线调查问卷或数据收集应用)收集相应的数据。

学生使用电子表格软件(如 Excel 或 Google Sheets)将收集到的数据进行整理和归纳,创建数据表格。这样不仅提高了学生的组织能力,也为他们理解数据的内在逻辑打下基础。

(2)数据可视化与解读。中职生利用信息技术工具(如图表制作软件或在线数据可视化工具)将数据转化为条形图、折线图、饼图等可视化图表。

中职生对图表进行分析和解读,探索数据之间的关联性,观察和解释变量之间的趋势和模式,从而培养了他们的批判思考能力。

(3)统计分析与推断。中职生利用信息技术软件(如统计软件或在线数据分析工具)进行统计分析,计算数据的平均值、中位数、标准差等统计量。

中职生根据数据的特征和问题的要求,应用统计推断方法(如置信区间、假设检验等),进行数据的推断和结论形成。

(4)结果呈现与总结。以小组为单位使用信息技术工具(如演示文稿软件或写作软件)将他们的数据分析、可视化结果以及解释整理成一份报告或演示稿。

各小组代表通过文字描述、图表展示等方式清晰地呈现他们的数据分析过程、关键结果和结论。

这个案例中,教师整合了信息技术工具与数学课程,引导中职生进行数据分析与统计的实践。中职生通过收集、整理、可视化和解读数据,并利用统计分析和推断方法,从实际数据中探索数学的应用和统计概念。

组织中职生将编程与数学建模应用于优化问题。这个案例可以帮助中职生理解如何使用编程的方式解决实际问题,并提高他们的数学建模能力,为他们的未来发展尊定了坚实的基础。

以下一则路径优化问题的案例展示了如何整合数学课程与信息技术。

案例 7-14　路径优化问题

(1)问题描述。假设一个物流公司要在一天内完成多个货物的配送任务。每个货物都有特定的发货地点、目的地和重量,而物流公司有一些可用的货车和司机。任务是确定每辆货车的路线,使得货车的行驶总距离最短,以节省时间和成本。

(2)数学建模方式。

第一,定义问题中的变量和约束条件,如每辆货车的出发地、目的地、路线、货物分配等。

第二,建立数学模型,如使用图论中的最短路径算法计算每辆货车的最佳路线。

第三,将模型转化为数学表达式,并使用编程语言进行表示,以便于通过计算机求解。

(3)数据采集与处理方法。

第一,收集实际的货物信息,包括发货地点、目的地、重量等。

第二,将数据转化为适合编程处理的格式,如将数据存储在 Excel 或 CSV 文件中,然后使用编程语言读取和解析数据。以便后续的数学建模和计算。

(4)模型求解与结果分析方法。

第一,使用编程语言编写算法建立数学模型,如使用 Dijkstra 算法或 A * 算法计算最短路径。这些算法的选择依据问题特性和求解效率的考量。

第二,分析求解结果,包括每辆货车的路线、行驶总距离等指标,并对结果进行合理性检验和解释,确保其符合实际应用场景。

(5)结果展示。使用编程技术将结果可视化展示,如绘制货车的路线图、计算行驶总距离等。

(6)组织小组讨论。让学生分享不同的解决思路和结果,比较不同算法的优劣,从而深化对问题的理解。

通过这个案例,中职生可以学习如何使用编程语言解决实际优化问题。他们需要分析问题,建立数学模型,收集和处理数据,并使用编程技术解决问题。这样可以培养中职生的逻辑思维和问题解决能力,同时提高他们对数学建模的理解和应用能力。

第八章 信息技术背景下
数学教师的专业化发展

信息技术背景下对数学教师的专业化发展提出了新的要求。数学教师需要掌握与学科相关的信息技术理论知识和操作技能，将信息技术与数学教学实践活动有机结合，满足学生对数学学科的个性化学习需求，从而培养他们的创新思维和解决问题能力。同时，数学教师也需要不断更新数学课程教育理念，并优化学科教学方法，以适应数字化时代对数学课程教育的新要求。

第一节 信息技术与数学教师的专业化发展

信息技术与数学教师专业化发展紧密相关。数学教师需要掌握信息技术知识和技能，创造性地应用信息技术于数学教学中，用于提升教学效率和质量，同时也能推动数学教育的创新和改革。然而，仅仅拥有信息技术知识还不足够，数学教师还需要不断更新学科教育理念和教学方法，加强与同行的交流合作，以实现自身专业发展的全面提升。

一、信息技术背景下数学教师的专业化发展的现实意义

教师的专业化发展在信息技术下具有重要的现实意义，不仅能够提升数学教师的学科信息综合素养与教学技能，以及提升数学课程教学质量和效果，而且能培养学生的创新思维和能力，推动数学课程教育的创新和改革，以适应数字化时代对教育的需求。

（一）适应数字化时代的数学教育需求

信息技术正在改变着社会和工作环境，数字化时代对数学素养的要求日益增加。数学教师通过专业化发展，能够掌握和运用信息技术工具和资源，满足学生在数据分析、建模和解决实际问题等方面的学习需求，为他们在数字化时代取得成功奠定基础，并激发他们对数学学科的兴趣和创新思维。

随着信息技术的迅速发展和普及，对数学教师的专业化发展提出了新的要求和机遇。信息技术在数学教学中的应用可以丰富学科教学资源、改善学科教学效

果,激发学生学习数学的兴趣和创新能力。同时,数学教师通过不断提升自己的信息技术素养和教学能力,可以更好地适应数字化时代对教育的需求。

（二）提升教学质量和效果

在数学教师的专业化发展中,信息技术发挥着重要的作用。首先,数学教师需要掌握信息技术的基本知识和技能,包括计算机操作、网络使用、数据分析等。他们应该熟悉并能灵活运用各类数学软件、在线资源和教学工具,以便更好地支持学生的学习和促进数学教学的有效实施。

信息技术的应用可以丰富数学教学资源和教学手段,如数学软件、在线课程、虚拟实验室等。数学教师通过专业化发展,能够灵活运用信息技术,设计和实施多样化的教学策略,提升学科教学效果和质量,激发学生对数学的兴趣和动力。

（三）培养创新思维和解决问题的能力

信息技术的应用需要数学教师具备创新思维和解决问题的能力,能够将数学知识与技术工具相结合,引导学生开展探究性学习和实践活动。数学教师通过专业化发展,可以培养学生的数学创新思维、数学问题解决能力和数学建模能力,为他们未来的学习和就业做好准备。

信息技术为数学教师提供了丰富多样的教学工具和创新教学方式。通过利用数学软件、多媒体资源、虚拟实验室等工具,数学教师可以创造出生动有趣的教学环境,增强学生对抽象数学概念的理解和应用能力。

（四）促进师生互动与合作

信息技术的应用可以促进数学教师与学生之间的互动和合作。数学教师通过专业化发展,掌握信息技术的工具和方法,能够与学生进行线上交流、合作学习和共同探究,激发学生学习数学的学习动机和合作精神,从而提高他们对数学学习的主动性。

此外,信息技术也促进了数学教师与学生之间的互动与合作。通过在线平台、协作工具等,数学教师可以与学生进行实时互动、合作探究和交流讨论,激发学生数学学习的动机和合作精神,培养他们的团队合作和沟通能力。同时,信息技术还能支持个性化学习,为学生提供定制化的学习方案和反馈,满足不同学生的学习需求,确保每位学生都能获得最适合自己的学习体验。

（五）推动数学教育改革与创新

信息技术对数学教育提出了新的挑战和机遇。数学教师通过专业化发展,可以积极参与教育改革和创新,探索采用信息技术的教学模式和评价方法,推动数学教育从单向的知识传授向学生主导、探究性学习的转变,充分调动学生学习数学的积极性。

此外,要实现数学教师的专业化发展,仅仅拥有信息技术知识还是不够。数学教师还需要不断更新教育理念和教学方法,关注教育科技的最新发展,参与教育创新项目的研究,不断提升自身的专业素养和能力。此外,加强与同行的交流合作,参与专业发展机构和社区的活动,也是促进数学教师专业化的重要方式。

综上所述,数学教师的专业化发展在信息技术背景下具有重要的现实意义。它不仅能够满足数字化时代对数学素养的需求,提升教学效率和质量,培养学生的创新思维和解决问题的能力,还能推动数学教育改革与创新,以适应现代社会对数学教育的要求。

二、信息技术背景下对数学教师专业发展的新要求

信息技术背景下对数学教师专业发展提出了新的要求。数学教师需要掌握信息技术知识和技能,将信息技术与数学教学融合,支持个性化学习和自主学习,培养学生的创新思维和解决问题的能力,并不断更新教育理念和教学方法。这样的专业发展要求有助于提升数学教师的教学效率和质量,推动数学教育与技术的有机结合,为学生提供更优质的数学教育。

(一)掌握信息技术知识和技能

数学教师需要具备基本的信息技术知识和技能,包括计算机操作、网络使用、数据分析等。数学教师需要熟悉并灵活运用各类信息技术工具和软件,如电子白板、数学建模软件、在线学习平台等,提升教学效果和学生互动体验。

数学教师应掌握一定程度的数据分析和可视化工具,如电子表格软件中的数据分析功能、统计图表绘制等。这样可以在数学教学实践中运用实际数据进行分析和展示,提高学生对数学知识的理解和应用能力。

(二)整合信息技术与数学教学

数学教师需要学会将信息技术与数学教学有机地结合起来。他们应该探索和设计适合信息技术应用的数学教学内容和活动,通过利用数学软件、多媒体资源、实时计算和数据可视化等手段,数学教师可以丰富学科教学资源、增加学科学习的趣味性和互动性,促进学生教学的深入理解和掌握数学知识,激发学生他们对数学的学习兴趣。

数学教师需要熟悉并能够灵活运用数学相关的软件和工具,如几何绘图软件、

数据处理和分析软件、计算器和数学建模工具。他们应该了解这些工具的基本功能、操作方法和应用场景,能够将其有机地融入数学教学实践中,以提高教学效率和学生的学习成效。

(三)应对个性化学习需求

信息技术的发展促进了个性化学习的实现。数学教师需要能够满足学生不同背景、学习风格和兴趣的个性化学习需求。他们可以利用在线学习平台、自适应学习系统等工具,为学生提供个性化的学习支持和反馈。

信息技术的发展为个性化学习和自主学习提供了良好的支持平台。数学教师应该探索和应用多样化的教学资源和工具,为学生提供个性化学习的机会和创造性解决问题的空间。同时,数学教师需要引导学生利用信息技术进行自主学习和合作探究,培养学生的自主学习的能力,并增强他们的团队合作精神和沟通技巧。

(四)培养创新思维和解决问题能力

信息技术背景下,数学教师需要更加注重培养学生的创新思维和解决问题的能力。应该引导学生通过信息技术工具开展探究性学习和实践活动,培养他们的数学建模能力和分析思维。

数学教师可以通过启发式教学、数学建模、实践项目等方式,引导学生灵活地使用信息技术工具和数学知识,独立思考和解决实际问题。

(五)不断更新教育理念和教学方法

信息技术的快速发展带来了新的教育理念和教学方法。数学教师需要保持敏锐的观察力和学习的热情,广泛关注教育科技的最新发展,并不断更新自己的教育理念和教学方法。

信息技术背景下,数学教师应该关注教育科技的最新发展,积极参与教育研究和创新实践,与同行交流合作,不断探索适合信息时代的数学教学模式和策略,以提高自身的专业水平和教学质量,为学生的全面发展尊定坚实的基础。

(六)教学设计和资源开发

数学教师需要具备教学设计和资源开发的能力。他们应了解并能够借助各类教学设计软件和资源开发工具,制作数学教学课件、互动练习、在线测试等教育资源,提升学科教学质量和效果。

数学教师应了解并能够利用各类数学相关的在线资源,如教学视频、数字图书馆、在线练习题库等。他们还应熟悉并能够使用各类在线教育平台,用于布置作业、批改作业、在线交流与互动等。

总之,信息技术背景下对数学教师专业发展提出了更高的要求,需要教师不断学习和实践,与时俱进,不断提高自身的教育水平和能力。这样才能更好地适应信息时代的教育需求,为学生提供优质的数学教育。通过掌握以上信息技术知识和技能,数学教师可以更好地应对信息技术背景下的教学需求,丰富教学方法和手段,提高教学质量,激发学生的学习兴趣和创新能力。

第二节　信息技术促进数学教师的专业化发展

信息技术的运用改变了传统的教学方式和学习方式,它已成为我国教育改革不可或缺的重要因素,给教育领域带来了新的生机和活力,对教育教学的发展起到了重要的作用。同时,信息技术的发展为数学教师的专业化发展提供了新的机遇和挑战。作为需要更多运用信息技术开展学科的数学教师,肩负着传授学生与学科学习相关的信息技术知识及其任务,数学教师的信息技术化素养直接影响学科教学的改革与发展。在信息技术背景下,数学教师需要深入了解信息技术对提高课堂教学的功能,提高运用信息技术优化学科课堂教学的意识,把掌握的现代化技术知识与技能运用到学科课堂教学实践中去,不仅提高学科课堂教学的有效性,而且促进自身的专业发展。

一、信息技术引发数学教师专业发展的新机遇与新挑战

信息技术为数学教师提供了更多创新和个性化教学的机会,但也给教师带来了技术应用能力和教学内容更新的挑战。教师需要积极应对这些挑战,不断提升自身的专业素养和适应能力。信息技术引发数学教师专业发展的新机遇与新挑战具体体现在以下七方面。

(一)提升教学效果

借助信息技术,数学教师可以使用各种数字工具和软件辅助教学,如数学建模软件、虚拟实验室、在线作业平台等,从而提升教学效果和学生的学习体验。

以下是应用信息技术使数学学科的教学效果得到显著提升的具体措施。

1. 使用数学建模软件

数学建模软件可以帮助学生将数学知识应用到实际问题中,激发学生的学习兴趣和创造力。比如,学生可以使用数学建模软件进行数据处理和分析,模拟和预测实际情况,从而加深对数学知识和原理的理解。

2. 利用在线学习平台

在线学习平台可以提供丰富的数学学习资源，包括视频讲座、练习题、模拟考试等。学生可以根据自己的学习进度和需求，随时随地进行学习，并通过在线平台进行作业提交和互动交流，获得更及时和个性化的指导。这无疑会大大提升学习效率和质量。

3. 制作教学视频

数学教师可以利用录屏软件制作教学视频，将抽象的数学知识和解题方法具象化，让学生更容易理解和掌握。教学视频还可以提供反复观看、暂停和重放的机会，帮助学生自主学习和复习。

4. 利用在线协作工具

在线协作工具可以促进学生之间的合作与交流，提高互动性和参与度。比如，数学教师可以利用在线白板工具，让学生在同一虚拟空间中共享和讨论数学问题，通过协作解决难题，培养团队合作精神和解决问题的能力。

5. 使用数学游戏和应用程序

数学游戏和应用程序结合了游戏化的元素和数学知识，可以增加学生对数学的兴趣和参与度。比如，通过数学题目的解答进行游戏关卡的通过，或者利用数学应用程序进行实时互动和学习。

以上都是借助信息技术开展数学学科教学的有效措施，在提升教学效果、激发学生学习兴趣和培养学生创新能力方面均能取得积极的影响。

（二）个性化教学

信息技术使得个性化教学成为可能。数学教师可以根据学生的不同学习需求和学习风格水平，提供定制化的学习资源和活动，实施更加个性化的教学，以满足每位学生的个性化学习需求。并提高他们的学习效果。

以下是应用信息技术开展数学个性化教学，更好地满足学生的不同学习需求的具体措施。

1. 在线自适应学习平台

在线自适应学习平台可以根据学生的学习表现和反馈，智能地调整学科学习内容和难度，提供个性化的学习路径和资源。学生可以在自己的节奏下学习，根据自己的薄弱环节进行重点、难点突破，同时也能够扩展学习，挑战更高级别的数学问题，以促进深度学习。

2. 数学诊断评估工具

利用在线的数学诊断评估工具，数学教师可以了解学生的数学基础和掌握程度，识别出他们的薄弱点和需要加强的知识点。根据评估结果，教师可以为每位学生量身定制个性化的学科教学计划,并提供针对性的辅导和资源,帮助学生克服学习障碍。

3. 虚拟实验室和模拟工具

虚拟实验室和模拟工具可以帮助学生以个人的方式探索数学知识和解决问题。学生可以通过虚拟实验室进行数学实验和探索,观察数学规律和模式的变化,从而更好地理解和应用数学知识。

4. 个性化学习资源库

建立个性化的数学学科学习资源库,教师可以为学生提供多样化的学习资源,包括不同难度和风格的数学习题、教学视频、模拟考试等。学生可以根据自己的学习需求和兴趣,在资源库中选择适合自己的学科学习材料,自主探索和学习,从而激发数学学习的兴趣,并提高学习效率。

5. 个性化作业和评估

利用在线作业平台,数学教师可以为每位学生设计个性化的作业和评估任务。根据学生的不同能力水平和学习目标,作业可以有不同的难度和形式,评估也可以采用多种方式,如开放性问题、项目作业、口头报告等,以全面了解学生的学科学习情况。

以上措施展示了借助信息技术开展数学个性化教学的方法,通过个性化的学习平台、评估工具、资源库和作业,针对学生的个体差异,提供定制化的学习路径和资源,促进每个学生在数学学科中的个性化成长和全面发展。

（三）资源共享与合作

互联网和在线平台为数学教师提供了广泛的资源共享和合作的机会。教师可以分享教学设计、教学资源和经验,与其他教师进行交流和合作,促进共同成长和专业发展。

以下是应用信息技术数学教师进行资源共享和合作,促进彼此之间的交流和专业发展的具体措施。

1. 在线平台建设

创建一个数学资源共享的在线平台,教师可以在平台上分享自己设计的优质教学资源,如课件、教案、练习题等。其他教师可以通过平台搜索并下载这些资源,节省教学准备时间,并能够从其他教师的经验中受益。

2. 数学教育社区

建立一个数学教育社区,在社区中教师可以互相交流和讨论教学经验、方法和策略。社区可以提供论坛、博客、讲座等功能,让教师能够积极参与讨论,分享教学心得,共同探讨数学教育的问题和挑战。

3. 跨校合作项目

利用信息技术,教师可以开展跨校合作项目,比如,通过视频会议或在线协作工具,教师可以远程合作,共同设计和实施数学教学项目。这样的合作项目能够促进教师之间的互相学习和共同成长,还能够拓宽教学视野,提升教育质量。

4. 教学资源评审团队

组建一支教学资源评审团队,由数学教师共同参与对教学资源的评审和审核。借助信息技术,教师可以在线共享资源、进行评审,提供反馈和建议,以确保教学资源的质量和有效性,从而为他们的学术成长和个人发展尊定了坚实的基础。

5. 跨区域教研活动

利用在线会议平台或网络直播技术,组织跨区域的数学教研活动。教师可以通过分享自己的教学实践和研究成果,在线进行交流和互动。这样的活动能够促进不同地区的教师之间的相互学习和创新,还能激发新的教学灵感和策略。

以上措施展示了利用信息技术开展数字资源共享与合作的方法。通过在线平台、教育社区、跨校合作项目、资源评审团队和跨区域教研活动,教师们可以共同分享、讨论和改进数学教学资源,促进专业交流和成长,提高整个数学教育领域的质量和水平。

(四)数据分析与评估

信息技术使得数据的收集、分析和评估变得更加便捷。数学教师可以借助大数据和数据分析工具,深入了解学生的学习情况和问题,及时调整教学策略并进行有效的评估。换言之,通过信息技术,数学教师可以更有效地收集、分析和评估学生的学习数据,帮助他们做出更准确的教学决策。

利用信息技术开展数据的收集、分析和评估,使之变得更加便捷和高效的具体措施。

1. 在线调查问卷

数学教师可以利用在线调查问卷工具,如 Google Forms、SurveyMonkey 等,设计并发布数学教学或学情学生调查问卷。学生可以通过电子设备快速填写问卷,收集到大量的数据。这些数据可以用于了解学生对数学知识的掌握程度、学习需求和兴趣,为个性化教学提供参考。

2. 学科成绩管理系统

学科成绩管理系统可以将学生的成绩数据集中管理,并提供统计和分析功能。数学教师可以根据系统生成的各类报表和图表,对学生学习数学的情况进行全面分析和评估,包括成绩分布、单项成绩和学科能力等。这样的系统可以帮助数学教师及时发现学生学科的学习问题,并采取针对性的学科教学策略。

3. 数据分析工具

利用数据分析软件,如 Microsoft Excel、SPSS 等,数学教师可以对学生的学科历史成绩和学习行为数据进行深入分析。通过数据的可视化呈现,数学教师可以发现学生的学科学习模式和趋势,并分析学科教学方法与教学模式的有效性,并定位学生的学科学习瓶颈和潜力,同时为教师提供更为科学的决策依据,从而提升学科教学的质量和徐婧学习效果。

4. 在线作业平台

在线作业平台可以自动收集学生的数学作业答案并生成统计数据。借助这些数据,数学教师可以了解整体班级学科的应用水平、常见错误和易错点,为数学课堂教学和辅导提供定向指导。同时,数学教师还可以根据学生的数学作业表现,提供个性化的反馈和指导,从而促进学生的个性化学习和发展。

5. 学习分析系统

学习分析系统结合了学习管理和数据分析的功能,通过跟踪学生的数学学习行为和交互数据,能够提供更加详细和个性化的学科学习分析报告。这样的系统可以帮助数学教师全面了解学生的学习习惯、学习时间分配,以及学习资源的使用情况,为优化学科教学和学习提供依据,并满足学生对个性化学习体验的期待。

通过上述信息技术的应用,数学教师可以更加方便地收集、分析和评估学生的数据,实现数据驱动的学科教学和个性化指导。这样不仅可以提高数学教学效果,也能够更好地满足学生对学科的个性化学习需求。

(五)终身学习与专业发展

信息技术的快速发展要求数学教师具备持续学习的意识和能力。教师需要不断更新自己的知识,学习新的教育技术和教学方法,包括使用教学软件、教学工具等,以便更好地运用信息技术支持学科教学实践,实现个人的专业发展和提高自身的教学能力。

以下是应用信息技术促进数学教师实现终身学习和专业发展的具体措施。

1. 在线学习平台

数学教师可以利用在线学习平台,如 Coursera、edX 等,选择与数学教学相关的课程进行学习。这些平台提供了丰富的在线学习资源,包括数学教育、教学方法、教学技术等方面的课程,数学教师可以根据自身需求选择适合的课程,灵活安排学习时间,并通过在线讨论和作业提交与其他学习者互动,从而丰富自己的教学经验和知识储。

2. 教育博客和社交媒体

数学教师可以关注和参与数学教育领域的教育博客和社交媒体。通过阅读博文、参与讨论和分享经验,数学教师可以获取新的教学思路、教学资源和专业发展的信息,与其他教师进行交流和互动,拓宽自己的教育视野。

3. 教育研究平台

借助在线教育研究平台,如 ResearchGate、Academia. edu 等,数学教师可以浏览、下载和分享最新的教育研究成果和学术论文。通过了解最新的研究动态和理论发展,教师可以不断更新自己的知识和教学实践,持续提高专业素养。不过,在众多的教育平台中选择适合自己教学需求的平台可能会成为一项挑战,需要针对自身需求做出明智的选择。

4. 在线研讨会和专业培训

参加在线研讨会和专业培训是数学教师持续学习和专业发展的重要途径。教师可以利用视频会议已补充教育网资源库等在线平台,参与专业组织或教育机构组织的研讨会和培训活动,听取专家的讲座,与同行进行交流和分享。当前,信息技术迅猛发展导致教学内容的更新速度加快,数学教师需要与时俱进,不断学习和适应新的教学方法和内容。

5. 教育资源和合作平台

数学教师可以参与教育资源和合作平台,如 Teachers Pay Teachers、Lesson Study 等。在这些平台上,教师可以购买和分享优质的教育资源,参与教学案例研究和合作,与其他教师共同探索和改进教学实践。

以上措施展示了利用信息技术促进数学教师终身学习与专业发展的方法。通过在线学习平台、教育博客、教育研究平台、在线研讨会和专业培训,以及教育资源和合作平台,数学教师能够灵活、便捷地获取最新的教育知识和学科教学资源,与其他教师进行交流和合作,不断提升自身的专业素养和教学能力,从而更好地适应教育的未来发展。

（六）跨学科融合与创新

信息技术为数学教师提供了与其他学科整合的机会。数学教师需要积极参与跨学科的合作与融合,与其他学科的教师一起开展项目式学习、创客活动等,促进学科之间的交流和融合,以及创新教学方法的发展。

以下是应用信息技术促进跨学科融合与创新的具体措施。

1. 项目式学习

利用在线协作工具和项目管理平台,数学教师可以与其他学科教师合作,开展跨学科的项目式学习。比如,数学教师可以与科学教师合作,引导学生进行数据分析和统计,解决科学实验中遇到的问题。又如,与艺术教师合作,通过数学几何知识设计艺术品。

2．数学与编程

借助编程工具和在线学习平台,数学教师可以将数学与计算机科学相结合,开展跨学科的教学活动。比如,学生可以学习数学建模和数据分析,并利用编程语言编写程序建立数学模型;学生也可以通过编程探索数学中的抽象概念和算法,从而培养他们的逻辑思维和问题解决能力。

3．数学与经济学

数学教师可以与经济学教师合作,引导学生研究和模拟经济问题。借助信息技术,学生可以借助经济模型软件、金融数据分析工具等,分析经济数据和趋势,探索数学在经济学中的应用。

4．数学与地理科学

数学教师可以与地理科学教师合作,开展地理数据分析和空间模型的研究。学生可以通过地理信息系统软件、地球观测数据等,运用数学知识解释和预测地理现象,深入理解数学在地理科学中的应用。

5．数学与艺术/音乐

数学教师可以与艺术或音乐教师合作,探索数学与艺术、音乐之间的关系。比如,通过几何知识设计艺术品或舞台设置,通过音乐节奏的数学模式理解音乐的结构,甚至可以利用数学知识创造音乐作品。

以上措施展示了借助信息技术促进数学教师跨学科融合与创新的方式方法。通过与其他学科教师的合作,在线工具和资源的支持下,数学教师可以促进数学与其他学科的融合,在教学中引入多元化的内容和实践,培养学生的综合素养和创新能力。同时,这样的跨学科融合也丰富了数学教师的教学经验和知识广度,为学生提供一个更全面深入的学习体验。

（七）适应社会需求

信息技术正在深刻地改变社会和工作环境,数学教师需要具备相关的技术知识和技能,以适应不断变化的社会需求,并培养学生在数字时代中必需的技能和能力。

总之,信息技术的发展为数学教师的专业化发展提供了新的机遇和挑战。通过不断地学习和应用信息技术的应用,数学教师可以提升教学效果,个性化教学,实现资源共享和合作,进行数据分析与评估,促进终身学习与专业发展,并适应社会的需求。这将有助于提高数学教师的教学能力和专业水平,为学生提供更好的数学课程教育,从而培养他们成为适应未来社会发展的高素质人才。

二、信息技术促进数学教师专业化发展的有效策略

信息技术促进数学教师专业化发展的策略很多,并且因人而异。但信息技术

促进数学教师专业化发展的有效策略主要有以下五种,这些策略将信息技术与数学课程教学相结合,既可以丰富了学科的教学内容和教学方法,又可以支持数学教师的专业化发展,从而实现了数学教师的个性化教学并提高了学科教学效果。

（一）提供在线教育平台和资源

建立在线学习平台,为数学教师提供各类专业发展课程和资源。数学教师通过在线教育平台获取各种教学资源,如课件、视频教程、练习题等。这些资源使得教师能够更好地进行备课和教学准备,并丰富他们的教学内容和方法。比如,数学学科协会可以创建在线学习平台,提供数学教师培训课程和教学资源,如数学教学方法、数学建模、数据分析等方面的在线课程。又如,在线学习平台、教育研究文献库、教学实例分享等。这些资源可以帮助教师了解最新的教学方法、技术和理论,扩展专业知识和能力。

信息技术为教师提供了丰富的在线学习资源和平台,使他们可以进行终身学习和专业发展。教师可以通过在线课程、网络研讨会等方式学习最新的教学理论和方法,不断提升自己的教学水平和专业素养。通过提供在线教育平台和资源,数学教师也可以获取丰富的教学资源,如课件、教案、视频教程、练习题等,提升备课效率和教学质量。

（二）举办在线研讨会和培训活动

通过在线会议工具,组织数学教师参加研讨会和培训活动。比如,举办线上数学教育研讨会,邀请国内外优秀的数学教育专家和资深教师进行在线演讲和讲座,分享经验和教学方法,为数学教师提供专业的指导和培训。

同时,学校可以组织安排专门的数学教学专家或学者,为数学教师提供个性化的专业指导和反馈。教学专家或学者可以定期通过远程方式观摩数学课堂、进行课后反思或教学评估,帮助数学教师发现课堂实践教学中存在的不足并提供改进建议。

（三）创建在线教育社区

建立数学教师在线教育社区,提供专业交流和合作机会。比如,创建一个数学教师微信群或论坛,教师们可以在其中分享教学经验、资源和问题,并参与讨论、共同备课和评价教学成果,互相学习和借鉴。

通过建立教师社区、在线平台或研讨会等形式,促进数学教师之间的交流、分享和合作。数学教师可以通过远程方式分享自己的教学经验、资源和创新实践,互相学习和启发,从而丰富自己的专业知识和教学技能。

（四）利用教育技术工具

培养数学教师的教育技术能力掌握常用的教育技术工具和软件，使其能够灵活运用各种信息技术工具支持教学和专业发展。比如，教师可以利用电子白板、在线作业平台、数学建模软件等工具进行教学和学生评估，以提升教学效果和学生互动体验。

信息技术为数学教师提供虚拟实验室和模拟工具、计算机代数系统等，帮助教师展示和讲解抽象的数学概念，促进学生的理解和学习。同时，让学生在虚拟环境中进行数学实验和探索。这样做不仅可以增加学生的学科实践能力，也能帮助数学教师更好地进行学科实验教学和引导学生的数学学习和探索活动。

信息技术也为数学教师提供了数据收集、分析和评估的工具和方法。比如，数学教师可以通过课堂点击器、在线测验等方式收集学生学习数学的具体数据，并利用数据分析工具进行数据分析和评估，帮助他们更好地了解学生的学科学习情况和需求，从而调整学科教学策略和内容实现个性化教学。又如，设立在线评估和反馈机制，通过在线测试、作业提交等方式了解学生数学的学习情况，并给予学科教师相应的反馈和指导，帮助他们调整数学相应内容的教学策略，提高教学效果。

（五）进行在线合作与项目学习

信息技术提供了各种在线协作和交流平台，如在线讨论论坛、协作文档等。数学教师可以利用这些平台与其他教师进行交流和分享经验，共同研究和解决数学问题，促进学科教学水平的提高。

通过在线协作工具，促进数学教师之间的合作与项目学习。比如，数学教师可以与其他学科教师合作，进行跨学科项目学习，借助信息技术工具共同解决现实问题，如设计一个城市规划项目，结合数学、科学和地理等多个学科的知识。这不仅能够激发学生的学习兴趣，还能够培养他们解决综合问题的能力。

数学教师可以积极参与教育实践和研究项目，探索数学教学的新模式、新方法和新工具。通过实践和研究，教师可以深入理解数学教学的本质和问题，并在实践中不断调整和改进教学策略。

在信息技术背景下，这些策略可以有效地促进数学教师的专业化发展。通过提供在线学习平台、举办在线研讨会和培训、创建在线教育社区、借助教育技术工具以及进行在线合作与项目学习，数学教师可以方便地获取专业知识、交流和合作，并将信息技术应用于教学实践中，提升自身的教学能力和专业素养。这不仅有助于个人职业成长，也为整个教育事业的发展贡献了力量。

同时，数学教师需要树立终身学习的意识，积极主动地更新自己的知识和技能。学校可以提供远程培训课程、研讨会等教育机会,激励教师参与专业发展,并为教师提供支持和鼓励。

总之,信息技术促进数学教师专业化发展的有效策略包括提供在线教育平台和资源、举办在线研讨会和培训活动、创建在线教育社区、借助教育技术工具、进行在线合作与项目学习。这些策略不仅可以帮助数学教师利用信息技术提升专业化水平,丰富学科教学内容和方法,实现个性化的学科教学活动,而且可以不断提升自己的教学能力和专业素养,适应信息时代的教育需求,为学生提供更优质的数学课程教育。

第三节 中职学校助力中职数学教师信息技术的提升

新课改的背景下,数学教师应加强对信息技术教育应用的认识,了解信息技术在教师专业发展中的作用,数学课程教学应以网络技术和多媒体技术为基础,实现现代教育和新课程改革。信息技术在现代教育中会从不同维度同时刺激人的多种认知感官,使学习者更容易建构起自己的知识体系。数学教师要从观念上更新、理解信息技术教育的内涵,并具备良好的信息技术操作技能,才能以人为主体,以信息技术为辅助工具,积极探索信息技术在数学课程教育中的有效应用,从而实现自身职业专业化的全面发展。

一、中职学校促进数学课程教育信息化程度提升的重要性

中职学校与数学教师信息化专业技能提升有着密切的关系。中职学校作为培养技术型人才的重要基地,需要高度重视培养中职生的信息化专业技能,而数学作为重要基础学科之一,在信息化背景下数学课程教育有必要与信息技术相结合,提升数学教师和中职生的信息化专业技能,具有重要意义,使之培养的中职生能适应社会对中等技能人才的要求。

（一）适应信息时代需求

信息技术已经在各个领域深入应用,包括数学领域。提升数学课程的教育信息化程度可以帮助中职生更好地适应信息时代的发展需求,培养他们对信息技术的应用能力和信息素养。

因此,中职学校应提供机会,如组织相关培训、研讨会,引导数学教师学习和熟悉相关技术,帮助他们提升信息化专业技能和信息化学科教学水平。数学教师也需要熟悉并灵活运用信息技术工具,如数学软件、在线教育平台等,以支持具备时代特征的中职数学教学和学习。通过这些措施,可以确保中职生在数学学习中能

够紧跟时代步伐,为将来的职业生涯打下坚实的基础。

(二)提升教学效果

信息化教育可以为数学教师提供丰富的教学资源和工具,如数学软件、在线教育平台等。这些资源和工具能够创造更加生动、互动和个性化的学科学习环境,提升教学效果,激发中职生对数学知识的学习兴趣和积极性。

通过数学信息化专业技能提升,数学教师能够更有效地在课堂上借助信息技术工具辅助学科教学。比如,利用虚拟实验室、模拟工具、数字化教材等帮助中职生理解抽象的数学概念,通过在线作业、计算机辅助测试等方式提供个性化评估和反馈,促进中职生的数学学习效果。

(三)拓宽教学手段和方法

信息化教育为数学教师提供了多种多样的教学手段和方法,如虚拟实验室、模拟工具、计算机辅助教学等,可以丰富中职生的学习体验,并提高他们的学习效果。数学教师可以灵活运用这些工具和方法,帮助中职生在计算机上进行数学实验和探索,从而提高数学的学习效果。比如,使用数学建模软件进行实际问题的建模和求解,通过模拟软件进行几何图形的构建和变换等。这种实践性的学习能够增强中职生的数学实践能力和创新思维。

信息技术支持中职数学教师采用翻转课堂的教学模式。教师可以录制数学课程的视频讲解,并在课堂上引导中职生进行讨论、实践和解决问题。由此,中职生可以在课堂上获得更多的互动和指导,并加深对数学知识的理解和应用。

利用信息技术可以设计数学游戏和互动学习活动,激发中职生对数学学习的兴趣和参与度。比如,设计数学智力题、数学拼图、数学竞赛等,让中职生通过游戏的方式掌握数学知识和解题技巧。同时,利用在线平台的互动功能,可以进行数学问题的讨论和解答,促进生生之间的合作学习,进一步增强学科学习效果。

(四)强化个性化教育

信息化教育可以更好地支持个性化教学。通过在线平台和教学软件,数学教师可以根据中职生对学科的不同需求和学习风格,开展针对性的教学,更好地满足每位中职生的学科学习需求。

通过信息技术,中职学校可以引入交互式教具和软件用于支持数学教学。比如,数学绘图工具、三维图形模拟软件、数学公式编辑器等,帮助中职生可视化地理解和探索数学概念,强化个性化的学科学习体验。

利用信息技术,中职学校可以提供数学在线课程和资源,帮助中职生进行自主学习和补充学习。中职生可以在网络平台上自主选择适合自己的数学课程，通过在线视频、练习题等方式进行学习和巩固知识。这种自主选择的学习方式，不仅能够激发学生的学习兴趣，还能够提高他们的学习效率，并实现知识的个性化吸收。

（五）培养创新能力和解决问题的能力

信息化教育能够培养学生的创新能力和解决问题的能力。中职生在利用信息技术进行数学学习和实践过程中，需要运用创新思维解决实际问题，培养他们的创造力和创新精神。信息技术与数学教学相结合，为中职生提供了创新和解决问题的机会，促进了他们的综合素质和能力的发展。同时，这些活动也激发了中职生对数学学科的兴趣和热爱，为他们未来的学习和职业发展打下坚实的基础。

通过信息技术工具的辅助，引导中职生进行数据分析和可视化项目。中职生可以收集、整理和分析实际数据，然后借助信息技术工具将数据可视化，以图表、图像或动画等形式呈现。这种项目可以培养中职生的数据分析和解决实际问题的能力，同时提高他们的信息技术应用能力。

利用信息技术平台，开展中职生的研究性学习课题。中职生可以选择感兴趣的数学领域，运用信息技术工具进行深入研究和探索，提出自己的观点和结论，并进行展示和分享。这样的学习活动可以鼓励中职生主动思考、独立探索，从而培养了他们的创新能力和解决问题能力。这种自主探索的学习方式，极大地鼓励了学生的主动思考和独立研究，为培养他们的创新精神和实践能力提供了有力支持。

（六）提升学生就业竞争力

信息化教育能够提升中职生的信息技术能力和数据分析能力，使他们具备与时俱进的职业技能。这将增加中职在就业市场上的竞争力，有利于他们获得更好的就业机会。

中职学校需要将信息技术融入数学课程教育中，培养中职生的信息素养与信息化专业技能。中职生需要学习基本的信息技术知识和技能，如电子表格、编程等，以便更好地应用于数学学习和实践中。

通过提升数学信息化专业技能，中职生在毕业后能够更好地适应信息技术在社会和工作中的应用需求。掌握信息化专业技能的中职生，在就业市场上更具竞争力，可以选择从事与数学和信息技术相关的职业，如数据分析师、程序员等。

综上所述，中职学校促进数学课程教育信息化程度提升具有重要的意义，能够为学生的学习和职业发展提供广阔的机会和优势，同时也能够提升数学教学效果，培养学生的综合素质和能力。中职学校应关注数学信息化专业技能的提升，通过教师的专业发展和学生的学习培养，促进数学教育与信息技术相结合，为培养合格的技术型人才做出贡献。

二、信息化背景下支持数学教师专业化成长的有效策略

数学教师的专业发展要以信息技术为环境、手段、途径、方式和方法,促使他们在数学专业知识、学科教学技能以及职业态度等方面不断完善的一个系统的复杂过程。在信息化背景下,中职学校可以采取以下策略支持数学教师的专业化成长。

(一) 提供个性化专业发展的计划和机会

根据数学教师的需求和兴趣,制订个性化的专业发展计划。包括参加相关培训、研修班和学术会议等,鼓励数学教师进行深入学习和研究,提升自己的学科教学水平。个性化的中职数学教师专业发展计划可以采取以下方式制订。

1. 调查需求

首先,学校可以通过问卷调查、访谈等方式了解中职数学教师的专业发展需求和兴趣。根据调查结果,确定每位教师的特长、兴趣和发展方向。

2. 目标设定

根据中职数学教师的需求,设定个性化的专业发展目标。比如,某位数学教师对于应用数学教学有浓厚的兴趣,那么这位教师的目标可以是提高应用数学知识和教学能力。

3. 学习资源

为教师提供相应的学习资源旨在提升他们的专业素养。可以是线上或线下的培训课程、研讨会、学术会议等。同时,中职学校需要为数学学科建立网络平台或资源库,让学科教师可以随时获取相关的学习资源和教材。

4. 学习计划

根据目标和资源,制订个性化的学习计划。将学习内容划分为短期、中期和长期目标,并给予中职数学教师相应的时间和支持。如每周安排固定时间进行学习和研究,并定期进行反馈和评估,可以确保学习计划的有效实施。

5. 实践机会

为中职数学教师提供实践机会,让其将所学知识应用于学科教学实践中。可以组织教研活动、课题研究、校本培训等,鼓励中职数学教师分享实践经验和成果,从而实现知识的共享和经验的交流。

6. 反馈评估

定期进行反馈和评估,了解中职数学教师在专业发展中的进展与困难,并根据评估结果进行调整和改进。同时,可以通过同行评课、观摩课等方式互相学习和交流,促进共同提升教学质量。

7. 激励支持

为中职数学教师提供激励和支持,激发其学习动力和积极性。可以给予认可、奖励优秀的教师,提供进修学习的机会,为其职业发展提供更广阔的空间。

通过以上个性化的专业发展计划,中职学校可以更好地满足数学教师的需求,并提升其专业能力和发展潜力,从而提高数学教学质量和教师的职业满意度。

此外,当代数学教师的专业成长与发展一定程度上取决于信息化学科教学,依靠信息网络技术,能够最大限度地吸纳借鉴成功的教育教学模式,并通过网络上公开交流探讨,可以快速地投入学科教学实践中去,并有效地提升他们的学科教学技能。在信息技术环境和资源支持下的远程自我提升学习,对更新数学教师的教育观和专业知识的更新,对信息技术的掌握,以及促进专业发展方式的变革都有着很大的影响。中职数学教师直接可以用信息技术进行教学过程的反思性实践,通过网络观摩优秀的视频教学案例,实践反思、教学研究,更新补充知识、提高技巧,不断扩展自己的专业知识和能力,可以不断优化自身的学科教学实践。

中职学校可以组织数学教师参加各类专业培训、研讨会和学术交流活动,使他们能够接触到最新的教学理论、方法和技术,并与其他教师进行交流和分享经验。此外,鼓励数学教师多渠道参加继续教育课程和在线学习机会,并提供灵活的学习途径。与此同时,学校也应提供相关的经费支持和时间安排,确保教师能够持续学习和专业成长。

(二)创设优化的共享资源平台

中职学校建立一个共享资源的在线平台,让数学教师可以互相分享优秀的教学资源、教案、课件等。同时,学校也可以提供必要的技术支持和培训,让数学教师能够更好地利用这些资源支持自己的学科教学。中职学校为数学教师建立共享资源的在线平台可以采取以下方法实现。

1. 平台建设

中职学校可以开发或购买适合的在线教育平台,供数学教师使用。确保平台的稳定性、安全性和易用性,并提供多种功能,如上传、下载、搜索、评论、分享等。

2. 资源上传与分类

数学教师可以将自己准备的教学资源(包括教案、试题、课件、视频等)上传至平台,并按照学科、年级、主题等进行分类,方便其他教师查找和使用。

3. 质量审核

设立专门的审核机制,对上传的资源进行质量审核,确保资源的可靠性、科学性和适用性。可以由学科组成员或聘请学科专家进行审核,或者引入专业评估机构进行评价,以提升审核的专业性和权威性。

4. 互动交流

激发中职数学教师之间的互动交流和学术讨论,平台可以提供讨论区或论坛功能,供老师们分享心得、解答问题、交流经验等。同时,中职数学教师也可以通过私信功能直接沟通交流,从而加深相互了解,促进知识共享。

5. 推荐机制

平台可以根据中职数学教师的兴趣、需求和历史下载记录,推荐相关的资源给他们,从而提高资源的匹配性和个性化,并提升教师使用平台的满意度。

6. 数据统计与分析

平台可以收集中职数学教师使用资源的数据,如下载次数、使用时长等,进行数据分析和统计。根据数据分析结果,了解他们的需求和偏好,进一步优化平台的功能和资源,以更好地满足教师们的教学需求。

7. 共享授权

平台可以设置资源的共享授权机制,即中职数学教师可以选择是否将自己的资源进行开放共享,供其他教师使用。可以设置不同的共享方式,如完全公开、限定学校内部共享等。这既保护了教师知识产权,又促进了资源的有效流通和利用。

通过建立共享资源的在线平台,中职学校可以促进数学教师间的资源共享与交流,提高他们的学科教学效果和专业发展水平。同时,也能够形成学校的学科教学特色和品牌,提升学校的整体竞争力和影响力。

中职学校可以建立在线社区、微信群或教师博客等平台,鼓励让数学教师之间能够方便地分享教学经验、教材资源和教学方法。这种交流平台可以促进数学教师之间的互助和合作,共同提高教学水平和教学质量。

(三) 提供丰富的教学资源支持

中职学校可以为数学教师提供丰富的教学资源,如数字化教材、教学软件、在线课程等,需要加大电教资金与设备的投入,优化学校信息技术环境,完善基础设施,确保信息技术资源建设得到有效发展。此外,信息化应用环境的建设必须适合学校学科教学的实际需求,才能切实有效地为学科教育教学服务。这些资源可以帮助数学教师更好地备课和教学,提高教学质量。

中职学校给数学教师提供丰富的教学资源支持可以采取以下措施中职实现。

1. 教材资源

提供多样化的数学教材资源,包括教科书、课外参考书籍、题库等书面与电子资料。确保数学教材内容与中职生的实际需求和职业方向相匹配。

2. 数学实验室

建立或改进数学实验室,配备各种数学教学实验设备和工具。使数学教师可以在实验室中开展学科的教学实践和探究性学习,激发中职生的兴趣和创造力。

3. 网络教育资源

中职学校需要建设在线教育平台或学习管理系统,为数学教师提供丰富的数字化教学资源。包括数字化教材、在线教学视频、互动课件、在线作业和测验等,为学生提供更加个性化的学习体验。

4. 资源共享平台

中职学校建立数学教师资源共享平台,使之可以在平台上共享自己制作的学科教学资源,如教案、课件、试卷等。同时,也可以借鉴他人的学科教学资源,促进教师之间的互相学习和交流。

5. 学术期刊和研究成果

鼓励数学教师参与学术研究和教育实践,并提供学术期刊和研究成果的支持。中职学校可以订阅相关期刊、组织研讨会、开展学科教师研究项目等多种方式,为教师提供必要的学术资源和研究支持。

6. 学科竞赛资源

中职学校为数学教师提供学科竞赛相关的教学资源,如数学奥赛试题、培训课程和题解讲座等。帮助数学教师提高辅导能力,促进中职生参与学科竞赛的积极性和成绩提升。

7. 线上培训和研讨会

组织定期的线上培训和研讨会,邀请数学专家和优秀数学教师进行现场授课和经验分享。中职数学教师可以通过这些活动获得新的学科教学理念、教学方法和教学资源。同时,鼓励教师之间的线上交流和合作,通过互相学习借鉴,分享成功的教学案例和经验。

通过以上具体做法,中职学校可以为数学教师提供丰富的教学资源支持,促进他们的专业发展和教学水平的提升,从而提高中职生的学科学习效果及其职业能力。

信息技术已经成为中职数学课程教学准备的重要工具,能够推动中职数学课程教学手段和方式的变革。信息技术辅助数学课程教学的目的是提高学科课堂教学的质量和效率。数学教师从备课查找资料,到设计、制作教学软件都可以应用信息技术,有利于他们的工作效率和质量等综合专业素质等方面的提升。在学科教学中广泛地应用信息技术,可以帮助数学教师创设符合中职生的学科教学环境并不断优化他们的学科教学行为,使中职生的学科学习能力得到更好的提升。

（四）建立多元的数学教学交流群

中职学校组织数学教师组成教学团队,定期进行教学研讨和交流。通过互相观摩课堂、合作备课、教学反思等方式,促进教师之间的合作与共同成长。

在信息化背景下,中职学校帮助数学教师建立多元的学科教学交流群可以通过以下措施实现。

1. 创建在线社交平台或论坛

中职学校可以建立专门的在线社交平台或论坛,供数学教师和其他学科教师进行交流和分享。这个平台可以是学校自己的内部平台,也可以是利用现有的社交媒体或教育平台。不过,每位数学教师需要建立个人学科资源库,与同科教师合作共赢,为同课异构交流奠定基础。同时,每位数学教师也需要建立个人博客,利用博客空间,可以自由发表自己的观点、教学反思及心得体会,以促进个思考与成长。

2. 推广使用通讯工具

中职学校可以推广使用通讯工具,如微信群、QQ 群、钉钉群等,让数学教师与其他学科教师组建交流群。这样的群组可以实时沟通和交流,分享教学经验、资源和问题解决方法。

3. 组织跨学科线上研讨会

中职学校可以定期组织跨学科的线上研讨会,邀请数学教师和其他学科教师参与。在研讨会上,教师们可以分享自己的教学实践经验、教学资源,并进行学科交叉的探讨和合作,从而拓展教学视野,提升教学效果。

4. 促进跨学科项目合作

中职学校可以鼓励数学教师与其他学科教师合作开展跨学科项目。通过跨学科的合作,教师们可以共同设计课程、探索教学方法、制作综合性教学资源等,促进学科间的交叉融合与知识共享。

5. 创建跨学科教研组

中职学校可以设立跨学科的教研组,由数学教师和其他学科教师组成。教研组可以定期召开会议,讨论和分享教学心得、教学资源,并共同研究解决教学中的问题和挑战,从而激发教学创新,提升教学质量。

6. 开展联合培训活动

中职学校可以组织联合培训活动,邀请数学教师和其他学科教师一起参加。培训可以涵盖不同学科的教学法、教育技术工具的应用等,促进教师们的互相学习和交流,并共同提升了专业素养。

7. 建立学科交流平台

中职学校需要建立数学学科交流平台,提供在线资源和学术论坛等。数学教师和其他学科教师可以在平台上分享自己的教学资源、课题研究成果,并进行学术讨论和互助。

通过以上具体措施,中职学校可以帮助数学教师建立多元的学科教学交流群,促进学科间的合作与交流,提升教师的教学水平和教学质量。这样的交流群可以促进教师的专业成长、拓宽教学视野,为中职生提供更全面的跨学科教育。

中职数学教师通过加入各级学科教学团队交流群,可以实现网络教研,打破校园"同僚文化"的限制,构建全方位多层面的教师交流研讨格局,使学科交流成为互动的舞台。教研方式由一对一扩大为一对多,面对面,层对层的立体化教研模式,在互动中实现思维的碰撞,灵感的迸发,自由轻松的交流中共同成长。

(五)鼓励创新数学教学实践

中职学校可以鼓励数学教师尝试创新的教学方法和策略,如项目制学习、翻转课堂、游戏化教学等。学校可以提供支持和指导,帮助教师克服困难,并及时分享成功案例,使之创新学科教学方法,从而激发其他教师的创新热情。

在信息化背景下,中职学校帮助数学教师通过以下具体措施创新教学实践。

1. 提供专业发展机会

中职学校可以组织线上与线下专题培训、研讨会和教学研究活动,以帮助数学教师了解最新的教学理念、方法和技术。提供学科进修学习的机会,如资助教师参加学术会议、研修班等,促进数学教师专业成长和更新知识。

2. 提供技术支持与培训

中职学校可以提供适用于数学教学的信息技术设备和软件,并提供相关的技术支持和培训。帮助中职数学教师熟练掌握使用各类教育技术工具和平台,如互动白板、教学管理系统、在线教育平台等,以提升学科教学效果。

3. 鼓励教师创新实践

中职学校可以设立教学创新基金或项目,鼓励数学教师开展创新教学实践。通过提供经费和资源支持,激励中职数学教师开展课题研究、设计创新教学方案、开展校内外比赛等,推动数学教学的创新和改进。

4. 建立教师专业发展社群

中职学校可以建立数字化的教师专业发展社群,提供在线平台或论坛,供数学教师分享教学资源、交流经验和互相支持。通过数学教师社群的互动和合作,促进他们的专业成长和教学实践的持续改进。

5. 推广优秀教学案例和经验

中职学校可以组织评选和推广优秀数学教学案例和经验,鼓励数学教师分享成功的学科教学实践。通过举办学科的教学展示活动、教师沙龙等形式,营造积极向上、互相学习的教育氛围。

6. 提供资源支持

中职学校可以集中整合教学资源,建立共享平台或资源库,供数学教师获取和分享教学资源。包括丰富的课件、教学素材、题库、教学视频等,方便数学教师在教学中灵活运用。

7. 创设创新教学环境

中职学校可以提供支持创新教学的环境和设施,如灵活的教室布局、先进的实验设备、创客空间等。为数学教师提供展示和实践的机会,激发他们创新教学的激情和动力。

通过以上具体措施,中职学校可以帮助数学教师在信息化背景下创新教学实践,提升教学质量和学生的学习效果,推动中职数学教育的发展。

除了以上措施,中职学校还可以为数学教师制订个性化的专业发展计划,提供培训和指导,帮助他们不断提升教学水平和创新能力。这样的支持和帮助可以推动数学教师在信息化背景下开展更加有效和有趣的教学实践。此外,中职学校可以建立定期的教学评估与反馈机制,通过观课、听课、教学观摩等方式对数学教师进行评估和指导,同时也可以帮助数学教师及时了解自己的学科教学实践情况,发现问题并解决问题,不断优化教学方法。

(六)引入信息技术支持数学课程教学

提供先进的信息技术设备和应用软件,让数学教师能够更好地运用信息技术支持教学。同时,中职学校应提供相应的培训和指导,使教师能够熟练使用这些技术工具。更重要的是,中职学校需要鼓励数学教师运用信息技术工具和资源,如虚拟实验室、在线教育平台等,使他们能够自觉利用信息技术支持学科教学,进而增强教学效果和提升教学质量。

教师引入信息技术支持中职数学课程教学可以采取以下具体措施实现。

1. 使用互动白板和投影仪

在教学过程中,使用互动白板和投影仪展示数学概念、解题步骤、图形等。中职数学教师可以通过互动白板进行实时标注和演示,增加中职生的注意力和参与度。

2. 利用教学软件和应用程序

选择适合中职数学教学的教学软件和应用程序,如数学绘图软件、动态几何软件、数据处理和统计软件等。这些工具能够帮助中职生更好地理解抽象的数学概念,提升学习效果。

3. 鼓励学生使用在线资源

鼓励中职生利用在线资源进行数学学习,如学习网站、数学游戏和学习平台。

这些资源可以为中职生提供额外学科练习、教学视频、在线作业和测验等,增强他们的自主学习能力和数学素养。

4. 制作教学视频

中职数学教师可以制作学科教学视频,将课程内容进行录制和讲解。中职生可以在课堂外随时观看视频,巩固知识点,帮助理解和解决问题。

5. 运用在线课堂平台

利用在线教育平台或视频会议工具,组织远程教学和在线作业。中职数学教师可以进行实时互动、答疑解惑,并提供即时反馈和评估,极大地提高了教学的互动性和实效性。

6. 推广虚拟实验和模拟工具

利用信息技术支持虚拟实验和模拟工具,让中职生进行数学实验和探究性学习。如利用数学建模软件进行数据分析、几何建模、函数图像绘制等,可以增强学生的实践能力和创新思维。

7. 引入编程和计算思维

将编程和计算思维融入数学教学中,让中职生通过编写程序解决数学问题,培养逻辑思维和问题求解能力。可以使用编程软件和平台,如 Scratch、Python 等,为学生提供丰富的学习资源。

8. 设计在线互动活动

中职数学教师设计在线互动活动,如在线竞赛、数学游戏、团队合作项目等。通过在线互动活动,增加中职生的参与度和兴趣,巩固和应用所学的数学知识。

通过以上措施的实施,信息技术可以更好地支持中职数学课程教学,提升中职生的学科学习效果、培养他们的数学思维和创新能力,推动中职数学教育发展。

将现代教育技术应用到中职数学课程教学中,这些教学技术和手段的运用对于数学教师而言,既活跃了数学课堂的教学气氛,提高了学科课堂的教学效率和质量,又极大地丰富了数学课程教育信息资源并促进了学科教育手段的多样化。在信息化学科教学中,数学教师作为教学活动的主导者、组织者和促进者,起着重要作用。通过数学教师自身对某个数学知识的相关教学资料的收集和整理,并对这些学科资料的分析、认识、反思,之后通过同行的评价、建议以及数字化的形式表现,使数学教师对学科的教学过程的演示、教学目标的达成度都有较深刻的认识。这样利用信息技术资源优化学科教学,使数学教师可以清楚地了解自己在教学过程中的优势与不足,同时将内隐性的经验外显化,成功实现个人的知识管理,促进个体专业发展和成熟。

总之,通过以上有效策略,中职学校可以有效支持数学教师的专业化成长,提升他们的教学水平和教育质量,为中职生提供更好的数学教育服务,从而更好地满足他们的学科学习需求。教师借助信息技术、利用网络,可实现不同空间、不同时间、不同层次的专业技能提升。将信息技术与学科教学中各要素进行优化组合、互为作用,以发挥教学系统的最大效益。

综上所述,有效利用信息技术资源的中职数学课程教育的关键在于数学教师的信息化能力,在于掌握一定的信息技术和信息资源的数学教师。因此,要实现数学教师专业化,可以有效利用信息技术提高他们的教育教学能力,提供个性化专业发展的计划和机会、创设优化的共享资源平台、提供丰富的教学资源支持、建立多元的数学教学交流群、鼓励创新数学教学实践、引入信息技术支持数学课程教学等策略,可以使数学教师整体素质、专业化发展得到有效提高。教育信息化建设是一个长期地适应教育发展、服务社会的过程,需要我们对未来信息化资源建设的前景充满信心,同时肩负起"资源建设"的重任。通过有效合理运用信息技术进行教育,不断实践优化教学和积累经验,并为之共同努力和奋斗,促进自身的专业专长与发展,进而为教育事业贡献力量。

参 考 文 献

［1］ 顾泠沅,易凌峰,聂必凯. 寻找中间地带:国际数学教育改革的大趋势［M］. 上海:上海教育出版社,2003.

［2］ 陈蓓. 数学核心素养评价研究［M］. 南京:南京大学出版社,2021.

［3］ 蒋海燕. 中学数学核心素养培养方略［M］. 济南:山东人民出版社,2018.

［4］ 张奠宙,宋乃庆. 数学教育概论(第三版)［M］. 北京:高等教育出版社,2016.

［5］ 李蕾. 论信息技术教育应用［M］. 太原:山西科学技术出版社,2007.

［6］ 鲁哈马·埃文,德博拉·勒文贝格·鲍尔. 数学教师的专业教育和发展［M］. 李士錡,黄兴丰,等译,上海:上海教育出版社,2015.

［7］ 范国平. 关于中职数学课程改革的新理念［J］. 职业教育研究,2009(2):49-50.

［8］ 马英. 新课改下如何进行中职数学课的教学［J］. 中国科教创新导刊,2010(30):133.

［9］ 肖海兵. 新课改视角下的中职数学教学方法研究［J］. 时代教育,2011(9):238.

［10］ 黄哲兵. 浅谈项目教学法在中职数学教学中的应用策略［J］. 现代职业教育,2017(8):120.

［11］ 马中明. 中职数学教学实践中促使学生生成核心素养的策略分享［J］. 科学咨询(教育科研),2019(9):60.